职业教育·道路运输类专业教材

Luji Lumian Jiance Jishu
路基路面检测技术

柴彩萍　张松雷　主编

人民交通出版社股份有限公司

北京

内 容 提 要

本书为职业教育·道路运输类专业教材。全书结合高等职业教育的特点，围绕交通运输和土木建筑行业的发展趋势，以实用、实效为原则，以岗位职业能力培养为目标，以工作实践为主线，通过任务驱动，序化课程内容，重在阐述工程质量检测与等级评定工作的程序和主要方法。本书共设置了九个模块，主要介绍试验检测基础知识、试验检测数据处理、路面施工过程控制检测、路基路面几何线形检测、路基路面压实度及厚度检测、路面使用性能检测、路基路面强度检测、路基路面承载比 CBR 及回弹模量检测、路基路面材料检测等方面内容。

本书可作为高等职业院校土木工程检测技术专业、道路桥梁工程技术专业、道路养护与管理专业、工程造价等专业的教学用书，亦可作为公路工程管理人员培训及在职人员继续教育参考用书。

* 本书配有数字资源，读者可扫码免费观看。本书有配套课件，教师可通过加入职教路桥教学研讨群(QQ:561416324)获取。

图书在版编目(CIP)数据

路基路面检测技术 / 柴彩萍,张松雷主编. — 北京：人民交通出版社股份有限公司, 2020.7 (2025.1重印)
ISBN 978-7-114-16359-3

Ⅰ.①路… Ⅱ.①柴…②张 Ⅲ.①公路路基—检测②道路工程—路面—检测 Ⅳ.①U416

中国版本图书馆 CIP 数据核字(2020)第 032863 号

职业教育·道路运输类专业教材

书　　名：	路基路面检测技术
著 作 者：	柴彩萍　张松雷
责任编辑：	任雪莲
责任校对：	赵媛媛
责任印制：	张　凯
出版发行：	人民交通出版社股份有限公司
地　　址：	(100011)北京市朝阳区安定门外外馆斜街 3 号
网　　址：	http://www.ccpcl.com.cn
销售电话：	(010) 85285911
总 经 销：	人民交通出版社股份有限公司发行部
经　　销：	各地新华书店
印　　刷：	北京市密东印刷有限公司
开　　本：	787 × 1092　1/16
印　　张：	14.75
字　　数：	365 千
版　　次：	2020 年 7 月　第 1 版
印　　次：	2025 年 1 月　第 4 次印刷
书　　号：	ISBN 978-7-114-16359-3
定　　价：	45.00 元

(有印刷、装订质量问题的图书由本公司负责调换)

编审委员会

主　　　任：杨云峰

副　主　任：王天哲　薛安顺

委　　　员：张　鹏　魏　锋　王愉龙　田建辉
　　　　　　邹艳琴　焦　莉　殷青英　周庆华
　　　　　　王少宏　王学礼　张　建　米国兴
　　　　　　尚同羊　石雄伟　李芳霞　赵仙茹
　　　　　　赵国刚　李彩霞　赵亚兰　柴彩萍
　　　　　　王亚利　李青芳　黄　娟　李　艳
　　　　　　张军艳　李婷婷　张丽萍　王万平
　　　　　　张松雷　李晶晶

序
PREFACE

建设教育强国是中华民族伟大复兴的基础工程。交通运输是国民经济基础性、先导性、战略性产业。交通高等职业教育鼎力支持交通运输事业，弘扬劳模精神和工匠精神，营造"劳动光荣、技能宝贵、创造伟大"的社会风尚和精益求精的敬业风气，建设知识型、技能型、创新型劳动者大军，培养德智体美全面发展的社会主义建设者和接班人。

习近平总书记明确指出，"十三五"是交通运输基础设施发展、服务水平提高和转型发展的黄金时期，要抓住这一时期，加快发展，不辱使命，为实现中华民族伟大复兴的中国梦发挥更大的作用。当前，在我国经济发展进入新常态后，交通运输作为国民经济重要的基础性、先导性、服务性行业的基础地位没有改变，在经济社会发展中先行官的职责和使命没有改变，在稳增长、促投资、促消费中的重要作用没有改变，由基本适应向适度超前发展的阶段性特征和态势没有改变。我国正由"交通大国"向"交通强国"迈进。交通高等职业教育肩负着交通运输人才培养、科学研究、社会服务、文化传承创新的神圣使命，在实现"两个一百年"奋斗目标的伟大进程中必须有担当、有作为。

陕西交通职业技术学院是国家优质高职院校立项建设单位、陕西省优秀示范性高职院校，被誉为中国西部"交通建设管理人才的摇篮"。学校以全国交通运输示范专业——道路桥梁工程技术专业为核心，构建公路工程专业集群，弘扬"吃苦实干，爱岗敬业，默默奉献，图强创新"的"铺路石"精神，秉持"立足交通，服务交通，引领交通"的发展理念，坚持"校企合作实践育人，提升能力内涵发展"的建设思想，锻造"公在心中，路在脚下，铁肩担当，道存目击"的精神文化，开展"大专业小方向"的专业改革，实施"岗位导向，学训交替，能力递进，分组顶岗"的人才培养模式，紧密对接交通运输行业转型升级，紧紧围绕交通基础设施建设与管理的产业需求，培养热爱交通、扎根基层、吃苦实干的公路交通技术技能人才。

近年来，陕西交通职业技术学院不忘初心、拼搏奋斗，深化教育教学改革，优化专业体系结构，加强师资队伍建设，完善质量保证体系，始终致力于提升内涵建设品质，提高人才培养质量，增强社会服务能力。公路工程专业集群以道路桥梁工程技术专业为引领，先后获得国家级教学团队、全国职业院校交通运输类示范专业、高等职业教育创新发展行动计划骨干专业、陕西高职院校"一流专业"、陕西省重点专业、陕西省示范院校建设重点专业、陕西高职院校综合改革试点专业等重大荣誉和政策支持。"十三五"是交通运输基础设施加速成网的黄金时期，也是我国交通运输基础设施集中建设、扩大规模的重要时期，更是交通运输优化结构、提升服务水平的关键时期。在这样的背景下,陕西交通职业技术学院成立"新时期交通土建类高职高专规划教材"编审委员会,以长期教育教学改革实践为基础,系统总结教学内涵建设经验,编写系列教材,期望以此形式固化、展示、应用、分享改革建设的成果,培养符合新时期交通运输发展需求的高质量技术技能人才。

"新时期交通土建类高职高专规划教材"以提高人才培养质量为根本目标,贯彻高等职业教育教学改革发展新理念,对接交通运输行业最新颁布标准、规范、规程,努力从内容到形式上都有所创新。教材丛书依据专业集群的核心课程而规划,体现产教融合特色。教材突出工匠精神、职业道德、职业技能和就业创业能力教育的完美融合,注重学生全面培养。教材功能基于服务课程教学的基本载体和直观媒介而定位,凸显学生主体地位;教材内容按照职业岗位知识和能力需求而取舍,突出实践能力培养;教学方法遵循高职学生学习特点和认知规律而设计,强调理实一体教学。我们期待这套教材能在新时期交通土建类高职人才培养中起到积极的作用。

向支持交通高职教育教材建设的人民交通出版社表示衷心感谢。向关心、支持、帮助教材编审的合作企业、专家学者、校友致以崇高敬意和诚挚谢意。

2017 年 12 月

前 言
FOREWORD

"路基路面检测技术"是道路工程检测技术专业的一门实践性很强的专业核心课程。本教材的编写是基于陕西省教育科学"十二五"规划课题"《路基路面检测技术》课程项目化教学设计与实践研究(SGH140926)"及近年来毕业生岗位和企业调研,以岗位职业能力和素质培养为目标,以某一个道路工程项目为载体,紧紧围绕道路质量检测与评定过程中的典型工作任务,结合试验检测员执业资格证书的要求,来选择教材内容。通过"任务驱动、书证融通、对接标准、多维呈现"的方式,使学生在正确认知道路工程质量检测和评定的基本程序,熟练掌握道路工程质量检测项目、常用检测方法、数据报告的编制和工程质量等级评定等基础上,能够按照路桥行业现场测试规程和质量检验评定标准,不断学习新技术、新方法、新设备,从事道路工程现场质量检测与评定,道路工程交、竣工验收,道路技术状况评价等工作的技能。

教材在编写过程中力求突出以下特色:

1. 德技并修,体现职教新理念

遵循高等职业院校学生的认知规律和技术技能人才成长规律,以学生职业能力、素质培养为目标,打破以知识传授为主要特征的传统教材内容编写模式。以一个道路工程项目为载体,基于路基路面工程质量检测与评定过程划分课程单元,设定单元任务,创建真实工作情境,使学生在真实的工作情境下,在完成任务的过程中获取专业技能和职业能力。同时遵循立德树人的育人理念,在知识、技能培养的同时,注重学生价值观和人格的培养,将工匠精神、质量意识、安全意识、创新创业能力培养植根于教材设计各环节,技能和素质并重,实现人才可持续发展。

2. 书证融通,对接职业标准

参照最新行业标准,适应科技发展趋势和市场需求,路基路面工程质量检验与等级评定的主要依据《公路工程质量检验评定标准》和《公路路基路面现场测试规程》先后于2017年和2019年进行了修订,教材编写时依据最新标准和规程,及时吸收比较成熟的新技术、新工艺、新方法,使教材内容充分反映行业企业技术发展最新进展。同时对接职业资格标准,紧密结合职业资格证书中的相关考核要求,充分考虑1+X证书制度试点工作需要,将试验员、检测员等职业技能等级标准有机融入教材内容,结合职业技能证书考证要求,系统化设计学习任务,创设工作情境。促进技术技能人才培养培训模式和评价模式改革、提高人才培养质量。

3. 产教融合,校企双元开发

教材编写团队成员全部为双师型教师,具有试验检测工程师证,担任陕西交通职业技术学院工程检测有限公司公路工程检测工程师,都曾多次在工程一线承担道路、桥梁工程的质量检测,担任工地实验室主任,参与实验室计量认证和资质复审、公路技术状况评定等任务。团队成员主持省级以上课题3项,参与土木工程检测技术专业国家级专业教学资源库建设工作。参编蔚学勇,正高级高级工程师,多年从事公路勘察设计和岩土工程研究工作,参与多项省级地方行业标准的编制工作。行业专家指导、企业能工巧匠参与、校企合作的编写团队,缩小了教学与实践的距离,最大限度保证了教材的先进性、针对性和适用性。

4. 资源丰富,多维序化表达

围绕深化教学改革和"互联网+职业教育"发展需求,初步形成课程建设、教材编写、配套资源开发、信息技术应用统筹推进的新形态一体化教材。教材图文并茂,清晰美观,教学课件、微课、教学动画和视频等数字化资源丰富,教材内容多维序化表达。来自于实际工程中的教学案例及实用可行的工作任务指导书和学生工作页,提高了学生的学习兴趣,加深了学生对路基路面检测技术的掌握。通过信息化教学平台和课程网站实现资源共享,打破了教与学的时空限制,学习方式更灵活多样,师生交流更及时便捷,教学效果更突出。

教材编写人员及分工为:模块一、模块二、模块五任务二、模块六、模块七、模块八由陕西交通职业技术学院柴彩萍编写;模块三由陕西交通职业技术学院张磊编写;模块四由陕西交通职业技术学院张松雷编写;模块五任务一由陕西交通职业技术学院王菲编写;模块九由中交第一公路勘察设计研究院有限公司蔚学勇编写。全书由柴彩萍、张松雷统稿并担任主编。

本书在编写过程中参考了国内近年来正式出版的相关规范和教材,特此向相关作者表示衷心的感谢。

由于编者水平有限,书中仍可能存在一些疏漏和不当之处,恳请读者批评指正,并将建议及时反馈给我们,以便修订完善。

编　者
2019年2月

本书配套资源索引

序号	编号-名称	资源类型	对应页码
1	5-1 压实沥青混合料密度试验(表干法)	视频	73
2	5-2 挖坑灌砂法测定压实度	视频	75
3	5-3 环刀法现场检测压实度	视频	80
4	5-4 沥青混凝土路面钻取芯样	视频	83
5	5-5 无核仪法检测沥青面层压实度	视频	87
6	6-1 3米直尺法测平整度	视频	103
7	6-2 手工铺砂法测构造深度	视频	116
8	6-3 摆式仪测定路面摩擦系数	视频	121
9	6-4 Mu-Meter MK6 双轮式横向力系数测试系统测定路面摩擦系数	视频	130
10	6-5 沥青路面车辙检测	视频	133
11	6-6 沥青路面渗水系数检测	视频	136
12	7-1 贝克曼梁法测弯沉	视频	143
13	7-2 落锤式弯沉仪测弯沉	视频	150
14	7-3 硬化混凝土钻芯和强度试验	视频	156
15	7-4 回弹仪法测水泥混凝土强度	视频	161
16	7-5 超声回弹综合法测量混凝土强度	视频	169
17	9-1 土的含水率试验	视频	194
18	9-2 土的击实试验	视频	196
19	9-3 水泥或石灰稳定土中石灰水泥剂量测定	视频	201
20	9-4 无机结合料稳定材料无侧限抗压强度试验	视频	203
21	9-5 沥青混合料马歇尔稳定度试验	视频	209
22	9-6 沥青混合料动稳定性检测	视频	211
23	9-7 水泥混凝土抗折(抗弯拉)强度检测	视频	214

资源使用说明：

1. 扫描封面二维码（注意此码只可激活一次）；
2. 关注"交通教育"微信公众号；
3. 公众号弹出"购买成功"通知，点击"查看详情"，进入后即可查看资源；
4. 也可进入"交通教育"微信公众号，点击下方菜单"用户服务-开始学习"，选择已绑定的教材进行观看。

目　录
CONTENTS

模块一　试验检测基础知识 ··· 1
　单元一　公路工程质量检验与评定 ·· 1
　单元二　路基路面检测现场随机选点 ··· 10
　单元三　公路试验检测数据报告编制 ··· 15
　思考与练习 ··· 28

模块二　试验检测数据处理 ··· 31
　单元一　检测数据误差分析 ·· 31
　单元二　数据统计与分析 ·· 34
　单元三　数据的取舍 ·· 38
　单元四　数据的修约 ·· 41
　单元五　数据的相关关系建立 ··· 43
　思考与练习 ··· 46

模块三　路面施工过程控制检测 ·· 48
　单元一　半刚性基层透层油渗透深度检测 ·· 48
　单元二　沥青喷洒法施工沥青用量检测 ··· 50
　单元三　热拌沥青混合料施工温度检测 ··· 52
　单元四　沥青混合料质量总量检验 ·· 54
　思考与练习 ··· 57

模块四　路基路面几何线形检测 ·· 58
　单元一　公路几何线形认知 ·· 58
　单元二　路基路面几何尺寸检测 ··· 64
　思考与练习 ··· 69

模块五　路基路面压实度及厚度检测 ·· 71
　单元一　路基路面压实度检测 ··· 71
　单元二　路面厚度检测 ··· 92
　思考与练习 ··· 98

模块六　路面使用性能检测 ·· 101
　单元一　路基路面平整度检测 ·· 101
　单元二　路面抗滑性能检测 ··· 113
　单元三　沥青路面车辙检测 ··· 132

  单元四 沥青路面透水性检测 ………………………………………………… 135
  单元五 路面错台检测 ……………………………………………………… 138
  思考与练习 …………………………………………………………………… 140

模块七 路基路面强度检测 ……………………………………………………… 141
  单元一 路基路面弯沉检测 ………………………………………………… 141
  单元二 水泥混凝土路面抗弯拉强度检测 ………………………………… 155
  思考与练习 …………………………………………………………………… 173

模块八 路基路面承载比 CBR 及回弹模量检测 ……………………………… 174
  单元一 土基承载比 CBR 检测 ……………………………………………… 174
  单元二 路基路面回弹模量检测 ………………………………………… 185
  思考与练习 …………………………………………………………………… 192

模块九 路基路面材料检测 ……………………………………………………… 194
  单元一 土的含水率检测 …………………………………………………… 194
  单元二 土的击实试验 ……………………………………………………… 196
  单元三 水泥或石灰稳定土中水泥或石灰剂量检测 ……………………… 201
  单元四 无机结合料稳定材料的无侧限抗压强度检测 …………………… 203
  单元五 沥青混合料稳定度检测 ………………………………………… 208
  单元六 水泥混凝土抗折强度检测 ……………………………………… 214
  思考与练习 …………………………………………………………………… 217

附录一 正态分布概率系数表 ……………………………………………………… 218
附录二 t 分布概率系数表 ……………………………………………………… 220
附录三 相关系数检验表 ……………………………………………………… 222
参考文献 ……………………………………………………………………………… 223

模块一　试验检测基础知识

知识目标

1. 明确工程检测的目的、依据和要求；
2. 了解工程检测技术的发展现状和趋势；
3. 掌握公路工程质量检验评定方法；
4. 掌握路基路面现场随机选点方法；
5. 掌握试验检测数据报告编制方法。

能力目标

1. 能进行公路工程质量检验与评定；
2. 能进行路基路面现场选点；
3. 能进行试验检测数据报告编制。

单元一　公路工程质量检验与评定

任务描述

××防汛公路工程，总长20km(桩号为0+000～20+000)，其中在9+000处有一座500m长的大桥，主桥长200m，两岸引道各150m，工程分为3个标段进行招标(表1-1)。路面底基层为80～150mm的级配碎石，基层为5～40mm的级配碎石。请对该工程质量进行检验与评定。

××防汛公路工程实例　　　　　　　　　　　　表1-1

单位工程	分部工程		分项工程
	桩号	名称	
1 合同段 路面工程	0+000～2+000	1-1号路面工程	底基层、基层、面层、路缘石、路肩
	2+000～4+000	1-2号路面工程	
	4+000～6+000	1-3号路面工程	
	6+000～8+000	1-4号路面工程	
	8+000～9+000	1-5号路面工程	
2 合同段 路面工程	9+500～12+000	2-1号路面工程	
	12+000～14+000	2-2号路面工程	
	14+000～16+000	2-3号路面工程	
	16+000～18+000	2-4号路面工程	
	18+000～20+000	2-5号路面工程	

续上表

单位工程	分部工程		分项工程
	桩号	名称	
3 合同段大桥工程	—	桩基工程	每一轴桥墩
		承台系梁工程	
		墩柱工程	
		帽梁工程	
		大梁工程	每一根大梁
		桥面工程	桥面、人行道、栏杆以伸缩缝为界划分
		引道工程	路基、路面、挡土墙、涵洞、护栏、标志

一、工程试验检测的目的和意义

随着我国交通运输业的快速发展,公路建设已进入高质量发展阶段。为了满足公路使用性能要求,须在精心设计的基础上,严格按照设计文件和公路路线设计及施工技术规范的要求,做好原材料和混合料质量控制、现场施工过程质量控制和施工质量评定等工作。因此,在现场施工过程中,配备与质量控制和管理相匹配的常规标准试验仪器以及采用适宜的检测方法进行必要的试验检测,是进行公路建设质量检查、监督和控制的根本手段。

工程试验检测工作是公路工程施工技术管理工作的一个重要组成部分,也是施工质量控制和质量评定工作中不可缺少的一个主要环节。通过试验检测能够充分利用当地的原材料,迅速推广应用新材料、新技术和新工艺,用定量方法科学评定各种材料和构件的质量,合理控制并科学评定工程质量。因此,工程试验检测对提高工程质量、加快工程进度、降低工程造价、推动公路工程施工技术进步等方面,将起到至关重要的作用。公路工程试验检测技术是一门正在发展的新技术,它融试验检测基本理论和测试操作技能及相关基础知识为一体,是工程设计参数确定、施工质量控制、施工质量评定、养护管理决策的主要依据。

二、公路工程试验检测技术现状与发展趋势

计算机、激光、GNSS卫星定位及雷达等高科技的推广应用,尤其是尖端技术对公路行业的影响,改变了人们的传统观念,有力地推动了公路工程试验检测技术的发展。

1. 国内外公路工程检测技术现状

目前,在经济发达的国家和地区,如美国、欧洲和日本等,公路工程检测技术已发展到较高水平。例如,机电一体化技术及高精度传感器被应用于弯沉检测,激光技术被应用于路面断面检测,雷达技术被应用于路基路面厚度和压实度检测,模式识别与图像处理技术被应用于路面病害观测,等等。此外,还研制出了相应的自动化检测设备,并且大部分检测设备具有较为完善的数据自动采集、记录和统计分析等功能。

我国公路检测技术起步相对较晚,但近年来发展较快。特别是20世纪80年代中后期从国外引进一些工程先进检测设备,相关研究部门经过十多年的消化吸收,结合我国国情,已生产出相同类型的国产设备,如自动弯沉仪、激光路面平整度仪、核子(无核)密度仪、道路雷达

探测仪、摩擦系数测试车等,并且也已经列入交通运输部颁布的现行测试规程和检验评定标准。同时,随着电子信息技术、无线通信技术、图像识别和处理技术,以及激光检测技术、超声波检测技术等在公路工程检测领域的应用,我国公路工程检测技术正在朝着自动化、智能化的方向发展。另外,我国的公路工程检测体系虽然已经建立起来,试验检测人员队伍也在不断壮大,但相对高速发展的公路建设而言,检测人员仍然比较缺乏,一些新上岗的检测人员缺乏实际工作经验,技术素质有待进一步提高。

2. 公路工程检测技术的发展趋势

近二十年来,国际上公路工程检测技术发展迅猛,总的发展趋势:由人工检测向自动化检测技术发展,由破损类检测向无损检测技术发展,由一般技术向高新技术发展。具体来讲,就是以各种电子和机械自动化测量方式代替人工测量,检测过程对工程结构无损害,并通过计算机及专用软件实现测试数据的自动采集、记录和统计计算分析,准确、高效、安全地完成工程质量检测工作。

随着各种新技术的发展和应用,各国研制的公路专用路面检测设备也在不断改进,以更好地满足现代高等级公路准确、高效、安全的检测要求。

公路工程检测技术的发展趋势有以下几个方面:

(1) 高精度。高精度是指不断提高检测仪器的分辨率和测试精度,在野外各种严酷环境中进行检测作业时,能抵御如温度、湿度、振动及空气干扰波等的影响,保持较高的工作稳定性。

(2) 实时化。实时化是指能够对现场采集的大量数据进行实时的分析和统计计算,以提高检测评价的时效性。此外,可利用宽带网实现测试数据的远程传送,实现室内工作站与测试现场保持同步监控。

(3) 标准化。标准化是指建立统一的标准体系,使检测同一指标的不同类型设备的测试结果具有相关可比性。

(4) 智能化。智能化是指针对检测对象的复杂变化情况,利用高性能计算机并编制完善的智能处理软件,使操作人员能够更为轻松、灵活地运用自动化测试仪器进行工作。

(5) 多功能。多功能是指应用各类小型化、微型化和集成化的自动控制技术,将各种检测功能汇集在同一系统中,提高测试效率。

随着检测技术的进一步发展,对公路工程检测的要求会不断提高,因此深入系统地开展公路工程检测技术研究,加强对检测人员的技能素质培养,提升路基路面检测技术水平,促进我国路基路面检测技术的不断发展、应用及实施,对于全面提高我国公路建设和管理水平,具有重要意义。

三、现行公路工程试验检测行业标准

为了确保工程试验检测数据的准确性和可靠性,试验检测人员在试验检测的全过程中必须严格遵照交通运输部颁布的现行试验检测规程、规范、标准等。

现行试验检测相关规程、规范、标准主要有:

(1)《公路土工试验规程》(JTG E40—2007);
(2)《公路工程沥青及沥青混合料试验规程》(JTG E20—2011);
(3)《公路工程水泥及水泥混凝土试验规程》(JTG E30—2005);

(4)《公路工程无机结合料稳定材料试验规程》(JTG E51—2009);
(5)《公路工程岩石试验规程》(JTG E41—2005);
(6)《公路工程集料试验规程》(JTG E42—2005);
(7)《公路工程土工合成材料试验规程》(JTG E50—2006);
(8)《公路路基路面现场测试规程》(JTG 3450—2019);
(9)《公路工程质量检验评定标准 第一册 土建工程》(JTG F80/1—2017)等。

四、试验检测人员要求

为确保检测工作质量,试验检测人员应根据以下要求,认真履行岗位职责,做好本职工作,努力提高个人的业务水平和工作能力。

(1)试验检测人员应经过培训,考核合格,并取得相应的试验检测资格后方可上岗。在操作过程中,试验检测人员应熟悉检测任务、检测内容与检测项目;合理选择检测仪器,熟悉仪器的性能;对检测仪器会进行日常维护,进行一般或常规仪器的检验与校正。

(2)试验检测人员应掌握与所检测项目相关的技术标准、技术规范与技术规程;了解本领域国内外测试技术、检测仪器的现状及发展方向,并具有学习与应用国内外最新技术进行检测的能力。

(3)试验检测人员应能正确如实地填写原始记录。原始记录不得用铅笔填写,必须有检测人员、计算人员和校核人员的签名。原始记录如确需更改,应在作废数据上画两条水平线,将正确数据填在上方,加盖更改人的印章。原始记录保管期不得少于两年。检测结果必须由在本领域五年以上的工作经验者校核,校核者必须在检验记录和报告中签字,以示负责。校核者必须认真核对检测数据,校核量不得少于所检测项目的5%。

(4)试验检测人员应了解计量法常识及国际单位制基本内容,能运用数理统计方面的知识对检测结果进行数据处理。

(5)试验检测人员要坚持原则、态度严谨、忠于职守、作风正派、秉公办事,不弄虚作假,要以检测数据为依据,以质量标准与评定标准为准绳。

五、建设项目划分

《公路工程质量检验评定标准 第一册 土建工程》(JTG F80/1—2017)(以下简称"现行检评标准")是对公路工程质量进行管理、监控和验收的主要技术规范性文件,是公路工程施工质量的最低标准,包括公路工程施工质量检验标准和评定标准。

现行检评标准适用于施工单位对各等级公路的新建和改扩建工程施工质量的检验与评定。

对特殊地区或采用新材料、新结构、新技术的工程,当现行检评标准中缺乏适宜的质量检验标准时,可参照相关技术标准或根据实际情况制定相应的质量检验标准,并报主管部门批准。公路工程质量检验评定除应符合现行检评标准的规定外,还应符合国家和行业现行有关标准的规定。

根据建设任务、施工管理和质量检验评定的需要,建设项目分为单位工程、分部工程和分项工程。

(1)在建设项目中,根据签订的合同,具有独立施工条件和结构功能的工程为单位工程。

(2)在单位工程中,按路段长度、结构部位及施工特点等划分的工程为分部工程。

(3)在分部工程中,按施工工序、工艺或材料等划分的工程为分项工程。

建设项目分级情况如图1-1所示。

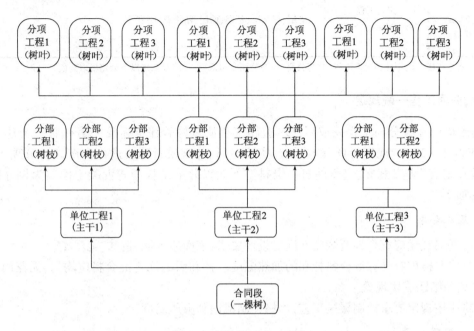

图1-1 建设项目分级示意图

施工单位应按照工程划分逐级进行工程质量自检和资料汇总。路基、路面的单位工程中分部工程和分项工程的划分见表1-2。

路基、路面单位工程中分部及分项工程的划分   表1-2

单位工程	分部工程	分项工程
路基工程 (每10km 或每标段)	路基土石方工程 (1~3km路段)*	土方路基、填石路基、软土地基处治、土工合成材料处治层等
	排水工程 (1~3km路段)*	管节预制,混凝土排水管施工,检查(雨水)井砌筑,土沟,浆砌水沟,盲沟,跌水,急流槽,水簸箕,排水泵站沉井,沉淀池等
	小桥及符合小桥标准的通道、人行天桥、渡槽(每座)	钢筋加工及安装,砌体,混凝土扩大基础,钻孔灌注桩,混凝土墩、台、墩、台身安装,台背填土,就地浇筑梁、板,预制安装梁、板,就地浇筑拱圈,混凝土桥面板桥面防水层,支座垫石和挡块,支座安装,伸缩装置安装,栏杆安装,混凝土护栏,桥头搭板,砌体坡面护坡,混凝土构件表面防护,桥梁总体等
	涵洞、通道 (1~3km路段)*	钢筋加工及安装,涵台,管节预制,管座及涵管安装,波形钢管涵安装,盖板预制,盖板安装,箱涵浇筑,拱涵浇(砌)筑,倒虹吸竖井,集水井砌筑,一字墙和八字墙,涵洞填土,顶进施工的涵洞,砌体坡面防护,涵洞总体等
	防护支挡工程 (1~3km路段)*	砌体挡土墙,墙背填土,边坡锚固防护,土钉支护,砌体坡面防护,石笼防护,导流工程等
	大型挡土墙、组合挡土墙(每处)	钢筋加工及安装,砌体挡土墙,悬臂式挡土墙,扶壁式挡土墙,锚杆、锚定板和加筋挡土墙,墙背填土等

续上表

单位工程	分部工程	分项工程
路面工程（每10km或每标段）	路面工程（1~3km 路段）*	垫层、底基层、基层、面层、路缘石、路肩等

注：* 指按路段长度划分的分部工程，高速公路、一级公路宜取低值，二级及二级以下公路可取高值。

六、分项工程一般规定

施工单位在各分项工程完成后，按《公路工程质量检验评定标准 第一册 土建工程》（JTG F80/1—2017）规定所列基本要求、实测项目、外观质量限制进行自查，按"分项工程质量检验评定表"提交真实、完整的自查资料。下面以分项工程沥青混凝土面层为例介绍，具体内容如下。

1. 基本要求

(1) 基层质量应符合规范规定并满足设计要求，表面应干燥、清洁、无浮土。

(2) 应严格控制沥青混合料拌和的加热温度。拌和后的沥青混合料应均匀、无花白、无粗细料分离和结团成块现象。

(3) 应按规定要求控制碾压工艺，严格控制摊铺和碾压温度。

2. 实测项目

沥青混凝土面层实测项目及相应技术要求见表1-3。

沥青混凝土面层实测项目及相应技术要求　　表1-3

项次	检查项目		规定值或允许偏差		检查方法和频率
			高速公路、一级公路	其他公路	
1△	压实度①（%）		≥试验室标准密度的96%（*98%）；≥最大理论密度的92%（*94%）；≥试验段密度的98%（*99%）		按《公路工程质量检验评定标准 第一册 土建工程》（JTG F80/1—2017）附录B检查，每200m测1点；核子（无核）密度仪每200m测1处，每处5点
2	平整度	σ(mm)	≤1.2	≤2.5	平整度仪：全线每车道连续检测，按每100m计算IRI或σ
		IRI(m/km)	≤2.0	≤4.2	
		最大间隙 h(mm)	—	≤5	3m直尺：每200m测2处×5尺
3	弯沉值(0.01mm)		≤设计验收弯沉值		按《公路工程质量检验评定标准 第一册 土建工程》（JTG F80/1—2017）附录J检查
4	渗水系数（mL/min）	SMA路面	≤120	—	渗水试验仪：每200m测1处
		其他沥青混凝土路面	≤200		
5	摩擦系数		满足设计要求	—	摆式仪：每200m测1处；摩擦系数测定车：全线连续检测，按《公路工程质量检验评定标准 第一册 土建工程》（JTG F80/1—2017）附录L评定

续上表

项次	检查项目		规定值或允许偏差		检查方法和频率
			高速公路、一级公路	其他公路	
6	构造深度		满足设计要求	—	铺砂法:每200m测1处
7△	厚度②(mm)	代表值	总厚度:设计值的 −5%H 上面层:设计值的 −10%h	−8%H	按《公路工程质量检验评定标准 第一册 土建工程》(JTG F80/1—2017)附录H检查,每200m测1点
		合格值	总厚度:设计值的 −10%H 上面层:设计值的 −20%h	−15%H	
8	中线平面偏位(mm)		20	30	全站仪:每200m测2点
9	纵断高程(mm)		±15	±20	水准仪:每200m测2个断面
10	宽度(mm)	有侧石	±20	±30	尺量:每200m测4个断面
		无侧石	≥设计值		
11	横坡(%)		±0.3	±0.5	水准仪:每200m测2个断面
12△	矿料级配		满足生产配合比要求		T 0725,每台班1次
13△	沥青含量		满足生产配合比要求		T 0722、T 0721、T 0735,每台班1次
14	马歇尔稳定度		满足生产配合比要求		T 0709,每台班1次

注:①表内压实度,高速公路、一级公路应选用2个标准评定,以合格率低的作为评定结果;其他公路选用1个标准进行评定。带*号者是指沥青玛碲脂碎石混合料(SMA)路面。△表示关键项目。
②表列沥青层厚度仅规定负允许偏差。H为沥青层总厚度,h为沥青上面层厚度;其他公路的厚度代表值和合格值允许偏差按总厚度计,当H≤60mm时,允许偏差分别为 −5mm 和 −10mm;当H>60mm时,允许偏差分别为 −8%H 和 −15%H。

3. 外观质量应符合下列规定

(1)表面裂缝、松散、推挤、碾压轮迹、油丁、泛油、离析的累计长度不得超过50m。
(2)搭接处烫缝应无枯焦。
(3)路面应无积水。

任务实施

一、工程质量检验

公路工程质量检验与等级评定以分项工程为基本评定单元,采用合格率法,计算分项工程每个实测项目的合格率,并按照规定的标准对分项工程质量合格与否进行判定,然后按照分部工程、单位工程和合同段逐级对公路工程质量进行评定。

分项工程质量检验内容包括基本要求、实测项目、外观质量和质量保证资料四部分,只有在其工程中使用的原材料、半成品、成品及施工控制要点等符合基本要求的规定,无外观质量缺陷且质量保证材料真实、齐全时,才能对分项工程质量进行检验评定。分项工程质量检验与评定流程如图1-2所示。

分项工程中对结构安全、耐久性和主要使用功能起决定性作用的检查项目为关键项目(表1-2中以"△"标识),关键项目以外的检查项目为一般项目。

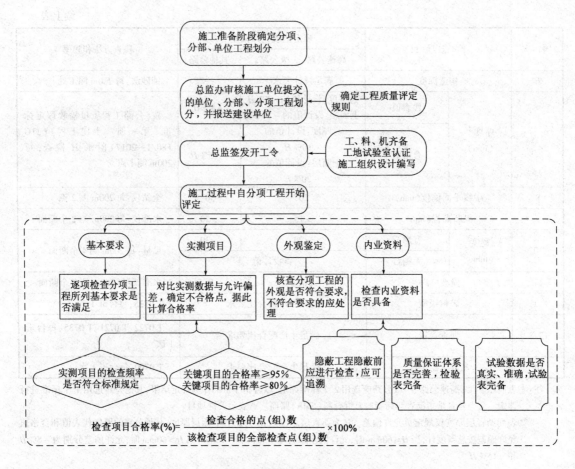

图 1-2 分项工程质量检验与评定流程图

1. 分项工程质量检验

1) 基本要求检验

各分项工程所列基本要求,主要是从工程建设采用的原材料、半成品、成品以及关键的施工控制点等方面进行规定,它是保证工程质量的基本条件,对施工质量优劣具有关键作用。因此,应按规定对所列基本要求逐项检查,经检查不符合规定时,不得进行工程质量的检验评定。

2) 实测项目检验

对检查项目按规定的检查方法和频率进行随机抽样检查,并按照下列方法对实测项目的合格率进行计算。

(1) 直接合格率法。

检测项目除按数据统计方法评定的项目之外,均应按单点(组)测定值是否符合标准要求进行合格率检查。

$$检查项目合格率(\%) = \frac{检查合格的点(组)数}{该检查项目的全部检查点(组)数} \times 100\%$$

(2) 数理统计法。

对于路基路面压实度、弯沉值、路面结构厚度、水泥混凝土抗压和抗折强度、半刚性材料(无机结合料稳定土)强度等检验项目,则分别采用有关数理统计方法(详见模块二)进行合格率计算。

关键项目的合格率应不低于95%(机电工程为100%),否则该检查项目为不合格;一般项目的合格率应不低于80%,否则该检查项目为不合格;有规定极值的检查项目,任一单个检测值不应超过规定极值,否则该检查项目为不合格。检测项目被评为不合格的,应进行整修或返工处理,直至合格。

3) 外观质量检验

对外观质量应进行全面检查,并满足规定要求,否则该检测项目为不合格。对于检查合格但影响工程质量明显的、较严重的外观缺陷,施工单位应采取适宜的措施进行整修处理。

4) 质量保证资料检验

工程应有真实、准确、齐全、完整的施工原始记录、试验检测数据及质量检验结果等质量保证资料。质量保证资料应包括下列内容:

(1) 所用原材料、半成品和成品质量检验结果;
(2) 材料配合比、拌和加工控制检验和试验数据;
(3) 地基处理、隐蔽工程施工记录和桥梁、隧道施工监控资料;
(4) 质量控制指标的试验记录和质量检验汇总图表;
(5) 施工过程中遇到的非正常情况记录及其对工程质量影响分析评价资料;
(6) 施工过程中如发生质量事故,经处理补救后达到设计要求的认可证明文件等。

当个别、非主要质量保证资料缺失时,应由具有资质的检测机构按有关标准进行相应的实体检验或抽样试验。

2. 分部工程、单位工程质量检验

分部工程、单位工程质量检验除应检查其所包含的分项工程评定资料是否完整之外,还应检查其外观质量是否满足要求。分部工程、单位工程质量检验与评定流程如图1-3、图1-4所示。

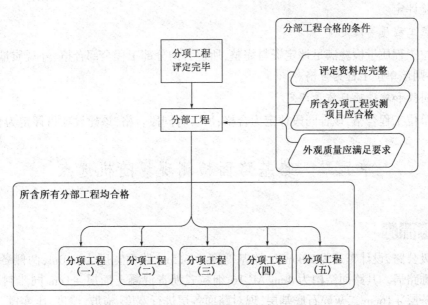

图1-3 分部工程质量检验与评定流程图

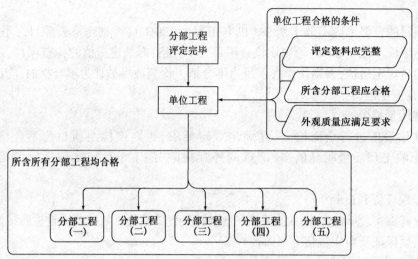

图 1-4 单位工程质量检验与评定流程图

二、工程质量评定

工程质量可分为合格与不合格两个等级,应按分项工程、分部工程、单位工程、合同段和建设项目逐级评定。

1. 分项工程质量评定

当分项工程质量检验满足检测记录完整、所包含的实测项目全部合格、外观质量满足要求等规定时,则该分项工程为合格。

2. 分部工程质量评定

当分部工程质量检验满足评定资料完整、所包含的分项工程及实测项目全部合格、外观质量满足要求等规定时,则该分部工程为合格。

被评定为不合格的分项工程、分部工程,经返工、加固、补强或调测,满足设计要求后,可重新进行检验评定。

3. 单位工程质量评定

当单位工程质量检验满足评定资料完整、所包含的分部工程全部合格、外观质量满足要求等规定时,则该单位工程为合格。

4. 合同段和建设项目质量评定

所含单位工程合格,该合同段评定为合格;所含合同段合格,该建设项目评定为合格。

单元二　路基路面检测现场随机选点

任务描述

某四级公路,设计车速为20km/h,路基宽度为6.5m,路面宽度为6.0m,两侧各设0.25m的天然砂砾路肩。其路面结构为4cm AC-16 细粒式沥青混凝土面层 + 1cm 同步封层 + 19cm 二灰碎石基层 + 16cm 二灰碎石底基层,现对路面各层进行宽度、横坡、厚度、压实度、平整度等项目检测,请确定检测位置。

 相关知识

一、总体与样本

总体是指研究对象的全体。个体是指所研究对象全体的一个单位。例如,1km 路基的压实度为总体,这段路基中的一个测点的压实度为个体。总体的性质是由构成它的每一个个体的性质决定的。所以,要了解总体的性质,就必须了解每一个个体的性质。但是,由于在许多情况下总体数目太大,受所需的人工、时间和资金等的限制,或者试验检测时会破坏个体,无法实现全数检查。因此,通常是以抽取总体中的一部分个体进行研究,即抽样检查。通过这部分个体性质的研究结果来推测判断总体的性质。从总体中抽取的部分个体的全体称为样本;组成样本的每一个个体称为样品或试样;抽取样本的过程称为取样;样本中所含样品的数目称为样本的大小或样本容量,常用 n 表示。

二、现场抽样选点方法

路基路面项目检测首先需要进行现场抽样选点。正确规范的选择测试位置是保证公路路基路面现场测试结果可靠性和代表性的前提,为了使样品的质量能代表和反映总体的质量,现场抽样选点常采用以下方法。

1. 均匀法

均匀法是将道路沿纵向或横向进行等间距划分,并在划分点处做好标记,在划分点上布置测点,如图 1-5 所示。

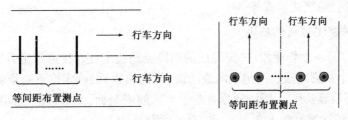

图 1-5　均匀法选点示意图

2. 随机法

随机取样选点的方法是按照数理统计原理,对公路路基路面各个层次进行实测项目测定时,在路基路面现场随机取样确定测定区间、测定断面及测点位置。

3. 定向法

定向法是选取轮迹带或出现裂缝、错台、板角等具有某个特征或指定位置作为测点,如图 1-6 所示。

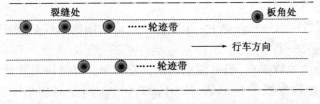

图 1-6　定向法选点示意图

4.连续法

连续法是沿道路纵向间距连续、均匀布置测区,如图1-7所示。

图1-7 连续法选点示意图

5.综合法

综合法是同时按照上述两种以上选点方法的规定,确定测点位置。通常可沿道路纵向连续选择测区,在测区内随机选择测点,或者沿道路纵向均匀确定测区,在测区内定向选取测点等。

任务实施

1.现场随机选点仪具选择

(1)量尺:钢尺、皮尺或测距仪等。

(2)硬纸片:共28块,编号1~28,每块大小2.5cm×2.5cm,装在一个布袋内。或使用能够产生随机数的计算机软件(如WPS表、Excel表等)。

(3)随机取样数表(表1-4)。

(4)其他:毛刷、粉笔或油漆等。

2.测定断面或测定区间的确定

检测路段可以是一个作业段、一天完成的路段或路线全程。在路基路面工程检查验收时,通常取1km为一个检测路段。测定区间或断面(纵向位置)的确定按下列步骤进行。

(1)将检测路段等长度(间距)划分为若干个区间或断面,通常按桩号间距(一般为20m)分成若干个断面,依次编号为1,2,3,…,T,总的断面数为T个。

(2)从布袋中随机取出一张硬纸片,硬纸片上的号数即为随机取样数表中的栏号。从1~28栏中选出该栏号对应的一栏。

(3)按照检测频度的要求,确定测定断面的取样总数n。依次找出与A列中01,02,…,n对应的B列中的值,共n对对应的A、B列值。当$n>30$时,应分次进行。也可通过计算机软件产生对应A列值的B列值,此时不受取样总数的限制。

(4)将n个B列值与总的断面数相乘,四舍五入为整数,即得到n个断面的编号。

(5)查断面编号对应的桩号,即为拟检测的断面。

3.测点位置确定方法

(1)从布袋中任意取出一张硬纸片,纸片上号数即为随机取样数表中的栏号。从1~28栏中找出该栏号对应的一栏。

(2)按照测点数的频数要求,确定测点的取样总数n。根据检测数量n在所定栏号的A列依次找出所需取样位置数的全部数,如01,02,…,n,以及对应的B、C列值。当$n>30$时,应分次进行。也可通过计算机软件产生对应A列值的B、C列值,此时不受取样总数的限制。

(3)确定取样位置的纵向距离。找出与 A 列中对应的 B 列数值,以此数乘以检测区间的总长度,并加上该段的起点桩号,即得出取样位置距该段起点的距离或桩号。

(4)确定取样位置的横向距离。找出与 A 列中对应的 C 列数值,以此数乘以检测路面(路基)的宽度,再减去宽度的一半,即得出取样位置距离路中心线的距离。如差值是正值,表示在中心线右侧;如差值是负值,表示在中心线的左侧。

一般取样的随机数表　　　　　　　　　　表1-4

栏号1			栏号2			栏号3			栏号4			栏号5		
A	B	C	A	B	C	A	B	C	A	B	C	A	B	C
15	0.033	0.578	05	0.048	0.879	21	0.013	0.220	18	0.089	0.716	17	0.024	0.863
21	0.101	0.300	17	0.074	0.156	30	0.036	0.853	10	0.102	0.330	24	0.060	0.032
23	0.129	0.916	18	0.102	0.191	10	0.052	0.746	14	0.111	0.925	26	0.074	0.639
30	0.158	0.434	06	0.105	0.257	25	0.061	0.954	28	0.127	0.840	07	0.167	0.512
24	0.177	0.397	28	0.179	0.447	29	0.062	0.507	24	0.132	0.271	28	0.194	0.776
11	0.202	0.271	26	0.187	0.844	18	0.087	0.887	19	0.285	0.089	03	0.219	0.166
16	0.204	0.012	04	0.188	0.482	24	0.105	0.849	01	0.326	0.037	29	0.264	0.284
08	0.208	0.418	02	0.208	0.577	07	0.139	0.159	30	0.334	0.938	11	0.282	0.262
19	0.211	0.798	03	0.214	0.402	01	0.175	0.647	22	0.405	0.295	14	0.379	0.994
29	0.233	0.070	07	0.245	0.080	23	0.196	0.873	05	0.421	0.282	13	0.394	0.405
07	0.260	0.073	15	0.248	0.831	26	0.240	0.981	13	0.451	0.212	06	0.410	0.157
17	0.262	0.308	29	0.261	0.037	14	0.255	0.374	02	0.461	0.023	15	0.438	0.700
25	0.271	0.180	30	0.302	0.883	06	0.310	0.043	06	0.487	0.539	22	0.453	0.635
06	0.302	0.672	21	0.318	0.088	11	0.316	0.653	08	0.497	0.396	21	0.472	0.824
01	0.409	0.406	11	0.376	0.936	13	0.324	0.585	25	0.503	0.893	05	0.488	0.118
13	0.507	0.693	14	0.430	0.814	12	0.351	0.275	15	0.594	0.603	01	0.525	0.222
02	0.575	0.654	27	0.438	0.676	20	0.371	0.535	27	0.620	0.894	12	0.561	0.980
18	0.591	0.318	08	0.467	0.205	08	0.409	0.495	21	0.629	0.841	08	0.652	0.508
20	0.610	0.821	09	0.474	0.138	16	0.445	0.740	17	0.691	0.583	18	0.668	0.271
12	0.631	0.597	10	0.492	0.474	03	0.494	0.929	09	0.708	0.689	30	0.736	0.634
27	0.651	0.281	13	0.498	0.892	27	0.543	0.387	07	0.709	0.012	02	0.763	0.253
04	0.661	0.953	19	0.511	0.520	17	0.625	0.171	11	0.714	0.049	23	0.804	0.140
22	0.692	0.089	23	0.591	0.770	02	0.699	0.073	23	0.720	0.695	25	0.828	0.425
05	0.779	0.346	20	0.604	0.730	19	0.702	0.934	03	0.748	0.413	10	0.843	0.627
09	0.787	0.173	24	0.654	0.330	22	0.816	0.802	20	0.781	0.603	16	0.858	0.849
10	0.818	0.937	12	0.728	0.523	04	0.838	0.166	26	0.830	0.384	04	0.903	0.327
14	0.905	0.631	16	0.753	0.344	15	0.904	0.116	04	0.843	0.002	09	0.912	0.382
26	0.912	0.376	01	0.806	0.134	28	0.969	0.742	12	0.884	0.582	27	0.935	0.162
28	0.920	0.163	22	0.878	0.884	09	0.974	0.046	29	0.926	0.700	20	0.970	0.582
03	0.945	0.140	25	0.930	0.126	05	0.977	0.494	16	0.951	0.601	19	0.975	0.327

注:此表共28个栏号,第6~28栏号中的 A、B、C 值可参照有关规程、规范或标准。

工程应用

1. 拟从 K18+000～K19+000 检测路段中选择 20 个断面测定路面宽度、高程、横坡等外形尺寸,试确定测定断面桩号。

解:测定断面桩号确定步骤如下:

(1) 1km 总长的断面数 $T=1000/20=50$ 个,编号为 $1,2,\cdots,50$。

(2) 从布袋中取出一张硬纸片,其编号为 5,即采用表 1-4 中的第 5 栏。

(3) 从第 5 栏 A 列中挑出小于或等于 20 所对应的 B 列数值,将 B 列数值与 T 相乘,四舍五入得到 20 个编号。

(4) 编号乘以桩号间距加上起点桩号就得到了 20 个断面的桩号,具体见表 1-5。

路面宽度、高程、横坡度检测断面随机选点计算　　　　　　　　　　表 1-5

断面序号	5栏A列	B列	B列值×T	断面编号	桩　号
1	17	0.24	1.20	1	K18+020
2	07	0.167	8.35	8	K18+160
3	03	0.219	10.95	11	K18+220
4	11	0.282	14.10	14	K18+280
5	14	0.739	18.95	19	K18+380
6	13	0.394	19.70	20	K18+400
7	06	0.410	20.50	21	K18+420
8	15	0.438	21.90	22	K18+440
9	05	0.488	42.40	24	K18+480
10	01	0.525	26.25	26	K18+520
11	12	0.561	28.06	28	K18+560
12	08	0.652	32.60	33	K18+660
13	18	0.686	33.40	33	K18+680
14	02	0.763	38.00	38	K18+760
15	10	0.843	42.15	42	K18+840
16	16	0.858	42.90	43	K18+860
17	04	0.904	45.15	45	K18+900
18	09	0.912	45.60	46	K18+920
19	20	0.970	48.50	49	K18+980
20	19	0.975	48.75	49	K19+000

2. 拟从 K18+000～K19+000 检测路段中选择 6 个点检测压实度、结构层厚度等,试确定测点位置。

解:测点位置的确定步骤如下:

(1) 从布袋中取出一块硬纸片,其编号为 3,即采用表 1-4 中的第 3 栏。

(2) 从第 3 栏 A 列中挑出小于或等于 6 所对应的 B 列和 C 列数值。

(3) B 列值乘以取样间距 1000m 加上起始桩号就得到了各测点的纵向位置。

(4) C 列值乘以路面宽度再减去宽度的一半就得到了各测点的横向位置,具体见表 1-6。

钻孔位置取样选点计算表　　　　　　　　　表1-6

测点编号	A 列	B 列	距测点距离(m)	桩 号	C 列	距边缘距离(m)	距中线距离(m)
1	01	0.175	175	K18+175	0.647	6.47	右1.47
2	06	0.310	310	K18+310	0.043	0.43	左4.57
3	03	0.494	494	K18+494	0.929	9.29	右4.29
4	02	0.699	699	K18+699	0.073	0.73	左4.27
5	04	0.838	838	K18+838	0.166	1.66	左3.34
6	05	0.977	977	K18+977	0.494	4.94	左0.06

单元三　公路试验检测数据报告编制

 任务描述

某二级公路中粒式沥青混凝土面层用摆式仪测定抗滑值的原始数据如表1-7所示,请依此编写该路面抗滑性能检测记录表和检测报告。

原始检测结果　　　　　　　　　表1-7

桩 号	编号	摆值(BPN)					平 均 值		温度修正值	摆值 F_{B20}
左幅 K0+425	1	44	43	47	46	45	46	47.2			
	2	47	45	48	47	46	48	48.8	48.4	2	50
	3	47	49	46	46	47	48	49.2			
左幅 K1+275	1	45	47	46	45	48	47	48.3			
	2	49	47	43	43	45	48	47.8	48.2	2	50
	3	45	48	48	46	45	47	48.5			
右幅 K2+520	1	47	49	46	46	45	47	49.2			
	2	48	45	48	47	45	46	48.5	48.7	2	51
	3	48	47	45	47	46	46	48.5			

 相关知识

公路试验检测数据报告是试验检测数据的变现形式。为了推动试验检测管理标准化、规范化、科学化和信息化,提高质量控制水平,需要按统一格式编制公路试验检测数据报告。试验检测数据报告标准化和信息化是提高工程质量管理水平、及时了解工程质量变化趋势的重要手段,它不但有利于试验检测管理的科学与规范,而且有利于试验技术资料的归档与共享,还有利于对试验检测假数据、假报告的防范与遏制。

一、分类

公路试验检测数据报告包括公路试验检测记录表(以下简称"记录表")和公路试验检测报告(以下简称"报告")。

1.记录表

记录表是公路试验检测的原始数据的记录,应具有溯源性、真实性、完整性和准确性。溯

源性是指通过记录表中的信息可追溯试验检测过程的各个环节和要素,并能还原整个检测过程,因此,记录表中的信息应尽可能详尽,包括记录有关样品、试验检测过程的完整信息。真实性是指如实记录当时当地进行的试验检测的情况,包括试验检测过程中的数据、现象、仪器设备、环境条件等信息。完整性是指记录表中涉及或影响报告中检测结果、数据和结论的因素都必须完整、详细,应能使未参加检测的同专业人员从记录中查得审核报告所需的全部信息。准确性包括试验检测所测得原始数据、计算、修约的正确性,以及环境条件、设备状态等信息的准确性。

2. 报告

报告是试验检测工作的最终产品,报告的作用是向客户表明被检测对象的质量信息。一份合格的报告应编写规范,内容完整,数据、图片、术语准确无误,判断科学、公正、明确。

二、格式和要素

1. 格式

公路试验检测数据报告按格式内容,由标题区、表格区、落款区三部分组成。其中,表格区按内容又可分为基本信息区、检验对象属性区(仅用于报告)、检验数据区和附加声明区等。记录表及报告格式如图1-8、图1-9所示。

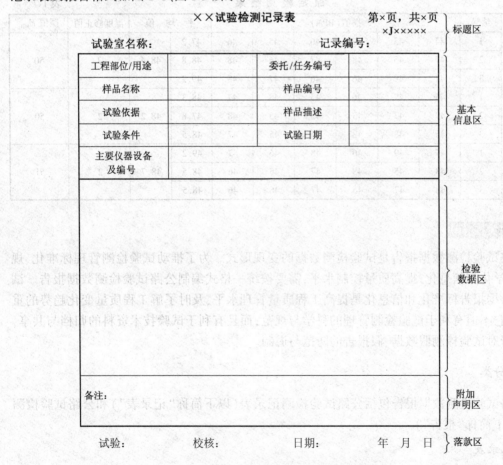

图1-8 记录表格式(示意)

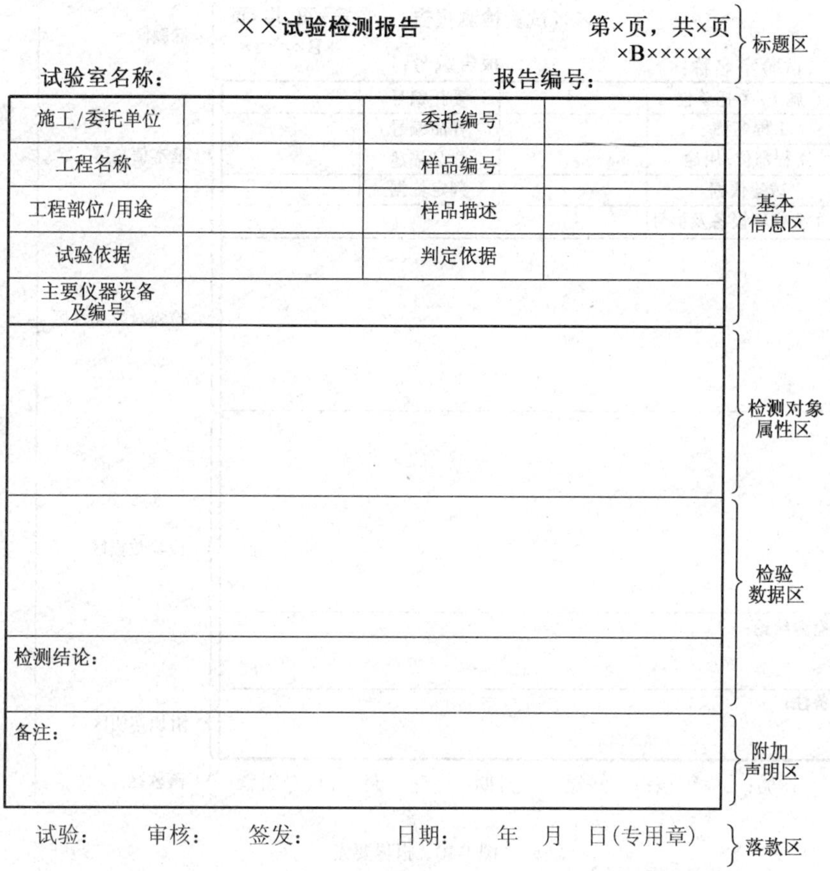

图1-9 报告格式(示意)

记录表与报告原则上采用单页表的形式,可依据具体情况使用横表和(或)纵表。版面设计遵循简洁、实用、统一的原则,可根据数据报告实际内容进行必要的调整。

推荐使用的数据报告版面格式如下:

(1)数据报告采用国际标准A4纸(长×宽为297mm×210mm)。

(2)横表页边距宜设置为上2.0cm、下1.5cm、左1.5cm、右1.5cm。

(3)纵表页边距宜设置为上1.5cm、下1.5cm、左2.5cm、右1.5cm。

(4)页眉、页脚宜分别设置为0.5cm。

(5)表格外边框宜用1.5磅粗实线,基本信息区与检验数据区之间分隔线宜用1.5磅粗实线。

(6)除标题区中表格名称字体用16号宋体加粗外,数据报告中固定内容宜用10号宋体,填充内容宜用10号仿宋体。

2. 要素

报告按内容属性,由管理要素和技术要素构成。其中,管理要素包括标题区、基本信息区、附加声明区和落款区等内容;技术要素包括检验对象属性区和检验数据区等内容,如图1-10所示。

(1)管理要素。

标题区又称"表头",位于记录表/报告表格区外部上方,用于表征记录表/报告的属性信息;落款区位于记录表/报告表格区外部下方,用于表征记录表/报告的签署信息;基本信息区

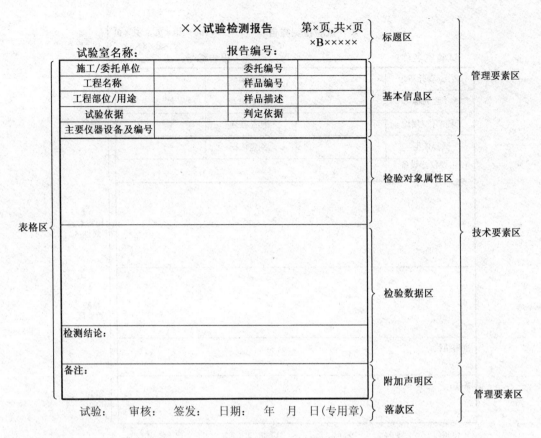

图 1-10 报告要素

位于记录表/报告表格区的上部,用于表征被检对象信息、试验检测条件信息;附加声明区又称"备注",位于记录表/报告表格区的下部,用于补充试验检测需说明的信息。

(2)技术要素。

检测对象属性区为报告的专有信息,用于描述被检测对象的专属信息,位于报告表格区中部偏上位置,紧接"基本信息区";检验数据区位于记录表/报告表格区中部偏下位置,"附加声明区"的上方,在记录表中用于表征试验过程的原始数据、过程数据及试验结果等信息;在报告中用于表征试验检测结果与结论等信息。

任务实施

一、记录表的编制

1. 管理要素

1)标题区

记录表标题区由表格名称、唯一性标识编码、试验室名称、记录编号和页码等组成。

(1)表格名称。它位于标题区第一行居中位置。以《公路水运工程试验检测机构等级标准》(交安监发〔2017〕113号)中综合甲级(桥梁结构、构件、隧道、交通安全设施等除外)、桥梁隧道工程专项和交通工程专项中所列的"项目""主要试验检测参数"(以下简称"参数")栏的内容为依据,原则上采用"项目名称"+"参数名称"+"试验检测记录表"的形式,如"土的击

实试验检测记录表"。特殊情况可采用以下形式：

①当试验参数有多种测试方法可选择时，宜在记录表后将选用的测试方式以括号的形式加以标识，如"土颗粒级配试验检测记录表（筛分法）"。

②当同一"项目"栏内存在多个项目类型或按习惯用法可分为多个项目类型时，宜按项目类型分别编制记录表，如水泥混凝土××试验检测记录表、砂浆××试验检测记录表。

③当对同一样品在一次试验中得到多个参数值时，记录表可以多参数的形式出现，表格名称在表述时宜列出全部参数并在参数间以"、"分隔，如"水泥标准稠度用水量、凝结时间、安定性试验检测记录表"。

④当记录表包含《公路水运工程试验检测机构等级标准》（交安监发〔2017〕113 号）中"项目"栏对应的全部参数时，参数名称可省略，以"项目名称"+"试验检测记录表"为表格名称，如"隧道环境检测试验检测记录表"。

⑤当参数能明确地体现测试内容时，项目名称可省略，以"参数名称"+"试验检测记录表"为表格名称，如"反光膜性能测试试验检测记录表"。

(2)唯一性标识编码。用以区分记录表的管理编码，具有唯一性，与表格名称同处一行，靠右对齐。记录表唯一性标识编码采用 2+2+2+1 四段位的编码形式，即用"专业编码"+"项目编码"+"参数编码"+"方法区分码"的形式表示，其结构如图 1-11 所示。

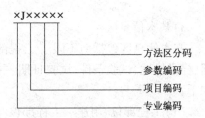

图 1-11　记录表唯一性标识编码结构示意图

记录表唯一性标识编码各段位的编制要求如下：

①专业编码。由两位大写英文字母组成，第一位字母用于区分专业类别，用 J、Q、A 分别代表公路工程、桥梁隧道工程、交通工程专业；第二位字母为 J，代表记录表。

②项目编码。由两位数字组成，用《公路水运工程试验检测机构等级标准》（交安监发〔2017〕113 号）中的"综合甲级（桥梁结构、构件、隧道、交通安全设施等除外）""桥梁隧道工程专项""交通工程专项"中"项目"序号表示，采用 01～99 的形式。

③参数编码。由两位数字组成，用《公路水运工程试验检测机构等级标准》（交安监发〔2017〕113 号）中与项目对应的"参数"栏内各参数的顺序号表示，采用 01～99 的形式。多参数记录表，该段位为排在前面的参数的顺序号。

④方法区分码。由一位小写英文字母组成，采用 a～z（i、l、o 除外）的形式，用于区分单项目或多项目对同一参数的不同试验方法，由试验室自行制定。例如，粗集料颗粒级配（干筛法 a、水洗法 b）、细集料颗粒级配（干筛法 c、水洗法 d）、矿粉颗粒级配（水洗法 e）等。无方法区分码时，此段位编码省略。

示例见表 1-8。

记录表唯一性标识编码各段位的编制示例　　　　　　表 1-8

序号	项目	参数	参数号	表格名称	唯一性标识编码
1	土	颗粒级配	0101	土的颗粒分析试验检测记录表（筛分法）	JJ0101a
				土的颗粒分析试验检测记录表（密度计法）	JJ0101b
				土的颗粒分析试验检测记录表（移液管法）	JJ0101c

(3)试验室名称。位于标题区第二行位置,靠左对齐。在不引起歧义时,等级试验室名称可用"公路水运工程试验检测机构等级证书"的编号表示,工地试验室名称应能反映出其母体试验室及项目标段的信息,如工地试验室名称为"母体试验检测机构名称+建设项目标段名称+工地试验室"。

(4)报告编号。与"试验室名称"同处一行,靠右对齐。报告编号由试验室自行编制,用于试验参数、试验过程的识别。为了保证试验室开展工作,支持盲样管理,所有编号应按时间顺序递增,连续且不间断。为了便于追溯和管理,试验检测机构的记录表的报告编号一般应包含年份、类型、试样项目标识及流水号等,如:JL(记录)-2018(年份)-TGJ(土工检)-001(流水号)。

(5)页码。位于表格的页眉处,靠右对齐,以"第×页,共×页"的形式表示。

2)落款区

落款区由"试验""复核""日期"三部分组成。

日期为记录表的复核时间,以"×年×月×日"的形式表示,如"2018年04月30日"。签字的试验人员和复核人员必须持有试验检测员以上证书,且签字领域应与所持证书的专业相对应。

3)基本信息区

基本信息区包括但不限于工程部位/用途、委托/任务编号、样品名称、样品编号、试验依据、样品描述、试验条件、试验日期、主要仪器设备及编号等内容。基本信息区的相关编写要求如下:

(1)工程部位/用途。工程部位/用途为二选一填写项,成品、半成品、现场检测应填写所在的工程部位,工程部位应能追溯,如填写工程部位的桩号、分项(分部)工程名称等,材料试验应填写其工程用途。

(2)委托/任务编号。由试验室自行编制,用于表示外部委托/内部任务流转的唯一性编号。工地试验室的检测活动属于自检范畴,无须填写委托单位和委托单编号;等级试验检测机构,在满足盲样管理的前提下,应填写委托/任务编号的信息,如WT(委托)/RW(任务)-2018(年份)-001(流水号)。

(3)样品名称。按标准规范要求填写,如"热轧带肋钢筋""热轧光圆钢筋"不能简单填写为"钢筋"。

(4)样品编号。由试验室自行编制,用于区分每件独立样品的唯一性编号,样品编号的建立与实施应确保样品在实物上、实际工作中、记录中或其他文件中被提及时不会发生混淆。样品大样宜细分,如沥青混合料配合比设计中,沥青样品编号为YP-2018-LQ-0001,粗集料样品编号为YP-2018-CJL-0001,细集料样品编号为YP-2018-XJL-0001。

(5)试验依据。进行试验所依据的现行有效的标准、规程或其他技术文件。宜至少填写完整的标准、规程编号,如GB/T 232—2010;必要时,可填写标准、规程的方法编号或条款号,如JTG E42—2005、T 0305—1994。当某一参数有多个试验依据时,应根据其在工程中的具体用途或部位,有针对性地选择一个依据。例如,粗集料(碎石)的试验依据有国家标准《建设用卵石、碎石》(GB/T 14685—2011),也有交通运输行业规程《公路工程集料试验规程》(JTG E42—2005),当其使用在沥青路面中时,则只选用《公路工程集料试验规程》(JTG E42—2005)为试验依据。

(6)样品描述。描述样品的状态,如样品的结构、形状、规格、颜色、数量等信息,不同样品的状态描述不同,样品信息要根据标准规范或试验规程的要求进行选择。

(7)试验条件。用于描述试验时的环境条件,如试验的温度、湿度、照度以及在标准中有明确规定的其他环境条件的实测值或范围值。

(8)试验日期。试验日期即试验的起止时间,以时间段或时间点表示。

(9)主要仪器设备及编号。试验所用主要仪器设备的信息,宜包括仪器设备名称、型号规格及唯一性标识。主要仪器设备是指为试验检测直接提供数据的仪器设备,辅助类和工具类仪器设备可不填写。

4)附加声明区

附加声明区可用于对试验检测的依据、方法、条件等偏离情况的声明,亦可用于对样品及其试验结果做专门细致性的描述。此外,工地试验室的记录表的附加声明区还可用于监理签字;涉及抽样人时,也可在附加声明区注明。

2. 技术要素

技术要素的检验数据区用于记录试验过程和试验结果的信息,是试验室按试验依据编制的技术内容,宜包括但不限于原始观测项目、数据处理过程与方法、试验结果等。其相关编写要求如下:

(1)原始观测项目。原始观测项目应包含获取试验结果所需要的充分信息,以使该试验在尽可能接近原始条件的情况下能够复现。

(2)数据处理过程与方法。宜保留试验数据的处理过程,给出由原始观测数据导出试验结果的过程记录、数据修约或方法等。

(3)试验结果。宜按试验依据文件要求给出该项试验的测试结果。

技术要素的内容示例如图 1-12 所示。

二、报告的编制

报告是试验检测工作的最终产品,直接反映试验检测机构管理水平、检验能力和工作质量。报告通常包括封面、扉页、正文三部分内容。

1. 管理要素

1)标题区

报告标题区由表格名称、唯一性标识编码、试验室名称、报告编号、页码等内容组成,标题区示意如图 1-13 所示。

(1)表格名称。位于标题区第一行居中位置。由单一记录表导出的报告,其表格名称宜采用与记录表名称相同的命名方式,仅将"试验检测记录表"变更为"试验检测报告",如"路基路面压实度试验检测记录表"对应的报告为"路基路面压实度试验检测报告";由多个记录表导出的报告,依据试验参数具体组成,优先以项目名称命名报告名称,在不引起歧义的情况下,宜采用"项目名称"+"试验检测报告"的形式,也可按原材料理化性能检测、进场制成品性能检测、混合料配合比设计、施工过程质量控制检测、施工质量验收检测等习惯或约定的方式命名。

①报告内容涵盖等级标准"项目"中全部参数时,以项目名称作为报告的名称,即采用"项目名称"+"试验检测报告"的形式,如"岩石试验检测报告"。

②报告内容涵盖等级标准"项目"中部分参数时,所涉及参数可以按习惯或约定的方式加以描述,如"物理力学性能""安装质量"等,以"项目名称"+"习惯或约定的描述"+"试验检测报告"的形式表述,如"板式橡胶支座物理力学性能试验检测报告"。

水泥混凝土抗压强度试验检测记录表(立方体)

第1页，共1页
JJ0501a

试验室名称：××试验检测中心　　　　　　　　　　记录编号：JL-2012-TYH-008

工程部位/用途	××大桥××墩台			委托/任务编号		PW-2012-008		
试验依据	JTG E40—2005；T0553—2005			样品编号		YP-2012-TYH-008		
试验条件	温度21℃，湿度61%			试验日期		2012-6-27～2012-7-25		
样品描述	无掉边、无缺角							
主要仪器设备及编号	NYL-2000压力机(SB-007)；钢直尺(SB-028)							
混凝土种类	普通混凝土			养护条件		温度21℃，湿度96%		

试件编号	成型日期	强度等级(MPa)	试验日期	龄期(d)	试件尺寸(mm)	极限荷载(kN)	抗压强度测值(MPa)	抗压强度测定值(MPa)	换算成标准试件抗压强度值(MPa)
YP-2012-TYH-008-1	2012-6-27	30	2012-7-25	28	150×150×150	778.45 894.54 820.45	34.6 39.8 36.5	37.0	37.0
YP-2012-GYH-008-2	2012-6-27	30	2012-7-25	28	150×150×150	768.34 800.56 791.34	34.1 35.6 35.2	35.0	35.0
YP-2012-TYH-008-3	2012-6-27	30	2012-7-25	28	150×150×150	821.00 795.67 777.34	36.5 35.4 34.5	35.5	35.5
—						— — —	— — —	—	—
						— — —	— — —		
—						— — —	— — —	—	—

原始观测项目　　数据处理过程　　试验结果

备注：

试验：　　　　　复核：　　　　　　　　　　　　　　　　　　日期：　年 月 日

图1-12　技术要素内容示意图

```
    ××试验检测报告        第×页，共×页
                         ×B××××××  ┐标题区

    实验室名称：       报告编号：
```

图1-13　标题区示意图

③报告内容涵盖等级标准"项目"中部分参数时，所涉及参数无法以习惯或约定的方式加以描述时，可采用"项目名称＋试验检测报告（一）""项目名称＋试验检测报告（二）"……的形式，如"土工试验检测报告（一）""土工试验检测报告（二）"等。

检测机构出具的同一名称的试验检测报告，所含试验参数以及各参数所选取的试验方法应一致。

（2）唯一性标识编码。唯一性标识编码是报告的管理编码。与表格名称同处一行，靠右对齐。报告唯一性编码采用2＋2＋2＋2四段位的编码形式，即用"专业编码"＋"分类编码"＋"项目编码"＋"格式区分码"的形式表示，其结构如图1-14所示。

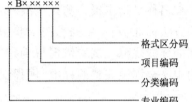

图1-14　报告唯一性标识编码结构示意图

报告的唯一性标识编码各段位的编制要求如下：

①专业编码。由两位大写英文字母组成，第一位字母用于区分专业类别，用J、Q、A分别代表公路工程、桥梁隧道工程、交通工程专业；第二位字母为B，代表报告。

②分类编码。由两位数字组成，用01、02、03分别代表材料类报告、现场试验类报告、特殊参数类报告，用于工程建设的原材料及制成品等统归为材料类，用"01"表示；对工程实体所实施的过程检验、监控测试、工程验收等，属现场试验类范畴，用"02"表示；其他的为特殊参数类报告，用"03"表示，如配合比设计。

③项目编码。由两位数字组成，采用01～99的形式，与记录表项目编码相同。

④格式区分码。由两位数字组成，采用01～99的形式，用于区分项目内各报告格式，由试验室自行制定。各试验室因检测的对象不同，目的不同，同项目的报告中所含参数内容也不尽相同，用格式区分码将报告模板加以区分，格式区分码并非项目内试验检测工作的流水号。例如，"土工试验检测报告（一）""土工试验检测报告（二）"的格式区分码分别用01、02表示；"道路石油沥青试验检测报告""道路用乳化沥青试验检测报告""改性乳化沥青试验检测报告"的格式区分码分别用01、02、03表示。

（3）试验室名称。位于标题区第二行位置，靠左对齐。报告采用的试验室名称应使用全称，工地试验室名称采用"母体试验检测机构名称＋建设项目标段名称＋工地试验室"。

（4）报告编号。它与"试验室名称"同处一行，靠右对齐。由试验室自行制定，用于报告的识别。

（5）页码。位于表格的页眉处，靠右对齐，以"第×页，共×页"的形式表示。

2）落款区

由试验、审核、签发、日期及专用章五部分组成，落款区示意如图1-15所示。

```
试验：    审核：    签发：    日期：  年  月  日(专用章) ┐落款区
```

图1-15　落款区示意图

报告中签字的试验人员必须持有签字领域试验检测员以上证书,此处的"试验"应为本项检测工作的主检人员;审核人员是签字领域的持证试验检测工程师;签发人员必须是持证试验检测工程师;"日期"为报告的签发时间,表示方法同试验检测记录表;"(专用章)"处为试验检测机构报告专用章或试验检测机构行政章的盖章处,专用章的名称应与试验检测数据报告的试验室名称一致,专用章盖在报告的签发日期上。

3)基本信息区

基本信息区包含但不限于施工/委托单位、工程名称、工程部位/用途、委托编号、样品编号、样品描述、试验依据、判定依据、主要仪器设备及编号等信息。其中,施工/委托单位为二选一填写项,宜填写施工单位名称,仅当无法填写施工单位信息时,可填写委托单位名称;工程名称是指本报告测试范围内建设项目的名称;试验依据是指对参数进行检测时所使用的方法标准;判定依据是按试验依据对参数进行检测后,对其结果合格与否进行判定所依据的标准规范。试验依据与判定依据应相匹配,报告中的试验依据宜填写标准、规程完整的中文全称及完整的标准、规程编号。其他信息要素同记录表。基本信息区示意如图1-16所示。

施工/委托单位		委托编号	
工程名称		样品编号	
工程部位/用途		样品描述	
试验依据		判定依据	
主要仪器设备及编号			

图1-16 基本信息区示意图

4)附加声明区

附加声明区可用于对试验检测的依据、方法、条件等偏离情况的声明,也可用于对其他需要补充说明的事项,如对报告结果的使用建议、抽样信息、不确定度表示等内容。工地试验室出具报告的附加声明区还可用于监理签字。

2. 技术要素

1)检验对象属性区

检验对象属性区用于被检对象、测试过程中有关技术信息的详细描述,可以为时间信息、抽样信息、材料或产品生产信息、材料配合比信息等,如试验龄期、抽样方式、材料的产地、生产批号、各种材料用量等。视报告的具体需要确定其内容。

2)检验数据区

检验数据区宜包含但不限于检测项目、技术要求/指标、检测结果、结果判定与检测结论等内容,以及反映检测结果与结论的必要的图表信息。

检验数据区的信息内容及其表述方式应符合试验依据、判定依据的规定;检验数据区的检测结果应可追溯、检测数据修约正确、结果判定准确、图表信息完整、检测结论客观明确;在检测过程中产生的大量过程数据,宜保留在原始记录中。

记录表和报告中各要素填写要点见表1-9、表1-10。

试验检测记录表各要素填写要点 表1-9

要素内容	信息明细	填写要求
标题区	表格名称	原则上采用"项目名称+参数名称+试验记录表"的形式,同时对多测试方法、多项目、多参数等五种可能出现的特殊情况进行了规定
	唯一性标识编码	明确四段位的编码规则
	页码	以"第×页,共×页"的形式表示
	试验室名称	工地试验室名称:母体试验检测机构名称+建设项目标段名称+工地试验室; 等级试验检测机构名称:采用"公路水运工程试验检测机构等级证书"上的名称或其编号
	记录编号	试验室自行编制,用于试验参数、试验过程的识别
基本信息区	工程部位/用途	为二选一填写项,明确被检对象在工程中的具体位置时,可填桩号;当指明数据报告结果的具体用途时,需填写相关信息
	委托编号	试验室自行编制,用于表示委托任务的唯一性编号
	样品名称	按标准规范要求填写,如"热轧带肋钢筋",不能简单写成"钢筋"
	样品编号	试验室自行编制,用于区分每件独立样品的唯一性编号
	试验依据	试验时所依据的现行有效的标准、规程或其他技术文件;宜至少填写出完整的标准、规程编号,如 GB/T 232—2010
	样品描述	描述样品的状态,如样品结构、形状、规格、颜色、数量等信息
	试验条件	试验时的环境条件,如试验的温度、湿度、照度以及在标准中有明确规定其他环境条件的实测值或其范围值
	试验日期	试验的起止时间,以时间段或时间点来表示
	主要仪器设备及编号	试验时所用主要仪器设备信息,宜包括仪器设备名称、型号规格及唯一性标识
检验数据区	原始观测项目	要求信息充分,以便在接近原条件的情况下能够复现
	数据处理过程项目	宜保留数据处理过程、导出过程、数据修约或方法等
	试验结果	给出测试结果,需要时给出相关图表结果
附加声明区	备注	试验检测过程的特殊声明、其他见证方签认、需补充说明的事项等
落款区	表格签署人信息	试验、复核人员签名,必须持有相应交通运输部检测员以上证书,且签字的领域与所持证书的专业应对应
	日期	试验记录表的复核人员复核时间,格式如 2012 年 07 月 15 日

试验检测报告各要素填写要点 表1-10

要素内容	信息明细	填写要求
标题区	表格名称	由单一记录表导出的检测报告,其命名方式同记录表,仅将"试验记录表"变更为"试验检测报告"; 由多个记录表导出的检测报告,依据试验参数具体组成,优先以项目名称命名检测报告名称
	唯一性标识编码	明确四段位的编码规则
	页码	以"第×页,共×页"的形式表示

续上表

要素内容	信息明细	填写要求
标题区	试验室名称	正确使用试验室名称； 工地试验室名称应能反映出其母体试验室及工程项目的信息等； 等级试验检测机构、母体试验室名称也可用"公路水运工程试验检测机构等级证书"编号表示
	报告编号	试验室自行制定，用于试验检测报告的识别
基本信息区	施工/委托单位	实施工程建造与安装的单位名称
	工程名称	本检测报告测试范围内建设项目的名称
	工程部位/用途	为二选一填写项，明确被检对象在工程中的具体位置时，填桩号；当指明数据报告结果的具体用途时，填相关信息
	委托编号	试验室自行编制，用于表示委托任务的唯一性编号
	样品描述	描述样品结构、形状、规格、颜色、数量等
	样品编号	试验室自行编制，用于区分每件独立样品的唯一性编号
	试验依据	试验时所依据的现行有效的标准、规程或其他技术文件，宜至少填写出完整的标准、规程编号
	主要仪器设备及编号	试验时所用主要仪器设备信息
	判定依据	判定试验结果合格与否所依据的标准、规程或其他技术文件
检验对象属性区		对检测结果的有效性和可追溯性有重要影响的被检对象或测试过程中所特有的信息，可以为时间信息、抽样信息、材料或产品生产信息、材料配合比信息等，如试验龄期、抽样方式、材料的产地、生产批号、各种材料用量等
检验数据区	检测项目	本报告包含的检测项目
	技术要求/指标	判定依据中相应检测项目的要求
	检测结果	本检测项目的单向测试结果
	结果判定	本检测项目的单向结果的符合性判定
	检测结论	本检测报告所含测试项目的检测结果，应包含合格与否的判定
附加声明区	备注	试验检测过程的特殊声明，需补充说明的事项等
落款区	表格签署人信息	试验、审核和报告签发人签名。试验人员必须持有签字领域试验检测员以上证书，审核必须是签字领域的持证试验检测工程师，签发人员必须是持证试验检测工程师。另外，此处试验人员应为本项检测工作的主检人员
	日期	报告批准日期，格式如 2012 年 07 月 15 日
（专用章）		报告中各种标识章的使用应符合相关证书发放机构的管理规定。其中，"试验检测机构专用标识章"应加盖在试验检测报告的右上角

路面摩擦系数试验检测记录表和报告示例如表 1-11、表 1-12 所示。

路面摩擦系数试验检测记录表(摆式仪法)　　　　　表1-11
第1页,共1页
J13021407

试验室名称:××交通建设试验检测有限公司　　　　记录编号:JL-2018-XCJ-001

工程部位/用途	K0+000~K0+200 上面层 AC-16 路面		委托/任务编号			WT-2018-014/ RW-2018-014				
试验依据	T 0964—2008		样品编号			YP-2018-XCJ-001				
试验条件	室外		试验日期			2018-01-02				
样品描述	路面干燥、清洁、无污染									
主要仪器设备及编号			摆式仪××							
桩号	车道	测点位置	摆值						路面温度(℃)	换算成20℃时摆值	抗滑值均值
			1	2	3	4	5	均值			
K0+050	左行车道	前	69	71	68	71	69	70	20	70	70
		中	70	71	70	72	71	71	20	71	
		后	69	70	71	70	71	70	20	70	
K0+150	右超车道	前	70	69	68	71	69	69	20	69	69
		中	68	69	71	68	70	69	20	69	
		后	69	68	70	71	68	69	20	69	
—	—	前	—	—	—	—	—	—	—	—	—
		中	—	—	—	—	—	—	—	—	
		后	—	—	—	—	—	—	—	—	
		前	—	—	—	—	—	—	—	—	—
		中	—	—	—	—	—	—	—	—	
		后	—	—	—	—	—	—	—	—	
—	—	前	—	—	—	—	—	—	—	—	—
		中	—	—	—	—	—	—	—	—	
		后	—	—	—	—	—	—	—	—	
		前	—	—	—	—	—	—	—	—	—
		中	—	—	—	—	—	—	—	—	
		后	—	—	—	—	—	—	—	—	
—	—	前	—	—	—	—	—	—	—	—	—
		中	—	—	—	—	—	—	—	—	
		后	—	—	—	—	—	—	—	—	

备注:

试验:　　　　　校核:　　　　　日期:　年　月　日

路面摩擦系数试验检测报告

表1-12
第1页,共1页
J13021407

试验室名称:××交通建设试验检测有限公司　　报告编号:BG-2018-XCJ-001

委托/施工单位	××工程有限公司	委托编号	WT-2018-014
工程名称	××高速公路××标	样品编号	YP-2018-XCJ-001
工程部位/用途	K0+000~K0+200 上面层 AC-16 路面	检测方法	摆式仪法
试验依据	JTG 3450—2019	判定依据	JTG F80/1—2017,设计文件
样品描述	路面干燥、清洁、无污染	结构层次	上面层
主要仪器设备及编号		摆式仪××	

序号	桩号	车道	BPN_{20}抗滑实测值	设计抗滑值	结果判定
1	K0+050	左行车道	70	60	合格
2	K0+150	右超车道	69	60	合格
—	—	—	—	—	—
—	—	—	—	—	—
—	—	—	—	—	—
—	—	—	—	—	—
—	—	—	—	—	—
—	—	—	—	—	—
—	—	—	—	—	—
—	—	—	—	—	—
—	—	—	—	—	—
—	—	—	—	—	—
—	—	—	—	—	—
—	—	—	—	—	—
—	—	—	—	—	—
—	—	—	—	—	—

检测点数	2	标准差	0.71	变异系数	1.01	路面抗滑平均值	70

检测结论:经检测,该段路面摩擦系数符合设计要求

备注:

试验:　　审核:　　签发:　　日期:　年　月　日(专用章)

思考与练习

1. 为了做好试验检测工作,对试验检测人员有哪些要求?

2. 表 1-13 为某四级公路的石灰粉煤灰稳定粒料基层的分项工程质量评定表,请完善表 1-13 中空格内容并作最后评定。

分项工程质量检验评定表 表 1-13

分项工程名称:石灰粉煤灰稳定粒料基层　工程部位:K6+000~K7+000　所属建设项目:××工程
所属分部工程:_____　所属单位工程:_____　施工单位:××有限公司　分项工程编号:××

基本要求	1. 2. …														
实测项目	项次	抽查项目		规定值或允许偏差	实测值或实测偏差值									质量评定		
					1	2	3	4	5	6	7	8	9	…	平均值、代表值	合格率(%)	合格判定
	1	压实度(%)	代表值	97											98.93	100	
			极值	93													
	2	强度(MPa)		符合设计要求											0.842	100	
	3	平整度(mm)		12											10.15	85	
	4	厚度(mm)	代表值	-10											17.86	100	
			合格值	-20													
	5	纵断高程(mm)		+5,-15												95	
	6	宽度(mm)		符合设计要求												100	
	7	横坡(%)		±0.5												92	
外观质量												质量保证资料						
工程质量等级评定																		

检验负责人:　　　检测:　　　记录:　　　复核:　　　年 月 日

3. 表 1-14 为某公路路面工程分部工程质量评定表,请完善表 1-14 中空格内容并作最后评定。

分部工程质量检验评定表 表 1-14

分部工程名称:路面工程　　工程部位:K6+000~K7+000　　所属单位工程:_____
所属建设项目:××工程　　施工单位:××有限公司　　分部工程编号:××

分项工程			备注
分项工程编号	分项工程名称	质量等级	
1	级配碎石垫层		
2	水泥稳定碎石基层		
3	水泥混凝土面层		
4	路肩		
5	路缘石		
外观质量			
评定资料			
质量等级			
评定意见			

检验负责人:　　　　　记录:　　　　　复核:　　　　　年 月 日

4. 表1-15为某高速公路的第×合同段路基工程单位工程质量评定表,请完善表1-15中空格内容并作最后评定。

单位工程质量检验评定表　　　　　　　　　　　　　　　　　　　表1-15

单位工程名称：_____　　工程地点、桩号：K6+000～K7+000　　所属建设项目(合同段)：_____
施工单位：××有限公司　　单位工程编号：××

分部工程			备　注
分部工程编号	分部工程名称	质量等级	
1	路基土石方工程		
2	排水工程		
3	小桥		
4	涵洞、通道		
外观质量			
评定资料			
质量等级			
评定意见			

检验负责人：　　　　　记录：　　　　　复核：　　　　　年　月　日

5. 拟从 K10+000～K11+000 的检测路段中选择6个点检测压实度、结构层厚度,试确定测点的位置(随机抽样编号是4)。

模块二 试验检测数据处理

知识目标

1. 熟悉数据误差相关概念;
2. 掌握数据的统计与分析方法;
3. 掌握数据的修约方法;
4. 掌握数据的取舍方法;
5. 熟悉数据相关关系的建立方法。

能力目标

1. 能对试验检测数据修约和取舍;
2. 能对试验检测数据统计分析。

工程质量的评价是以试验检测数据为依据的。试验检测采集得到的原始数据类多量大,有时杂乱无章,甚至还有错误。这就需要我们从大量的数据中去粗取精、去伪存真,对数据进行科学的整理与分析,尽可能地得到正确的结果或结论。

单元一 检测数据误差分析

用两把不同尺子 A、B,分别测量两物体 C、D 的长度,尺子 A 测得物体 C 的长度为10.1m,尺子 B 测得物体 D 的长度为 1.1m,物体 C、D 的真实长度分别为 10m、1m。请问两把尺子的精度高各是多少?

相关知识

一、误差的基本概念

在试验检测过程中,由于试验仪器精度的限制、试验检测方法的不完善、试验检测人员认识能力的不足和科学水平的限制等方面的原因,造成测量结果与其真实值之间存在一定差值,这个差值就称为误差。随着科学技术的发展,人们认知水平的提高以及实践经验的丰富,误差可以被控制在很小范围,量测值可更接近于其真实值,但是误差不能完全消除,真值也无法得到,通常取大量测量值的平均值或高精度仪器的测量值作为真值。

二、误差的分类

误差按表示方法不同,可分为绝对误差和相对误差。

1. 绝对误差

绝对误差是指实测值与被测量的真值之差,即

$$\Delta L = L - L_0 \tag{2-1}$$

式中:ΔL——绝对误差;
  L——实测值;
  L_0——被测量的真值。

绝对误差具有以下性质:

(1)它是有单位的,与测量时采用的单位相同。

(2)它能表示测量的数值是偏大还是偏小及偏离程度。

(3)它不能确切地表示测量所达到的精确程度。

2. 相对误差

相对误差是指绝对误差与被测真值(或平均值)的比值,即

$$\delta = \frac{\Delta L}{L_0} \times 100\% \tag{2-2}$$

式中:δ——相对误差。

相对误差具有以下性质:

(1)它是无单位的,通常以百分数表示,而且与测量所采用的单位无关。

(2)它能表示误差的大小和方向,因为相对误差大时绝对误差亦大。

(3)它能表示测量的精确程度。

相对误差能真正反映出测量时所达到的精度,因此,通常用相对误差来表示测量误差。

 任务实施

一、误差的产生原因分析

产生误差的原因是多方面的,可以归纳如下。

1. 装置误差

装置误差是指主要由设备装置的设计制造、安装、调整与运用引起的误差。例如,试验机示值误差、等臂天平不等臂等。

2. 环境误差

环境误差是指由于各种环境因素达不到要求的标准状态所引起的误差。例如,混凝土养护条件达不到标准的温度、湿度要求等。

3. 人为误差

人为误差是指由于测试者生理上的最小分辨力和固有习惯引起的误差。

4. 方法误差

方法误差是指由于测试者未按规定的操作方法进行试验所引起的误差。例如,强度试验时试块放置偏心,加荷速度过快或过慢等。

需要指出的是,以上几种误差通常是联合作用的,而某一种误差在一次测量时出现与否也是随机的。

二、误差的分类处理

按性质不同,误差一般可以分为系统误差、随机(偶然)误差、过失(疏忽)误差三种。根据不同类型误差的特点,可采取相应措施减小误差,以提高试验检测精度。

1. 系统误差

在同一条件下,多次重复测试同一量时,误差的数值和正负号有较明显的规律。系统误差通常在测试之前就已经存在,而且在试验过程中,始终偏离一个方向,在同一试验中其大小和符号相同。例如,试验机示值的偏差、钢尺起点磨损的零点误差等均为系统误差。它容易识别,可通过试验或分析掌握其变化规律,并在测量结果中加以修正。

2. 随机误差

在相同条件下,多次重复测试同一量时,出现误差的数值和正负号没有明显的规律,它是由许多难以控制的微小因素造成的,具有较强的随机性和偶然性,所以称为随机误差或称为偶然误差。对于单次测量,每个因素出现与否以及这些因素所造成的误差大小、方向等事先无法预知,但对于多次重复试验结果中的误差分布却遵循着某种统计规律,可以用数理统计的方法处理,以获得可靠的测量结果。

3. 过失误差

过失误差会明显地歪曲试验结果,如测错、读错、记错或计算错误等。含有过失误差的测量数据是不能采用的,必须利用一定的准则从测得的数据中剔除,通常采用可疑数据取舍的方法进行处理。

三、数据的精密度、准确度和精确度分析

1. 精密度

精密度是指测量结果中随机误差的大小程度。换句话说,它是指在一定测量条件下,对某量值进行多次重复测量时,各次测量结果相符合的程度。如果各次的测量结果差异很小,说明随机误差小,精密度高。

2. 准确度

准确度是指测量结果中系统误差的大小程度,即观测值与真值的相等程度。当测量结果中系统误差小时,准确度高。

3. 精确度

精确度是指测量结果中随机误差与系统误差的综合结果,表示测量结果与真值的一致程度。只有当系统误差和随机误差都很小时才能说明精确度高。

精密度、准确度和精确度示意如图2-1所示。

图2-1 精密度、准确度和精确度示意图

a)精密但不准确;b)不精密也不准确;c)准确但不精密;d)精确(既精密又准确)

单元二 数据统计与分析

某混凝土设计强度 $R_D=30\text{MPa}$，测得该批混凝土各组试块 28d 的抗压强度值分别为 32.1、36.0、35.4、35.3、39.2、34.0、28.5、26.6、36.0、34.2、35.5、38.0、38.2、35.8、34.0、37.4、33.5、37.3、33.5、32.8、33.2、34.1、27.9、35.7、34.6、35.0、35.2、33.4、38.0、33.2（单位：MPa），要求合格率 P 为 90%，求该批混凝土质量变异系数，并对该批混凝土进行质量评定。

一、数据的统计特征

工程质量数据的统计特征量分为两类：一类表示统计数据的差异性，即工程质量的波动性，主要有极差、标准偏差、变异系数等；另一类表示统计数据的集中位置，反映平均质量水平，主要有算术平均值、中位数、加权平均值等。

1. 算术平均值

算术平均值是表示一组数据集中位置最有用的统计特征量，经常用样本的算术平均值来代表总体的平均水平。样本的算术平均值则用 $\bar{x}$ 表示。如果 n 个样本数据为 $x_1,x_2,\cdots,x_i$，那么，样本的算术平均值为：

$$\bar{x}=\frac{1}{n}(x_1+x_2+\cdots+x_n)=\frac{1}{n}\sum_{i=1}^{n}x_i \tag{2-3}$$

【例 2-1】 某路段沥青混凝土面层抗滑性能检测，摩擦系数的检测值（共 10 个测点）分别为 58、56、60、53、48、54、50、61、57、55（摆值）。求摩擦系数的算术平均值。

解：由式（2-3）可知，摩擦系数的算术平均值：

$$\bar{F}_B=\frac{1}{10}(58+56+60+53+48+54+50+61+57+55)=55(\text{摆值})$$

2. 中位数

在一组数据 $x_1,x_2,\cdots,x_n$ 中，按其大小次序排序为 $x_{(1)},x_{(2)},\cdots,x_{(n)}$，以排在正中间的一个数表示总体的平均水平，称为中位数，或称为中值，用 $\tilde{x}$ 表示。当 n 为奇数时，正中间的数只有一个；当 n 为偶数时，正中间的数有两个，取这两个数的平均值作为中位数，即

$$\tilde{x}=\begin{cases}x_{\left(\frac{n+1}{2}\right)}\\ \frac{1}{2}\left[x_{\left(\frac{n}{2}\right)}+x_{\left(\frac{n}{2}+1\right)}\right]\end{cases} \tag{2-4}$$

【例 2-2】 检测值同"【例 2-1】"，求中位数。

解：检测值按大小次序排列为 61、60、58、57、56、55、54、53、50、48（摆值），其中位数为：

$$\tilde{F}_B=\frac{F_{B(5)}+F_{B(6)}}{2}=\frac{56+55}{2}=55.5(\text{摆值})$$

3. 极差

在一组数据中最大值与最小值之差,称为极差,表示数据的波动性(离散程度),记作 R,则

$$R = x_{\max} - x_{\min} \tag{2-5}$$

【例 2-3】 例 2-1 中的检测数据的极差为:

$$R = F_{B\max} - F_{B\min} = 61 - 48 = 13(摆值)$$

极差没有充分利用数据的信息,但计算十分简单,仅适用于样本容量较小($n < 10$)的情况。

4. 标准偏差

标准偏差又称为标准离差、标准差或均方差,它是衡量样本数据波动性(离散程度)的指标。在质量检验中,总体的标准偏差(σ)一般不易求得。样本的标准差 S 按式(2-6)计算:

$$S = \sqrt{\frac{(x_1 - \bar{x})^2 + (x_2 - \bar{x})^2 + \cdots + (x_n - \bar{x})^2}{n-1}} = \sqrt{\frac{\sum_{i=1}^{n}(x_i - \bar{x})^2}{n-1}} \tag{2-6}$$

【例 2-4】 仍用例 2-1 的数据,求样本标准偏差 S。

解:由式(2-6)可知,样本标准偏差为:

$$S = \sqrt{\frac{\sum_{i=1}^{n}(x_i - \bar{x})^2}{n-1}} = \sqrt{\frac{(58-55.2)^2 + (56-55.2)^2 + \cdots + (55-55.2)^2}{10-1}} = 4.13(摆值)$$

5. 变异系数

标准偏差是反映样本数据的绝对波动状况。当测量较大的量值时,绝对误差一般较大;当测量较小的量值时,绝对误差一般较小。因此,用相对波动的大小,即变异系数更能反映样本数据的波动性。

变异系数是标准差 S 与算术平均值的比值,用 C_V 表示,即

$$C_V(\%) = \frac{S}{\bar{x}} \times 100\% \tag{2-7}$$

【例 2-5】 假设甲路段沥青混凝土面层的摩擦系数算术平均值为 55.2(摆值),标准偏差为 4.13(摆值);乙路段沥青混凝土面层的摩擦系数算术平均值为 60.8(摆值),标准偏差为 4.27(摆值),则两个路段的变异系数为:

甲路段: $$C_V = \frac{4.13}{55.2} = 7.48\%$$

乙路段: $$C_V = \frac{4.27}{60.8} = 7.02\%$$

由标准偏差分析可得 $S_甲 < S_乙$,但由变异系数分析,则 $C_{V甲} > C_{V乙}$,说明甲路段的摩擦系数相对波动比乙路段的摩擦系数大,面层抗滑稳定性较差。

二、数据的分布特征

质量数据具有一定的规律性,这种规律性一般用概率分布来描述。当样本容量较大时,质

量数据呈正态分布,当样本容量较小时,质量数据呈类似于正态分布的 t 分布。通常借用正态分布和 t 分布进行公路工程质量控制和评价。

1. 正态分布

正态分布是应用最多、最广泛的一种概率分布,而且是其他概率分布的基础。在标准正态分布 $X \sim N(0,1)$ 的分布曲线(图 2-2)中,置信水平为 α 的双侧置信区间为 $-K_q \leq x \leq K_q$ 或 $(-K_q, K_q)$,其中 K_q 可根据 $\beta[\beta=(1-\alpha)/2]$ 值查正态分布概率系数表(附录一)得到。

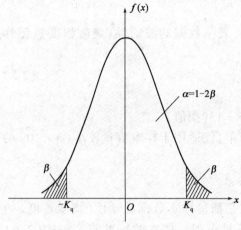

图 2-2 标准正态分布和置信区间

将正态分布 $X \sim N(\mu,\sigma)$ 标准化 $\frac{X-\mu}{\sigma} \sim N(0,1)$ 后,其置信水平为 α 的双侧置信区间为 $-K_q \leq \frac{x-\mu}{\sigma} \leq K_q$,即 $\mu - K_q\sigma \leq x \leq K_q\mu + K_q\sigma$ 或 $[\mu - K_q\sigma, \mu + K_q\sigma]$,如图 2-3 所示。同理,其置信水平为 α 的单侧置信区间为 $[\mu - K_q\sigma, +\infty)$ 或 $(-\infty, \mu + K_q\sigma]$,如图 2-4 所示。

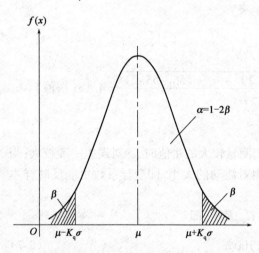
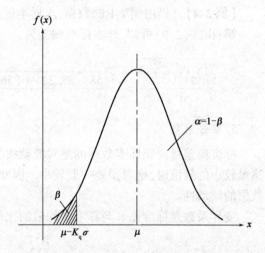

图 2-3 正态分布双侧置信区间　　　图 2-4 正态分布单侧置信区间

由于公路工程中 α 用于表示保证率(置信水平),为便于区别,用 β 表示显著性水平,双侧置信区间中保证率 $\beta=(1-\alpha)/2$,单侧置信区间中保证率 $\beta=1-\alpha$。在公路工程质量检测与评定中,因 K_q 是根据保证率 α 查正态分布概率系数表(附录一)所得,故称为保证率系数(常用 Z_α 表示),其取值与公路等级有关。另外,因 μ 与 σ 无法得到,常用样本平均值 $\bar{x}$ 与标准偏差 S 代替。所以双侧置信区间和单侧置信区间又可表示为 $[\bar{x}-Z_\alpha S, \bar{x}+Z_\alpha S]$、$[\bar{x}-Z_\alpha S, +\infty)$ 或 $(-\infty, \bar{x}+Z_\alpha S]$。

2. t 分布

当随机变量 X 服从自由度为 n 的 t 分布时,记作 $X \sim t(n)$,其分布图形如图 2-5 所示。当 $n \to \infty$ 时,趋于正态分布,一般来说,当 $n \geq 30$ 时,t 分布与正态分布非常接近,但对较小的 n 值,t 分布和正态分布之间有较大的差异。工程质量数据根据检测频率要求,其数量相对较少,一

一般服从 t 分布,由于 t 分布与正态分布非常接近,所以 t 分布下质量数据的双侧置信区间和单侧置信区间与正态分布相似,只是保证率系数 Z_α = $\frac{t_{1-\beta}}{\sqrt{n}}$,根据显著水平 β 和检测点数 n 查 t 分布概率系数表(附录二)得到,具体为 $\left[\bar{x} - \frac{t_{1-\beta}}{\sqrt{n}}S, \bar{x} + \frac{t_{1-\beta}}{\sqrt{n}}S\right]$、$\left[\bar{x} - \frac{t_{1-\beta}}{\sqrt{n}}S, +\infty\right)$ 或 $\left(-\infty, \bar{x} + \frac{t_{1-\beta}}{\sqrt{n}}S\right]$。

分项工程质量评定时,关键项目除了计算平均值、标准偏差、变异系数等统计特征量外,尚需计算代表值。代表值是指一组质量数据中可以代表一定保证率要求的置信界限数值,即置信区间的上、下限,所以代表值的计算公式为:

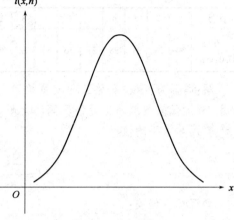

图 2-5 t 分布曲线

$$X = \bar{x} + \frac{t_{1-\beta}}{\sqrt{n}}S \quad \text{或} \quad X = \bar{x} - \frac{t_{1-\beta}}{\sqrt{n}}S \tag{2-8}$$

式中:X——一个评定路段内测定值的代表值;

$\bar{x}$——一个评定路段内测定值的算术平均值;

$\frac{t_{1-\beta}}{\sqrt{n}}$——$t$ 分布概率系数表中随自由度和置信水平(保证率)而变化的参数。

在计算时,代表值取置信区间的上限还是下限,由具体实测项目来定。

工程应用

1. 某路段水泥混凝土路面板厚度检测得到以下 10 个数据:25.1、24.8、25.1、24.6、24.8、25.0、25.3、24.9、24.7、25.0(cm),若要求保证率为 95%,试计算该路段厚度代表值。

解:路面厚度评定按标准要求,厚度代表值取单边置信区间的下限。

厚度的算术平均值:

$$\bar{h} = \frac{\sum_{i=1}^{n} h_i}{n} = \frac{(25.1 + 24.8 + 25.1 + 24.6 + 24.8 + 25.0 + 25.3 + 24.9 + 24.7 + 25.0)}{10} = 24.93(\text{cm})$$

厚度标准偏差:

$$S = \sqrt{\frac{\sum_{i=1}^{n}(h_i - \bar{h})^2}{n-1}} = 0.21(\text{cm})$$

根据 $n = 10, \alpha = 95\%$,查 t 分布概率系数表得:

$$\frac{t_\alpha}{\sqrt{n}} = 0.58$$

所以,该路段厚度代表值:

$$h_L = \bar{h} - \frac{t_\alpha}{\sqrt{n}}S = 24.93 - 0.58 \times 0.21 = 24.8(\text{cm})$$

2. 某新建公路竣工后,在不利季节测得某路段路面的弯沉值见表 2-1。若保证率系数

$Z_\alpha = 1.645$,试计算该路段的弯沉代表值。

某路段路面弯沉值　　　　　表2-1

序号	1	2	3	4	5	6	7	8	9	10	11	12	13	14	15	16	17	18	19	20	21	22
l_i (0.01mm)	30	29	31	28	27	26	33	32	30	30	31	29	27	26	32	31	22	31	30	29	28	28

解:路面弯沉按《公路工程质量检验评定标准　第一册　土建工程》(JTG F80/1—2017)要求,弯沉代表值取单边置信区间的上限。

弯沉算术平均值:

$$\bar{l} = \frac{\sum_{i=1}^{n} l_i}{n} = 29.6(0.01\text{mm})$$

弯沉标准偏差:

$$S = \sqrt{\frac{\sum_{i=1}^{n}(l_i - \bar{l})^2}{n-1}} = 2.1(0.01\text{mm})$$

所以,该路段弯沉代表值:

$$l_r = \bar{l} + Z_\alpha S = 29.6 + 1.645 \times 2.1 = 33.1(0.01\text{mm})$$

单元三　数据的取舍

试验室进行同配比的混凝土强度试验,其试验结果为($n=11$):23.0、26.1、24.5、26.0、25.0、24.8、27.0、25.5、31.0、25.4、25.8(单位:MPa),请判别该组数据中是否有可疑数据。

工程质量检测中常常会出现一些明显偏离正常值(过大或过小)的数据,它们可能是由于工程质量波动导致,也可能是测量中包含了过失误差,这样的数据通常被称为可疑数据,又称为异常值。这些可疑数据的存在会影响到统计结果的客观性。因此,在进行数据分析之前,应用数理统计法判别其真伪,并决定取舍。常用的方法有拉依达法、肖维纳特法、格拉布斯法等。

一、拉依达法

当试验次数较多时,可简单地用3倍标准差(3S)作为确定可疑数据取舍的标准。当某一测量数据(x_i)与其测量结果的算术平均值($\bar{x}$)之差大于3倍标准偏差时,用公式表示为:

$$|x_i - \bar{x}| > 3S \tag{2-9}$$

则该测量数据应舍弃。

由于拉依达法是以3倍标准偏差为判别标准,所以又称为3倍标准偏差法(简称"3S法")。

拉依达法简单方便,无须查表,但要求较宽,当试验检测次数较多或要求不高时可以应用;当试验检测次数较少时(如$n<10$),在一组测量值中即使混有异常值,也无法舍去。也就是

说,此时"3S 法"是失效的。简单证明如下:

当 $n \leq 10$ 时,样本的标准偏差

$$S = \sqrt{\frac{\sum_{i=1}^{n}(x_i - \bar{x})^2}{n-1}} > \sqrt{\frac{(x_i - \bar{x})^2}{10-1}} = \frac{1}{3}|x_i - \bar{x}|$$

即 $|x_i - \bar{x}| < 3S$ 恒成立,此时无论数据中是否存在可疑数据,该方法都无法剔除。

二、肖维纳特法

进行 n 次试验,其测量值服从正态分布,以概率 $\frac{1}{2n}$ 设定一判定范围 $(-K_nS, K_nS)$,当偏差(测量值 x_i 与算术平均值 $\bar{x}$ 之差)超出该范围时,就意味着该测量值 x_i 可疑,应舍弃。肖维纳特法可疑数据舍弃的标准为:

$$|x_i - \bar{x}| \geq K_n S \tag{2-10}$$

式中:K_n——肖维纳特系数,与试验次数 n 有关,见表 2-2。

肖维纳特系数 K_n 表 2-2

n	K_n	n	K_n	n	K_n	n	K_n	n	K_n	n	K_n
3	1.38	8	1.86	13	2.07	18	2.20	23	2.30	50	2.58
4	1.53	9	1.92	14	2.12	19	2.22	24	2.31	75	2.71
5	1.65	10	1.96	15	2.13	20	2.24	25	2.33	100	2.81
6	1.73	11	2.00	16	2.15	21	2.26	30	2.39	200	3.02
7	1.80	12	2.03	17	2.17	22	2.28	40	2.49	500	3.20

肖维纳特法改善了拉依达法,但从理论上分析,当 $n \to \infty$,$K_n \to \infty$,此时所有异常值都无法舍去。此外,肖维纳特系数与置信水平之间无明确联系,肖维纳特法已逐渐被格拉布斯法所代替。

三、格拉布斯法

格拉布斯法假定测量结果服从正态分布,根据顺序统计来确定可疑数据的取舍。例如,做 n 次重复试验,测得结果 $x_1, x_2, \cdots, x_n$,且 x_i 服从正态分布。为了检验 $x_i(i=1,2,\cdots,n)$ 中是否有可疑值,可将 x_i 按其值由小到大顺序重新排列为 $x_{(1)}, x_{(2)}, \cdots, x_{(n)}$,根据统计原则,给出标准化顺序统计量 g:

(1) 当最小值 $x_{(1)}$ 可疑时,则:

$$g_{(1)} = \frac{\bar{x} - x_{(1)}}{S} \tag{2-11}$$

(2) 当最大值 $x_{(n)}$ 可疑时,则:

$$g_{(n)} = \frac{x_{(n)} - \bar{x}}{S} \tag{2-12}$$

根据格拉布斯法统计量的分布,在指定的显著性水平 β(一般 $\beta = 0.50$)下,求得判别可疑值的临界值 $g_0(\beta, n)$,格拉布斯法的判别标准为:

$$g \geq g_0(\beta, n) \tag{2-13}$$

则可疑值 $x_{(i)}$ 是异常的,应予舍去。其中,$g_0(\beta, n)$ 值列于表 2-3 中。

格拉布斯系数 $g_0(\beta, n)$ 表2-3

n	β		n	β		n	β	
	0.01	0.05		0.01	0.05		0.01	0.05
3	1.15	1.15	13	2.61	2.33	23	2.96	2.62
4	1.49	1.46	14	2.66	2.37	24	2.99	2.64
5	1.75	1.67	15	2.70	2.41	25	3.01	2.66
6	1.94	1.82	16	2.74	2.44	30	3.10	2.74
7	2.10	1.94	17	2.78	2.47	35	3.18	2.81
8	2.22	2.03	18	2.82	2.50	40	3.24	2.87
9	2.32	2.11	19	2.85	2.53	50	3.34	2.96
10	2.41	2.18	20	2.88	2.56	100	3.59	3.17
11	2.48	2.24	21	2.91	2.58			
12	2.55	2.29	22	2.94	2.60			

检测数据中,最大值或最小值与算术平均值的偏差最大,最值得怀疑,应首先加以判别,经判别后若最大值或最小值不可疑,则所有数据均应保留;可疑数据取舍时,一次只能剔除一个数据,剩下的 $n-1$ 个数据应重新计算算术平均值与标准偏差,确定新的判定界限,再进行下一个可疑数据取舍。

工程应用

试验室进行同配比的混凝土强度试验,其试验结果为($n=10$):23.0、24.0、26.0、25.0、24.8、27.0、25.5、31.0、25.4、25.8(MPa),试用以上三种方法判别其取舍。

解:分析上述10个检测数据,$x_{\min}=23.0\text{MPa}$ 和 $x_{\max}=31.0\text{MPa}$ 最可疑,故应先判别 $x_{\min}$ 和 $x_{\max}$。经计算 $\bar{x}=25.8\text{MPa}, S=2.1\text{MPa}$。

(1) 拉依达法

$$|x_{\max} - \bar{x}| = |31.0 - 25.8| = 5.2\text{MPa} < 3S = 6.3(\text{MPa})$$

$$|x_{\max} - \bar{x}| = |23.0 - 25.8| = 2.8\text{MPa} < 3S = 6.3(\text{MPa})$$

故上述试验数据均不能舍去。

(2) 肖维纳特法

查表2-2,当 $n=10$ 时,$K_n=1.96$。对于最可疑测量值31.0,则:

$$\frac{|x_i - \bar{x}|}{S} = \frac{|31.0 - 25.8|}{2.1} = 2.48 > K_n = 1.96$$

说明测量数据31.0是异常的,应予舍去。这一结论与拉依达法的结果是不一致的。
依照上述方法继续对余下9个数据进行判别,经计算没有其他异常值。

(3) 格拉布斯法
测量数据按由小到大次序排列如下:
23.0 24.5 24.8 25.0 25.4 25.5 25.8 26.0 27.0 31.0
计算统计量:

$$g_{(1)} = \frac{\bar{x} - x_{(1)}}{S} = \frac{25.8 - 23.0}{2.1} = 1.33$$

$$g_{(10)} = \frac{x_{(10)} - \bar{x}}{S} = \frac{31.0 - 25.8}{2.1} = 2.48$$

由于 $g_{(10)} > g_{(1)}$，首先判别 $x_{(10)} = 31.0$。

选定显著性水平 $\beta = 0.05$ 和 $n = 10$，由表 2-3 查得：$g_0(0.05, 10) = 2.18$。

由于 $g_{(10)} = 2.48 > g_0(0.05, 10) = 2.18$，所以 $x_{(10)} = 31.0$ 为异常值，应予以舍去。这一结论与肖维纳特法结论是一致的。

依照上述方法继续对余下 9 个数据进行判别，经计算没有其他异常值。

单元四 数据的修约

任务描述

将数据 3.14159、9.1865、10.752、573.50、654.5001、7465 按保留 3 位有效数字进行修约。

相关知识

在测量工作中，表示测量结果的数据，除了表示数值上的大小外，常常还反映测量的精度。例如，23 与 23.00 两个数，从数值大小上考虑是相等的，而作为表示测量结果的数值，两者相差是很悬殊的，23 表示的测量结果误差可能为 ±0.5，而 23.00 表示的测量结果误差可能是 ±0.005。又如，25.5mm 和 0.0255m 在数值上相差 1000 倍，而作为测量结果因所用单位不同，所达到的精度却是相同的。

1. 有效数字

由数字组成的一个数，除最末一位数字是不确切值或可疑值外，其他数字皆为可靠值或确切值，则从组成该数的第一个不是 0 的数字开始的所有数字包括末位数字称为有效数字，而该数的有效数字个数即其有效数字位数。例如，3.1416、2.1173、280.00 均为五位有效数字；0.00134、134、1.34、1.34×10^3 均为三位有效数字。其中，280.00 的后面三个 0 均为有效数字，因为这三个 0 与 280.00 的精确度有关；0.00134 的前面三个 0 均不是有效数字，因为这三个 0 与 0.00134 的精确度无关。

在试验检测过程中，常常需要根据试验要求和实际所能达到的精度保留一定的数字位数进行数据记录，以保证记录的数据，即从第一个不是 0 的数字起，到最末一位数字止，所有数字均为有效数字。

2. 修约间隔

修约间隔是指确定修约保留位数的一种方式。修约间隔的数值一经确定，修约值即该数值的整数倍。例如，指定修约间隔为 0.1，修约值即可在 0.1 的整数倍中选取，相当于将数值修约到一位小数。0.2 单位修约是指修约间隔为指定数位的 0.2 单位，即修约到指定数位的 0.2 单位。最基本的修约间隔是 $10n$（n 为整数），它等同于确定修约到某位数。

任务实施

在数据处理中,当把一个近似数修约到需要的有效数字时,以数据中拟舍去部分最左边的第一个数字考虑,按下述规则进行数字修约:

(1) 拟舍去部分最左面的第一位数字小于5时,则将其连同其后面的数字直接舍去,留下的数字不变。例如,将18.2432修约只留一位小数时,因拟舍去部分最左面的第一个数字为4(小于5),故结果为18.2。

(2) 拟舍去部分最左面的第一位数字大于5时,则将其连同其后面的数字舍去,要保留的数字末位加1。例如,将26.4843修约只留一位小数时,因拟舍去部分最左面的第一个数字为8(大于5),故结果为26.5。

(3) 拟舍去部分最左面的第一位数字等于5,且其后面的数字不全为0时,则将其连同其后面的数字舍去,要保留的数字末位加1。例如,将15.0501修约只留一位小数时,因拟舍去部分最左面的第一个数字为5,5后面的数字不全为0,故结果为15.1。

(4) 拟舍去部分最左面的第一位数字等于5,且其后面无数字或全部为0时,若欲保留的数字末位为奇数(1、3、5、7、9)则进1,若为偶数(0、2、4、6、8)则保持不变,去掉拟舍去部分。例如,将下列各数字修约只留一位小数时,其似舍去的数字中最左面的第一位数字是5,5后面无数字,根据欲留末位数的奇偶关系,结果为15.05→15.0(因为"0"是偶数),15.15→15.2(因为"1"是奇数)。

(5) 拟舍去的数字并非单独的一个数字时,应按上述规则一次到位,不能对该数值连续进行修约,如将15.4546修约成整数时,不应按15.4546→15.455→15.46→15.5→16进行,而应按15.4546→15进行修约。

(6) 0.5单位修约时,将拟修约数值乘以2,按指定数位以进舍规则修约,所得数值再除以2。例如,将45.25修约到"个"数位的0.5单位(或修约间隔为0.5)(表2-4)。

0.5 单 位 修 约   表2-4

拟修约数值 (A)	乘以2 (2A)	2A修约 (修约间隔为1)	A修约值 (修约间隔为0.5)
45.25	90.50	91	45.5

(7) 0.2单位修约时,将拟修约数值乘以5,按指定数位以进舍规则修约,所得数值再除以5。例如将23.25修约到"个"数位的0.2单位(或修约间隔为0.2)(表2-5)。

0.2 单 位 修 约   表2-5

拟修约数值 (A)	乘以5 (5A)	5A修约 (修约间隔为1)	A修约值 (修约间隔为0.2)
23.25	116.15	116	23.2

为便于记忆,将上述规则归纳为以下几句口诀:**四舍六入五考虑,五后非零则进一,五后为零视奇偶,奇升偶舍要注意,修约一次要到位。**

将数据3.14159、9.1865、10.752、573.50、654.5001、7465按保留3位有效数字进行修约。

解:3.14159≈3.14(拟舍去的部分 159 中,最左边的数字为 1 小于 5);

9.1865≈9.19(拟舍去的部分 65 中,最左边的数字为 6 大于 5);

10.752≈10.8(拟舍去的部分 52 中,最左边的数字为 5,其后不为 0);

573.50≈574(拟舍去的部分 50 中,最左边的数字为 5,其后为 0,保留的部分 573 中,最右边的数字 3 为奇数);

654.501≈655(拟舍去的部分 501 中,最左边的数字为 5,其后不为 0);

$7465 = 7.465 \times 10^3 \approx 7.46 \times 10^3$(拟舍去的部分只有 5,其后为 0,保留的部分 746 中,最右边的数字 6 为偶数)。

单元五　数据的相关关系建立

 任务描述

已知某路基路面工程中分别用灌砂法和核子密度仪法测定了石灰土的含水率和干密度,试验结果见表 2-6,试建立两种方法间的相关关系。

核子密度仪与灌砂法对比试验结果　　　　　　　　　　　　　表 2-6

序　号	核子密度仪		灌　砂　法	
	干密度(g/cm³)	含水率(%)	干密度(g/cm³)	含水率(%)
1	1.745	16.57	1.776	15.61
2	1.685	14.99	1.693	14.28
3	1.622	23.87	1.659	22.66
4	1.654	17.38	1.701	15.46
5	1.737	13.99	1.755	10.26
6	1.652	10.69	1.693	8.46
7	1.654	17.01	1.695	15.09
8	1.669	14.99	1.705	12.69
9	1.795	17.59	1.826	16.75
10	1.676	17.26	1.706	16.78

 相关知识

在实际工程中,有很多量通常以相关关系表现出来,如混凝土强度与水灰比之间、同一检测项目的不同检测方法之间等,而相关程度的大小,可以用相关系数来表示。在工程试验检测中,为了研究影响质量特征性的主要因素,特别是解决新检测技术应用问题,通常借助相关图法建立其相关关系式。

相关图又称散布图。这种图可以用来分析研究两种数据之间是否存在相关关系。把两种数据列出后,在坐标纸上打点,即可得到一张相关图。通过点子的散布情况可以判断两种数据之间的关系特性。

一、建立相关关系式

1. 相关图的作图方法

1)数据收集

成对地收集两种特性的数据做成数据表,数据应在 30 组以上。

2)设计坐标

在坐标纸上以原因作 x 轴,结果(特性)作 y 轴,找出 x、y 的最大值和最小值,以最大值和最小值的差定坐标长度,并标定出适当的坐标刻度。

3)数据打点入座

将集中整理后的数据依次用"·"标出纵横坐标交点,当两个同样数据的交点重合时用"⊙"表示。

4)注说明

在图中适当位置填写说明个数、收集时间、工程部名称、制图人和制图日期等。

2. 相关图的观察分析

相关图的几种基本类型,如图 2-6 所示。

在图 2-6 中,分别表示以下关系:

(1)正相关。x 增加,y 也明显增加,如图 2-6a)所示。

(2)弱正相关。x 增加,y 大体上也增加,但点的分布不像正相关那样呈直线状,如图 2-6b)所示。

(3)负相关。x 增加,y 明显减小,如图 2-6c)所示。

(4)弱负相关。x 增加,y 大体上减小,但点的分布不像负相关那样呈直线状,如图 2-6d)所示。

(5)不相关。x 增加对 y 无影响,即 x 与 y 没有关系,如图 2-6e)所示。

(6)非线性相关。点的分布呈曲线状,如图 2-6f)所示。

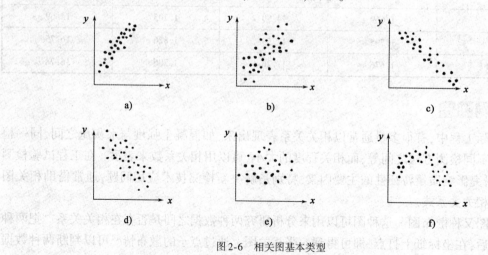

图 2-6 相关图基本类型

a)正相关;b)弱正相关;c)负相关;d)弱负相关;e)不相关;f)非线性相关

3. 回归分析

作出相关图后,可根据回归分析揭示两个变量(因素)之间的相关关系,并且可以确定它们之间的定量表达式——回归方程。

在实际问题中,有时两个变量之间的关系是线性的,有时两个变量之间则存在非线性关系。因此,一般情况下,试验结果的数学表示包括以下三方面的工作:

(1) 确定回归方程的类型。
(2) 确定回归方程中的回归系数。
(3) 回归方程相关关系的判断。

由于篇幅限制,下面仅讨论线性回归分析。对于非线性问题,往往可以通过变量转化为线性回归问题进行处理。

一元线性回归是工程中常会遇到的配直线问题。通过试验,可以得到若干组的对应数据,根据这些数据画出相关图,当点大致分布在一条直线附近时,说明两变量之间存在线性关系,即可用一条适当的直线来表示这两个变量的关系。该直线方程为:

$$y = a + bx \tag{2-14}$$

式中:x——自变量;
y——因变量;
a, b——回归系数。

平面上的直线很多,而 a、b 值构成的最优直线必须使 $y = a + bx$ 方程的函数值 y_i' 与实际观察值 y_i 之差为最小。理论分析和工程事件均表明,最小二乘法确定的回归方程偏差最小。

最小二乘法的基本原理:当所有测量数据偏差的平方和最小时,所配的直线最优。根据这个条件可以求得:

$$b = \frac{L_{xy}}{L_{xx}} \tag{2-15}$$

$$a = \bar{y} - b\bar{x} \tag{2-16}$$

其中,$L_{xy} = \sum_{i=1}^{n}(x_i - \bar{x})(y_i - \bar{y}) = \sum_{i=1}^{n} x_i y_i - n\bar{x}\bar{y}$,$L_{xx} = \sum_{i=1}^{n}(x_i - \bar{x})^2 = \sum_{i=1}^{n} x_i^2 - n\bar{x}^2$。

二、分析相关程度

任何两个变量 x、y 的若干组试验数据,都可以按上述方法配置一条回归直线。假如两个变量 x、y 之间根本不存在线性关系,那么所建立的回归方程就毫无实际意义。因此,需要引入一个数量指标来衡量其相关程度,这个指标就是相关系数,用 r 表示:

$$r = \frac{L_{xy}}{\sqrt{L_{xx} L_{yy}}} \tag{2-17}$$

$$L_{yy} = \sum_{i=1}^{n}(y_i - \bar{y})^2 = \sum_{i=1}^{n} y_i^2 - n\bar{y}^2 \tag{2-18}$$

相关系数 r 是描述回归方程线性相关的密切程度的指标,其取值范围为 $-1 \leqslant r \leqslant 1$。如果 r 的绝对值越接近于 1,x 和 y 之间线性关系越好,当 $r = \pm 1$ 时,x 与 y 之间符合直线函数关系,则称 x 与 y 完全相关,这时所有数据点均在一条直线上;如果 r 趋近于 0,则 x 与 y 之间没有线性关系,这时 x 与 y 可能是不相关,也可能是曲线相关。

对于一个具体问题,只有当相关系数 r 的绝对值大于临界值 r_β 时,才可能用直线近似表

示 x 与 y 之间的关系,即 x 与 y 之间存在线性相关关系,其中临界值 r_β 与测量数据的个数 n 和显著性水平 β 有关(见附录三)。

不同灰水比(C/W)的混凝土 28d 强度(R_{28})试验结果见表 2-7,确定 R_{28} 与 C/W 之间的回归方程,并检验相关性(取显著性水平 $\beta=0.05$)。

解:为计算方便,列表进行,有关计算列于表 2-7 中。

根据式(2-15)、式(2-16),求得:

$$b = \frac{L_{xy}}{L_{xx}} = 15.97$$

$$a = \bar{y} - b\bar{x} = -5.58$$

则回归方程:

$$y = 15.98x - 5.56$$

或

$$R_{28} = 15.98(C/W) - 5.56$$

相关系数:

$$r = \frac{L_{xy}}{\sqrt{L_{xx}L_{yy}}} = 0.9991$$

由试验次数 $n=6$,显著性水平 $\beta=0.05$,查附录三,得到相关系数临界值 $r_{0.05}=0.811$。所以当 $r > r_{0.05}$ 时,说明混凝土 28d 的抗压强度 R_{28} 与灰水比(C/W)是线性相关的。

C/W 与 R_{28} 试验结果及回归计算　　　　　　　　　　表 2-7

序　号	$x(C/W)$	$y(R_{28})$(MPa)	x^2	y^2	xy
1	1.25	14.3	1.5625	204.49	17.875
2	1.50	18.0	2.25	324.00	27.0
3	1.75	22.6	3.065	519.84	39.9
4	2.00	26	4.00	712.89	53.4
5	2.25	30.3	5.0625	918.09	68.175
6	2.50	34.1	6.25	1162.81	85.25
Σ	11.25	146.2	22.1875	3842.12	291.6

$\bar{x}=1.875, \bar{y}=24.4$
$(\sum y)^2 = 21374.44$　　$(\sum x)^2 = 126.5625$　　$(\sum x)(\sum y) = 1644.75$
$L_{yy} = 1.09375$　　　　$L_{yy} = 279.7133$　　　　$L_{xy} = 17.475$

思考与练习

1. 不同类型的误差各有什么特征?分别用什么方法处理?
2. 精密度、准确度和精确度有何区别?
3. 数据的统计特征量都有哪些?它们分别表示了数据的什么特征?

4. 何为相关关系？简述相关关系式建立的步骤和意义。

5. 请修约以下数据：
  15.3528（保留两位小数） 125.555（保留整数）
  15.3528（保留一位小数） 19.9998（保留两位小数）
  10.0500001（保留一位小数） 16.6875（保留三位小数）
  10.35（保留两位小数）

6. 某路段沥青混凝土面层抗滑性能检测（共10个测点），摩擦系数的检测值分别为58、56、60、53、48、54、50、61、57、55，分别求摩擦系数的平均值、中位数、极差、标准偏差、变异系数。

7. 某新建二级公路，其中某一评定段（沥青混凝土面层）弯沉测试结果（共12个）分别为27、25、28、34、26、25、27、28、31、30、27、33（单位：0.01mm）。试计算该路段弯沉代表值（保证率取95%）。

8. 某路段二灰碎石基层无侧限抗压强度试验结果（共11个）分别为0.792、0.306、0.968、0.804、0.447、0.894、0.702、0.424、0.498、1.075、0.815（单位：MPa），请分别用拉依达法、肖维纳特法和格拉布斯法判别上述数据中有无可疑值。

模块三　路面施工过程控制检测

1. 熟悉半刚性基层透层油渗透深度测试方法；
2. 掌握沥青喷洒法施工沥青用量测试方法；
3. 掌握热拌沥青混合料施工温度测试方法；
4. 熟悉沥青混合料质量总量检验方法。

1. 能进行半刚性基层透层油渗透深度测试；
2. 能进行沥青喷洒法施工沥青用量测试；
3. 能进行热拌沥青混合料施工温度测试；
4. 能进行沥青混合料质量总量检验。

单元一　半刚性基层透层油渗透深度检测

 任务描述

在某公路 K678+000～K679+000 段进行浇洒透层沥青施工，即进行半刚性基层透层油施工，为保证施工质量，确保透层油渗透效果，请根据现行《公路沥青路面施工技术规范》（JTG F40—2004）、《公路路基路面现场测试规程》（JTG 3450—2019）要求，对渗透深度进行检测。本任务要求学生能掌握半刚性基层透层油渗透深度的检测方法及要求。

相关知识

长期以来，由于半刚性基层上透层油的渗透效果不好，以及部分工程技术人员对透层油的重视不够，造成道路建设过程中普遍存在透层油"洒而不透"的现状，致使基层和面层之间没有黏结成一整体，成为我国沥青路面早期损坏的主要因素之一。故采用规范方法对半刚性基层透层油渗透深度进行测试，以保证透层油的渗透效果，从而确保施工质量。

任务实施

1. 仪具选择

（1）路面取芯钻机：手推式或车载式，配有淋水冷却装置。钻头直径为100mm或150mm。
（2）凿子、螺丝刀。

(3)基板:用薄铁板制作的金属方盘,盘的中心有一圆孔。
(4)钢板尺:量程不大于200mm,最小刻度1mm。
(5)填补钻孔材料:与基层材料相同。

2. 测试步骤

(1)钻芯取样

①对于有结合料材料,在透层油基本渗透或喷洒48h后,在测试段内随机选取芯样位置,按照钻孔法钻取芯样,如图3-1所示。芯样直径宜为100mm或150mm,芯样高度不宜小于50mm。

②对于无结合料材料,在透层油渗透稳定后,在测试路段内随机选取一点,将基板放在基层表面上,沿基板中孔凿孔,深度不小于50mm。在凿孔过程中,随时将凿松的材料取出装入大金属盘中。

(2)量取渗透深度

对于有结合料材料:

①用水和毛刷(或棉布等)轻轻地将芯样表面黏附的粉尘除净。

②将芯样晾干,使其能分辨出芯样侧立面透层油的下渗情况。

③用钢板尺或量角器将芯样顶面圆周随机分成8等份,分别量测圆周上各等分点处透层油渗透的深度(mm),估读至0.5mm,分别以$d_i(i=1,2,\cdots,8)$表示。

图3-1 芯样钻取

对于无结合料材料:

①用手轻轻将凿孔内壁的碎石清除,用毛刷(或棉布等)轻轻清理;

②沿圆周按均匀间距8等分位置分别量测透层油的渗透深度,估读至0.5mm,分别以$d_i(i=1,2,\cdots,8)$表示。

(3)填补钻孔、凿孔

①对于有结合料材料,清理孔中残留物,钻孔时留下的积水应用棉布吸干。采用与基层相同的材料进行填补,并用夯、锤击实。

②对于无结合料材料,清理孔中残留物,直接采用大金属盘中的材料进行填补,并用夯、锤击实。填充材料不够时,采用与基层相同的材料,适当加水人工拌和后填补并用夯、锤击实。

3. 结果计算

(1)单个芯样渗透深度的计算。去掉3个最小值,计算其他5点渗透深度的算术平均值。

(2)测试路段渗透深度的计算。取所有芯样渗透深度的算术平均值;检查频度为每5000m²取1组,每组取3个芯样。

4. 编制报告

透层油渗透深度的报告应记录各测点的位置及各个芯样的渗透深度测试值。记录表格式见表3-1。

半刚性基层透层油渗透深度试验检测记录表　　表 3-1

试验室名称：										记录编号：	
工程部位/用途：										委托/任务编号：	

试验依据									样品编号		
样品描述									样品名称		
试验条件									试验日期		
主要仪器设备及编号											
桩号 （幅段）	位置	透层油渗透深度(mm)									
		1	2	3	4	5	6	7	8	芯样均值	
备注：											

试验：　　　　　　　　复核：　　　　　　　　日期：

单元二　沥青喷洒法施工沥青用量检测

任务描述

对某三级公路的 K1 +000 ~ K2 +000 段进行沥青贯入式路面施工,为保证沥青材料洒布数量,确保施工质量,需对沥青洒布量进行检测。

本任务要求学生不但能对沥青喷洒施工时的沥青用量测试方法有所了解,而且在实际施工时可以根据《公路沥青路面施工技术规范》(JTG F40—2004)、《公路路基路面现场测试规程》(JTG 3450—2019)规定的要求进行沥青用量检测。

相关知识

对于沥青表面处治及贯入法施工,沥青洒布量既是最重要的质量指标之一,也是施工质量管理及检查验收的主要项目。沥青洒布量可用搪瓷盘或牛皮纸测量,但面积较小,或者由于全路段洒布不均,测试结果的代表性较差,为此,也可用洒布车的沥青总量与洒布的总面积相除计算平均用量,这种宏观控制的方法更有效。它适用于检测沥青表面处治、沥青贯入式、透层、黏层等采用喷洒法施工的沥青材料喷洒数量,供施工质量检验和控制使用。

任务实施

1. 仪具选择

（1）天平:感量不大于 1g。

(2)受样盘:金属盘,面积不小于1000cm²,深度不小于10mm。
(3)钢卷尺或皮尺。
(4)地秤。
(5)纸、布等阻溅物,防止沥青材料飞溅出受样盘。

2.测试步骤

(1)用钢卷尺测量受样盘开口面积,计算准确至0.1cm²,在受样盘表面放置纸或布等阻溅物,并称取其与受样盘的质量(m_1),准确至1g。

(2)根据沥青洒布车的沥青用量预计洒布的路段长度,在距两端1/3长度附近的洒布宽度的任意位置上,放置2个搪瓷盘,但应避开车轮轨迹。

(3)沥青洒布车按正常施工速度和洒布方法喷洒沥青,如图3-2所示。

(4)观察沥青材料下落到受样盘时是否有飞溅出的现象,如果有则采取措施重新试验。

(5)当沥青材料没有飞溅损失时,将已接收有沥青的搪瓷盘或牛皮纸小心取走,称取总质量m_2,准确至1g。

(6)在取走搪瓷盘的空白处,应采用适当方式补洒沥青。

(7)沥青洒布车喷洒的沥青用量亦可用洒布车喷洒沥青的总质量及洒布总面积相除求得。此时洒布车喷洒前后的质量应由地秤称重正确测定,洒布总面积由皮尺准确测量喷洒(洒布)的长度和宽度,计算喷洒(洒布)总面积,准确至1m²。

图3-2 沥青洒布

3.结果计算

(1)洒布的沥青用量按式(3-1)计算:

$$Q = \frac{m_2 - m_1}{F} \qquad (3-1)$$

式中:Q——沥青洒布车洒布的沥青用量,kg/m²;

m_1——受样盘和阻溅物的质量,kg;

m_2——受样盘、阻溅物及沥青(碎石)的合计质量,kg;

F——受样盘的面积,m²。

(2)平行测试两次,取两次测试值的算术平均值作为洒布沥青用量的试验结果。当两个测定值的误差不超过平均值的10%时,取两个数据的平均值作为洒布用量的报告值。

4.编制报告

(1)试验时洒布车的车速、挡位等数据。
(2)施工路段(桩号)、洒布沥青用量的逐次测定值及平均值。
(3)沥青喷洒法施工沥青用量测试记录表格式见表3-2。

沥青喷洒法施工沥青用量测试记录表　　　　表 3-2

建设项目		合同号	
施工单位		监理单位	
工程部位/用途		委托/任务编号	
路面描述		试验依据	
主要仪器设备及编号		试验环境	
结构层次		路面类型	
沥青类型		洒布车车速(km/h)	
桩号	搪瓷盆或牛皮纸质量(kg)	搪瓷盆或牛皮纸与沥青的合计质量(kg)	搪瓷盆或牛皮纸面积(m^2)	沥青用量(kg/m^2)
平均值				
备注				

单元三　热拌沥青混合料施工温度检测

任务描述

对某高速公路 K123+000~K124+000 段进行沥青路面施工,为确保施工质量,控制热拌沥青混合料出厂、摊铺、碾压等施工温度,需在施工过程中进行温度检测。

本任务要求学生能在实际施工时根据《公路沥青路面施工技术规范》(JTG F40—2004)、《公路路基路面现场测试规程》(JTG 3450—2019)要求进行施工温度检测。

相关知识

热拌热铺沥青混合料的施工温度,包括拌和厂沥青混合料的出厂温度、施工现场的摊铺温度、碾压开始时混合料的内部温度及碾压终了的内部温度等,在施工技术规范中都有明确规定和具体要求。沥青混合料的施工温度直接关系到沥青路面的施工质量,是施工质量管理的重点项目之一。

任务实施

1.仪器选择

(1)温度计。常温至300℃,最小读数1℃,宜采用有数字显示或度盘指针显示的金属杆插入式热电偶温度计,如图3-3所示,其测杆的长度不小于300mm。

(2)其他:棉纱、软布、螺丝刀等。

2.测试步骤

1)在运料货车上测试

(1)混合料出厂温度或运输至现场温度应在运料货车上测试,每车检测一次。当运料货车的侧面中部有专用的温度检测孔(距底板高约300mm)时,用插入式温度计直接插入测试孔内的混合料中测试(图3-4);当运料货车无专用的温度检测孔时,可在运料车的混合料堆上部侧面测试。在拌和厂检测的为混合料出厂温度,在运输至现场后检测的为现场温度。

(2)测试时,温度计插入深度不小于150mm,注视温度变化直至不再继续上升为止,读记温度,准确至1℃。

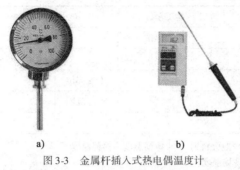

图3-3　金属杆插入式热电偶温度计
a)度盘式;b)数显式

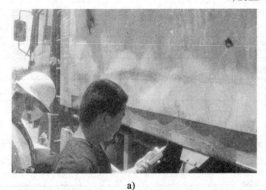 

图3-4　在测试车上测试沥青混合料温度的方法

2)在摊铺现场检测

(1)混合料摊铺温度宜在摊铺机的一侧拨料器前方的混合料堆上测试。在测试位置将插入式温度计插入混合料堆内150mm以上,并跟着向前走,如料堆向前滚,拔出后重新插入,注视温度变化直至不再继续上升为止,读记温度,准确至1℃。

(2)摊铺温度应每车检测一次,要求符合《公路沥青路面施工技术规范》(JTG F40—2004)的规定。

3)在沥青混合料碾压过程中测定压实温度

(1)根据需要,随时选择初压开始、复压或终压成形等阶段的测点,供测试碾压温度及碾压终了温度用。

(2)将温度计仔细插入路面混合料压实层的一半深度,轻轻压紧温度计旁被松动的混合料;当温度上升停止后,立即拔出并再次插入旁边的混合料层中测量;当测杆插入路面较困难时,可用螺丝刀先插一孔后再插入温度计。注视温度变化至不再继续上升为止,读记温度,准确至1℃。

(3)压实温度一次检测不得少于3个测点,取平均值作为测试温度。

3.编制报告

(1)每车沥青混合料的出厂温度、到达现场温度、摊铺温度。

(2)压实温度,取 3 次以上测定值的平均值。
(3)气候状况、测定时间、层位、测定位置等。
(4)记录表的格式见表 3-3。

热拌沥青混合料施工温度检测记录表　　　　　表 3-3

页码　共 页

编号：

项目名称				施工单位			施工日期		
合同段				监理单位					
单位工程				检测单位			检测日期		
分部工程					工程部位				
分项工程					桩号范围				
施工范围/层次									
检测桩号	现场气温(℃)	混合料到现场温度(℃)	摊铺温度(℃)	摊铺厚度(mm)	压实温度(℃)				
					初压	复压	终压	平均	
温度技术要求(℃)	160~170	155~165		140~160	115~135	110			
自检意见									
监理意见									

检测：　　　　　复核：　　　　　试验室主任：　　　　　试验监理工程师：

单元四　沥青混合料质量总量检验

任务描述

对某高速公路 K500+000~K501+000 段进行沥青路面施工,为确保沥青路面施工质量,控制沥青路面厚度,在施工时对其厚度进行检测。

本任务要求学生能在实际施工时,可以根据《公路沥青路面施工技术规范》(JTG F40—2004)、《公路路基路面现场测试规程》(JTG 3450—2019)规定的要求掌握总量控制的方法对沥青路面厚度指标进行检测。

相关知识

对沥青路面厚度,以前多采用钻孔取得试件进行检验,数据少,还可能人为地舍去一些数据,厚度检测准确度较低,而采用每天实际的生产量与建筑面积计算,将能得到比较准确的平均厚度。就现阶段为数不多的可以过程控制的项目而言,掌握沥青混合料质量总量检验方法极其重要。随着今后技术水平的提高,能够实行过程控制的项目将会不断增多,施工质量管理的水平也将得到发展和提高。

沥青混合料质量总量检验适用于在热拌沥青混凝土路面施工过程中,对各层沥青混合料的厚度、矿料级配、油石比及拌和温度进行现场监测。通过拌和厂对混合料生产质量的总量检验,计算摊铺层的平均压实层厚度。

1. 仪器选择

拌和机类型可按《公路沥青路面施工技术规范》(JTG F40—2004)的规定选用。高速公路和一级公路宜采用间歇式拌和机生产沥青混合料,如图3-5、图3-6所示,拌和机必须配备计算机自动采集及记录打印数据的装置,以进行沥青混合料的总量检验。

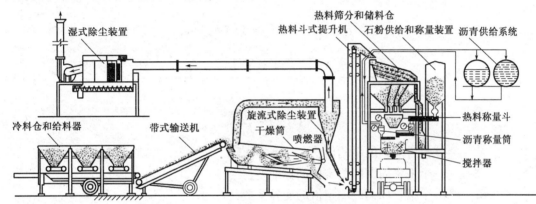

图3-5 间歇式沥青混合料搅拌设备结构图

2. 测试准备

(1)对拌和机的各种称重传感器逐个认真标定,自动采集、记录打印的结果应经过校验,当与实际数量有差异时,应求出修正系数,保证各项施工参数的准确性。

(2)开始拌和前应设定每拌和一盘沥青混合料的生产量,各个热料仓、矿粉、沥青等的标准配合比用量,以及各项施工温度。

3. 测试步骤

图3-6 间歇式沥青混合料搅拌设备实物图

(1)拌和过程中计算机通过传感器采集每拌和一盘混合料的各项数据,由计算机自动处理或者逐盘打印这些数据,进行沥青混合料质量的在线监测。当计算机能够实时监测、自动处理、显示、保存所采集的各项数据时,也允许不逐个打印数据,只打印汇总统计值。

(2)计算机必须逐盘采集各项数据,按各个料仓的筛分曲线,逐个计算出矿料级配,与工程设计级配范围及容许的施工波动范围进行比较,实时评定矿料级配是否符合要求。当发现有不合格情况时,必须引起注意。如果连续3盘以上都出现不合格情况,宜对设定值进行适当调整。

(3)计算机必须逐盘采集沥青结合料的实际使用量及沥青混合料的生产量,计算油石比

(或沥青用量),与设计值及容许的波动范围相比较,评定是否符合要求。如果连续 3 盘以上不符要求,宜对设定值进行适当调整。

(4)计算机必须实时监测和采集与沥青混合料生产有关的各种施工温度,与施工规范的要求进行比较,评定其是否符合规定。

4. 结果计算

(1)沥青混合料总量检验的报告周期可以是一个工作日或一个台班,施工停止时,计算机应自动计算并及时打印出各项数据的统计结果。

(2)对沥青混合料的矿料级配,可以打印全部筛孔的结果,但评定是否符合要求可只对 5 个控制性筛孔(0.075mm、2.36mm、4.75mm、公称最大粒径、一档较粗的控制性粒径等筛孔),并按式(3-2)~式(3-4)计算全过程各种指标的平均值、标准差、变异系数,进行沥青混合料生产质量的总量检验。

$$K_0 = \frac{1}{n}(K_1 + K_2 + \cdots + K_n) \tag{3-2}$$

$$S = \sqrt{\frac{(K_1 - K_0)^2 + (K_2 - K_0)^2 + \cdots + (K_n - K_0)^2}{n - 1}} \tag{3-3}$$

$$C_V(\%) = \frac{S}{K_0} \tag{3-4}$$

式中: K_0——该报告周期的平均值,%;
  S——一个报告周期的测定值的标准差,%;
  C_V——一个报告周期的测定值的变异系数,%;
$K_1, K_2, \cdots, K_n$——该报告周期内每一盘的测定值,%;
  n——该报告周期内总的拌和盘数,其自由度为 $n-1$。

利用一个评定周期的沥青混合料总生产量、施工总面积、沥青混合料密度按式(3-5)计算该摊铺的平均压实厚度。

$$H = \frac{\sum m_i}{A \times d} \times 1000 \tag{3-5}$$

式中:H——该评定周期沥青路面摊铺层的平均施工压实厚度,mm;
  m_i——每一盘沥青混合料的质量,t;
  i——依次记录的盘次;
  $\sum m_i$——一个评定周期内沥青混合料的总生产量,t;
  A——该评定周期沥青路面摊铺层的实际总面积,m^2;
  d——评定周期内摊铺层的现场压实密度的平均值,由钻孔试件的干燥密度(即试验室标准密度乘以压实度)测定得到,t/m^3。

5. 报告编制

(1)一个沥青层全部铺筑完成后,应绘制出各个检测指标的变化过程,并计算总的平均值、标准差、变异系数,计算各个指标的总合格率,作为施工质量检验的依据。

(2)计算机采集、计算的沥青混合料过程控制及施工质量总量检验的数据图表,均必须按要求随工程档案一起存档。

思考与练习

1. 自行查找规范，思考：若芯样表面某处刚好有一块石料，那么该处透层油不能下渗，即下渗深度接近零，该数据应如何处理？
2. 沥青喷洒法施工沥青用量可以通过哪两种方式计算？相比较而言，哪种方式更实用？
3. 根据沥青混合料质量总量检验结果计算沥青路面厚度，与钻芯法相比，该方法有何优点？
4. 热拌沥青混合料施工温度测试都包含哪些内容？

模块四　路基路面几何线形检测

知识目标

1. 认识公路几何线形的组成；
2. 掌握路线平、纵、横的基本概念；
3. 掌握路基纵断高程、中线偏位、宽度、横坡及边坡等几何尺寸检测步骤要点；
4. 掌握路基纵断高程、中线偏位、宽度、横坡及边坡等几何尺寸检测数据处理方法。

能力目标

1. 能够识读路线平、纵、横设计图纸；
2. 能够使用合适设备完成道路纵断高程、中线偏位、宽度、横坡、边坡等几何尺寸检测；
3. 能够对检测数据进行整理，按照规范要求进行评定。

单元一　公路几何线形认知

任务描述

如何确定一条完整的路线,它具体由哪些部分组成？通过学习本任务,学生应认识道路平面线形的组成、纵断面和横断面等的含义,能够完成任意路线平、纵、横设计图纸的识读。

相关知识

公路是一个三维实体,它是由路基、路面、涵洞、桥梁、隧道和沿线设施所组成的线形构造物。一般路线是指公路中线的空间位置。

横断面是中线上任一点法向切面,纵断面是沿中线竖直切面,路线在水平面的投影称为路线的平面,这三者称为公路的几何组成。

路线设计是指确定路线空间位置和各部分几何尺寸的工作。

一、路线平面

公路应满足的几何条件:线形连续圆滑(曲率及曲率变化连续)。平面线形三要素为直线、圆曲线、缓和曲线。

圆曲线是路线平曲线的基本组成部分,且单圆曲线是最常见的曲线形式。圆曲线的测设工作一般分两步进行:先定出曲线上起控制作用的点,称为曲线的主点测设;然后在主点基础上进行加密,定出曲线上的其他各点,完整地标定出圆曲线的位置,这项工作称为曲线的详细测设。

缓和曲线的形式可采用回旋线、三次抛物线及双纽线等。目前,我国公路设计中主要以回旋线作为缓和曲线。

1. 圆曲线(图 4-1)测设元素的计算

根据图中的几何关系,单圆曲线元素按下列公式计算:

切线长:

$$T = R\tan\frac{\alpha}{2} \tag{4-1}$$

曲线长:

$$L = \frac{\pi}{180}\alpha R \tag{4-2}$$

外距:

$$E = R\left(\sec\frac{\alpha}{2} - 1\right) \tag{4-3}$$

另外,为了计算里程和校核,还应计算切曲差(超距),即两切线长与曲线长的差值。

切曲差(超距):

$$D = 2T - L \tag{4-4}$$

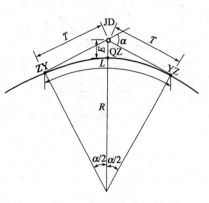

图 4-1 圆曲线示意图

2. 圆曲线的主点测设

单圆曲线有三个主点,即曲线起点(ZY)、曲线中点(QZ)和曲线终点(YZ)。它们是确定圆曲线位置的主要点位。在其点位上的桩称为主点桩,是圆曲线测设的重要桩标志。

在中线测设时,路线交点(JD)的里程桩号是实际丈量的,而曲线主点的里程桩号是根据交点的里程桩号推算而得的。其计算步骤如下:

$$
\begin{array}{r}
\text{交点 JD 里程} \\
- \quad T \\
\hline
\text{圆曲线起点 ZY 里程} \\
+ \quad L \\
\hline
\text{圆曲线终点 YZ 里程} \\
- \quad L/2 \\
\hline
\text{圆曲线中点 QZ 里程} \\
+ \quad D/2 \\
\hline
\text{校核 JD 里程}
\end{array}
$$

如图 4-1 所示,自路线交点 JD 分别沿后视方向和前视方向量取切线长 T,即得曲线起点 ZY 和曲线终点 YZ 的桩位;再自交点 JD 沿分角线方向量取外距 E,便是曲线中点 QZ 的桩位。

3. 缓和曲线公式

回旋线是曲率半径随曲线长度的增大而反比地均匀减小的曲线,即在回旋线上任意一点的曲率半径 ρ 与曲线长度 S 成反比,其表达式为:

$$\rho = \frac{c}{S} \quad \text{或} \quad \rho S = c \tag{4-5}$$

为了使公式两边的量纲统一,引入回旋线参数 A,令 $A^2 = C$,A 表征回旋线曲率变化的缓急程度。则回旋线基本公式为:

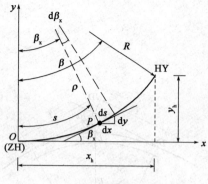

图 4-2 缓和曲线的切线角 β_x

$$\rho S = A^2 \quad (4\text{-}6)$$

在缓和曲线终点(HY 点或 YH 点)的曲率半径等于圆曲线半径,即 $\rho = R$,该点的曲线长度为缓和曲线的全长 l_h,即 $S = l_h$,则得:

$$l_h = \frac{A^2}{R} \quad (4\text{-}7)$$

回旋线上任一点 P 的切线与 x 轴(起点 ZH 或 HZ 切线)的夹角称为切线角,用 β 表示。该角值与 P 点至曲线起点长度 s 所对应的中心角相等(图 4-2)。在缓和曲线上任意一点 P 处取一微分弧段 $\mathrm{d}s$,则:

$$\mathrm{d}\beta_x = \frac{\mathrm{d}s}{\rho}$$

$$\beta_x = \int \mathrm{d}\beta_x = \int \frac{\mathrm{d}s}{\rho} \quad (4\text{-}8)$$

将 $\rho = \frac{A^2}{s}$ 代入并积分得:

$$\beta_x = \frac{s\mathrm{d}s}{A^2} = \frac{s^2}{2A^2} = \frac{s^2}{2Rl_h} \quad (4\text{-}9)$$

在 l_h 终点处,$s = l_h$,$\rho = R$,代入式(4-9)得:

$$\beta_h = \frac{l_h}{2R} \quad (4\text{-}10)$$

缓和曲线直角坐标为:

$$\left. \begin{array}{l} y = \dfrac{s^3}{6Rl_h} - \dfrac{s^7}{336R^3 l_h^3} \\ x = s - \dfrac{s^5}{40R^2 l_h^2} \end{array} \right\} \quad (4\text{-}11)$$

当 $s = l_h$ 时,则缓和曲线终点的坐标为:

$$\left. \begin{array}{l} y_h = \dfrac{l_h^2}{6R} - \dfrac{l_h^4}{336R^3} \\ x_h = l_h - \dfrac{l_h^3}{40R^2} \end{array} \right\} \quad (4\text{-}12)$$

4. 有缓和曲线的平曲线主点桩的测设

(1) 主曲线的内移值 p 及切线增长值 q

为了能在直线与圆曲线之间插入缓和曲线,必须将原有圆曲线向内移动一定的距离 p。圆曲线向内移动有两种方法:一种是圆心不变,使圆曲线半径减小,从而使圆曲线向内移动;另一种是半径不变,而圆心沿分角线方向内移,使圆曲线向内移动。由于后者是不平行移动,圆曲线上的各点的内移值不相等,测设工作复杂,因此采用第一种方法。

$$p = x_h + R\cos\beta_h - R = x_h - R(1 - \cos\beta_h) = \frac{l_h^2}{24R} \quad (4\text{-}13)$$

$$q = x_h - R\sin\beta_h = \frac{l_h}{2} - \frac{l_h^3}{240R^2} \tag{4-14}$$

(2)有缓和曲线的单圆曲线要素计算
切线长：
$$T_h = (R+p)\tan\frac{\alpha}{2} + q \tag{4-15}$$

曲线长：
$$L_h = R(\alpha - 2\beta)\frac{\pi}{180} + 2l_h \tag{4-16}$$

外距：
$$E_h = (R+p)\sec\frac{\alpha}{2} - R = R\left(\sec\frac{\alpha}{2} - 1\right) + p\sec\frac{\alpha}{2} \tag{4-17}$$

超距：
$$D_h = 2T_h - l_h \tag{4-18}$$

(3)曲线主点桩号计算

$$\begin{aligned}
&\text{桩号 ZH} = \text{JD}(\text{桩号}) - T_h \\
&\text{桩号 HY} = \text{ZH}(\text{桩号}) + l_h \\
&\text{桩号 YH} = \text{HY}(\text{桩号}) + L_y \\
&\text{桩号 HZ} = \text{YH}(\text{桩号}) + l_h \\
&\text{桩号 QZ} = \text{HZ}(\text{桩号}) - l_h/2 \\
&\text{桩号 JD} = \text{QZ}(\text{桩号}) + D_h/2
\end{aligned} \tag{4-19}$$

(4)曲线主点桩测设

如图4-2所示,带有缓和曲线的单圆曲线基本桩有 ZH、HY、QZ、YH、HZ 五个,其测设和桩号计算方法与单圆曲线基本相同。ZH、HZ 两点由切线长 T_h 来确定;QZ 由外距 E_h 来确定;HY、YH 两点由坐标 x_h、y_h 来确定。

二、路线纵断面

路线纵断面图是表示线路中线方向地面高低起伏形状和纵坡变化的剖视图,它是根据中平测量成果绘制而成。在铁路、公路、运河、渠道的设计中,纵断面图是重要的资料。

公路纵断面图,如图4-3所示。为了明显表示地势变化,图的高程(竖直)比例尺通常比里程(水平)比例尺大10倍,如水平比例尺为1:2000,则竖直比例尺应为1:200。

纵断面图包括两部分,上半部分绘制断面线,进行有关注记;下半部分填写资料数据表。

(1)坡度与坡长从左往右向上斜则为上坡(正坡),向下斜则为下坡(负坡),水平线表示平坡;线上标记坡度的百分数(铁路断面图为千分数),线下注记坡长。

(2)设计高程按中线设计纵坡计算的路基高程。

(3)地面高程按中平测量成果填写的各里程桩的地面高程。

(4)里程桩与里程按中线测量成果,根据水平比例尺标注的里程桩号。为使纵断面图清晰,一般只标注百米桩和千米桩,为了减少书写,百米桩的里程只写1~9,千米桩则用符号 O 表示,并注明千米数。

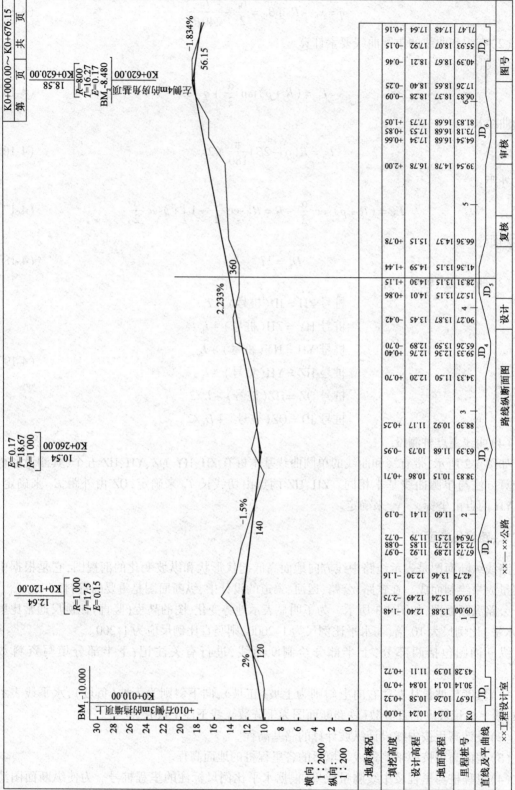

图4-3 路线纵断面图

(5)直线和曲线为路线中线的平面示意图,按中线测量资料绘制。直线部分用居中直线表示,曲线部分用凸出的矩形表示,上凸则表示路线右弯,下凹则表示左弯,并在凸出的矩形内注明交点编号和曲线半径。

三、公路横断面

公路中线上任意一点的法线方向剖面图构成了公路的横断面图,它是由横断面设计线与横断面地面线所围成的图形。横断面图一般应示出:行车道、中央分隔带、路肩、碎落台、填方边坡、挖方边坡、边沟、排水沟、护坡道,以及防护工程(如护坡、挡土墙)、安全设施与公路绿化等设施,高速公路和一级公路横断面图还应示出加(减)速车道、爬坡车道等。各部分的位置、名称如图4-4和图4-5所示。

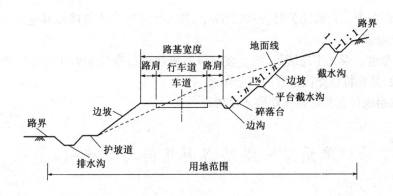

图4-4 路基横断面组成

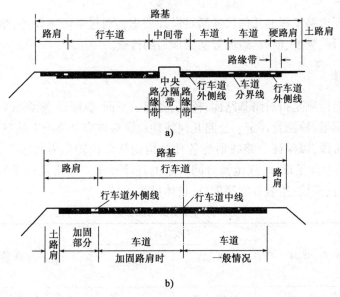

图4-5 路基标准横断面图
a)高速公路、一级公路的路基标准横断面;b)二、三级公路路基标准横断面

1. 公路路基横断面的一般组成

(1)行车道。公路上供各种车辆行驶部分的总称,包括快车行车道和慢车行车道。

(2)路肩。位于行车道外缘至路基边缘,具有一定宽度的带状结构部分,路肩分土路肩和硬路肩两类。

(3)中央分隔带。高速公路、一级公路用于分隔对向车辆的路幅组成部分。通常设于车道中间。

2. 公路路基横断面的特殊组成

(1)爬坡车道。设置在高速公路和一、二级公路的上坡路段,供慢速上坡车辆行驶用车道。

(2)加减速车道。供车辆驶入(离)高速车流之前(后)加速(减速)用车道。

(3)错车道。在单车道道路上,可通视的一定距离内,供车辆交错避让用的一段加宽车道。

(4)紧急停车带。在高速公路、一级公路上,供车辆临时发生故障或其他原因紧急停车使用的临时停车地带。

(5)避险车道。设置于连续长、陡下坡路段右侧弯道以避免车辆在行驶中速度失控而造成事故的路段,是在特殊路段设置的安全车道。

公路特殊组成仅在公路特殊路段才设置。

单元二 路基路面几何尺寸检测

任务描述

如何能够保证道路工程的几何尺寸满足设计要求?通过学习本任务,学生应完成对道路中线偏位、纵断高程、宽度、横坡、边坡等实测项目的检查。

相关知识

公路几何线形检测是指对路基路面、桥梁、隧道的平面、纵断面、横断面以及其他各种结构物的几何尺寸的测量、检测及评定。公路几何线性检测应贯穿公路施工的整个过程,而不仅限于竣工验收评定阶段,以保证公路线形与各种结构物从设计转化为实体工程过程中,平面位置、高程及其他尺寸满足设计、规范及合同规定的各项要求。公路几何线形检测包含中线偏位、纵断高程、宽度、横坡、边坡等实测项目,具体见表4-1。

几何尺寸项目检测要求　　　　　　　　　表4-1

结构名称	检查项目	规定值或容许偏差		检查频率
		高速公路、一级公路	其他公路	
土方路基	纵断高程(mm)	+10,-15	+10,-20	水准仪:中线位置每200m测2个断面
	中线偏位(mm)	50	100	全站仪:每200m测2点,弯道加HY、YH 2点
	宽度(mm)	不小于设计值		尺量:每200m测4个断面
	横坡(%)	±0.3	±0.5	水准仪:每200m测2个断面

续上表

结构名称	检查项目		规定值或容许偏差		检查频率
			高速公路、一级公路	其他公路	
土方路基	边坡		不小于设计值		尺量:每200m测4点
水泥混凝土面层	纵断高程(mm)		±10	±15	水准仪:每200m测2个断面
	宽度(mm)		±20		尺量:每200m测4个断面
	横坡(%)		±0.15	±0.25	水准仪:每200m测2个断面
沥青混凝土面层	纵断高程(mm)		±15	±20	水准仪:每200m测2个断面
	中线偏位(mm)		20	30	全站仪:每200m测2点
	宽度(mm)	有侧石	±20	±30	尺量:每200m测4个断面
		无侧石	不小于设计值		
	横坡(%)		±0.3	±0.5	水准仪:每200m测2处

一、适用范围

本方法适用于测试路基路面的宽度、纵断面高程、横坡、中线偏位、边坡坡度、水泥混凝土路面相邻板高差和纵、横缝顺直度,以评价道路线形和几何尺寸。

二、仪具与材料技术要求

(1)钢卷尺、钢直尺:分度值不大于1mm。

(2)塞尺:分度值不大于0.5mm。

(3)经纬仪、水准仪或全站仪。

经纬仪:精度 DJ_2。

水准仪:精度 DS_3。

全站仪:测角精度 2″,测距精度 $[2mm + 2\times 10^{-6}s(s$ 为测距$)]$。

(4)水平尺:金属材料制成,基准面应平直,长度不小于600mm且不大于2000mm。

(5)坡度测量仪:分度值1°。

(6)尼龙线:直径不大于0.5mm。

三、方法与步骤

1. 准备工作

(1)确认路基或路面上已恢复的桩号。

(2)按《公路路基路面现场测试规程》(JTG 3450—2019)中 T 0902 规定的方法,在一个测试路段内选取测试的断面(接缝)位置并做标记。宜将路基路面宽度、横坡、高程、中线偏位选取在同一断面位置,且宜在整米桩号上测试。

(3)根据道路设计的要求,确定路基路面横断面各部分的边界位置并做好标记。

(4)根据道路设计的要求,确定设计高程的纵断面位置并做好标记。

(5)根据道路设计的要求,在与中线垂直的横断面上确定成型后路面的实际中线位置并做好标记。

(6)当采用全站仪测量边坡坡度时,根据道路设计的要求,确定路基边坡的坡顶、坡脚位置并做好标记。

2. 路基路面各部分的宽度及总宽度测试步骤

用钢卷尺沿中心线垂直方向上水平量取路基路面各部分的宽度 B_1,以 m 计,准确至 0.001m。测量时,钢卷尺应保持水平,不得将尺紧贴路面量取,也不得使用皮尺。

3. 纵断面高程测试步骤

纵断面高程的检测是指对路基路面或构造物施工各阶段所测的高程数据与设计文件对应设计高程数据之间的差值进行的测量工作。

(1)将水准仪架设在路面平顺处调平,将水准尺竖立在设计高程的纵断面位置上,以路线附近的水准点高程作为基准。测量高程并记录读数 H_1,以 m 计,准确至 0.001m。

(2)连续测试全部测点,并与水准点闭合,闭合差应达到三等水准测量要求。

(3)用水准仪检测纵断面高程。

①检测频率:路基、土沟 4 个/200m,管道 2 处/两井间,排水沟 5 个/200m,盲沟 1 个/10~20m,砌石混凝土挡土墙 1 点/20m,加筋挡土墙、砌石工程 3 点/20m,锥坡、护坡 3 点/50m。

②基平测量:基平测量时,要先将起始水准点与国家水准点进行联测,以获得绝对高程式。在沿线其他水准点的测量过程中,凡能与附近国家水准点进行联测的均应联测,以进行水准路线的校核。

③中平测量:水准点测设后,根据水准点高程,用附合水准测量的方法,测定路中线各里程桩的地面高程,称为中平测量,即中桩高程测量。可采用 DS_3 水准仪和水准尺进行水准测量或测距仪三角高程测量。限差为 ±50mm。其观测方法如图 4-6 所示。从水准点 BM 开始,首先置水准仪于 I 站,在 BM_1 立尺,读取后视读数,然后在测站视线范围内立尺并读数,称为中视读数。

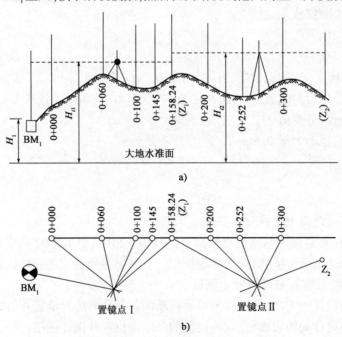

图 4-6 路线纵断面高程测试图

当在水准仪视线范围内不能继续读尺时(如读不到 K0+200 桩上的尺),在转点 Z_1 立尺取前视读数,将仪器搬至下一站Ⅱ,以 Z_1 为后视,继续观测下去。由于每站皆有中视读数,路线水准测量的记录格式采用视线高程法。

中桩及转点的高程按下式计算:

$$视线高程 = 后视点高程 + 后视读数$$

$$转点高程 = 视线高程 - 前视读数$$

$$中桩高程 = 视线高程 - 中视读数$$

转点 ZD 起传递高程的作用,应保证读数正确,要求读至毫米,并选在较稳固之处,在软土处选转点时,应按尺垫并踏紧,有时也可选中桩作为转点。

④高程的检测方法。

准备工作:仪器;选取检测部位。

测量:按水准测量步骤进行。

计算合格率:合格率 = 合格点数/检查点数 × 100%。

4. 路基路面横坡测试步骤

横断面检测的内容主要包括:路基、路面、桥梁和隧道等工程构筑物的宽度、横坡度(图 4-7),以及路基边坡和排水、支挡、防护等工程的断面几何尺寸等。

(1)对设有中央分隔带的路面:将水准仪(全站仪)架设在路面平顺处调平,将水准尺分别竖立在路面与中央分隔带分界的路缘带边缘 d_1 处(或路基顶面相应位置)及路面与路肩交界位置

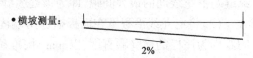

图 4-7 路面横坡测量示意图

或外侧路缘石边缘(或路基顶面相应位置)d_2 处,d_1 与 d_2 两测点应在同一横断面上,测量 d_1 与 d_2 处的高程并记录读数,以 m 计,准确至 0.001m。

(2)对无中央分隔带的路面:将水准仪(全站仪)架设在路面平顺处调平,将水准尺分别竖立在道路中心 d_1(或路基顶面相应位置)及路面与路肩交界位置或外侧路缘石边缘(或路基顶面相应位置)d_2 处,d_1 与 d_2 两测点应在同一横断面上,测量 d_1 与 d_2 处的高程,记录高程读数,以 m 计,准确至 0.001m。

(3)用钢卷尺测量两测点的水平距离,以 m 计,准确至 0.005m。

5. 中线偏位测试步骤

平面位置检测是指公路工程交工或竣工时,对其平面实际位置与设计位置进行测量比较,确定其偏移量,并按标准规定值或允许偏差值进行检查评定。中线偏位是指公路交工或竣工以后,其中线的实际位置与设计位置之间的偏移值。

检测频率:4 个/200m,其中主点必选。

中线偏位检测方法:角度交会法、距离交会法、极坐标法、后方交会法。

(1)对有中线坐标的道路:根据待测点 P 的施工桩号,在道路上标记 P 点,从设计资料中查出该点的设计坐标,用经纬仪(全站仪)对该设计坐标进行放样,并在放样点 P' 做好标记,量取 PP' 的长度,即为中线偏位 Δ_{CL},以 mm 计,准确至 1mm,如图 4-8 所示。

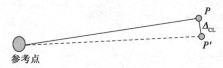

图 4-8 中线偏位检测

(2)对无中线坐标的道路:根据待测点 P 的施工桩号,在道路上标记 P 点,由设计资料计算出该点的

坐标,用经纬仪(全站仪)对该坐标进行放样,并在放样点 P' 做好标记,量取 PP' 的长度,即为中线偏位 Δ_{CL},以 mm 计,准确至 1mm。

6. 路基边坡坡度测试步骤

(1)全站仪法

将全站仪架设在路面平顺处调平,在同一横断面上选择坡顶 a、坡脚 b 两测点,分别测量其相对高程并记录读数 H_a、H_b,同时测量并记录两点间的水平距离 L,测量结果以 m 计,准确至 0.001m。

(2)坡度测量仪法

将坡度测量仪的测试面垂直于路中线放在待测边坡上,旋转刻度盘,将水平气泡调到水平位置,读取并记录刻度盘上的刻度值即为路基边坡坡度,保留两位小数。

7. 相邻板高差测试步骤

将水平尺垂直跨越接缝,并水平放置于高出的一侧,用塞尺量测接缝处水平尺下基准面与位置较低板块的高差,以高差大值为该接缝处的相邻板高差 H,以 mm 计,准确至 0.5mm。

8. 纵、横缝顺直度测试步骤

(1)在待测试路段的直线段上,将尼龙线固定于 20m 长的纵缝两端并拉直,用钢直尺量测纵缝与尼龙线间的最大间距,即为该处纵缝顺直度,以 mm 计,准确至 1mm。

(2)将尼龙线沿板宽在面板横缝两端固定并拉直,用钢直尺量测横缝与尼龙线间的最大间距即为该板的横缝顺直度,以 mm 计,准确至 1mm。

四、计算

(1)按式(4-20)计算各个断面的实测宽度 B_{1i} 与设计宽度 B_{0i} 之差。总宽度为路基路面各部分宽度之和。

$$\Delta B_i = B_{1i} - B_{0i} \tag{4-20}$$

式中:B_{1i}——第 i 个断面的实测宽度,m;

B_{0i}——第 i 个断面的设计宽度,m;

ΔB_i——第 i 个断面的实测宽度和设计宽度的差值,m。

(2)计算各个断面的实测高程 H_{1i} 与设计高程 H_{0i} 之差:

$$\Delta H_i = H_{1i} - H_{0i} \tag{4-21}$$

式中:H_{1i}——第 i 个断面的纵断面实测高程,m;

H_{0i}——第 i 个断面的纵断面设计高程,m;

ΔH_i——第 i 个断面的纵断面高程和设计高程的差值,m。

(3)计算实测横坡 i_{1i} 与设计横坡 i_{0i} 之差,结果准确至 0.01%。

$$i_{1i} = \frac{d_{1i} - d_{2i}}{B_{1i}} \times 100 \tag{4-22}$$

$$\Delta_{ii} = i_{1i} - i_{0i} \tag{4-23}$$

式中:i_{1i}——第 i 个断面的横坡度,%;

d_{1i}, d_{2i}——第 i 个断面测点 d_{1i} 及 d_{2i} 处的高程读数,m;

B_{1i}——第 i 个断面测点 d_{1i} 与 d_{2i} 之间的水平距离,m;

Δ_{ii}——第 i 个断面的横坡偏差,%;

i_{0i}——第 i 个断面的设计横坡度,%。

(4)边坡坡度通常以 1:m 的形式表示。全站仪法采用式(4-24)、式(4-25)计算路基边坡坡度。路基边坡各部分位置示意如图 4-9 所示。

$$H_i = H_{ai} - H_{bi} \qquad (4\text{-}24)$$

$$m_i = \frac{L_i}{H_i} \qquad (4\text{-}25)$$

式中:H_i——第 i 个断面坡顶、坡脚测点的高差,即垂直距离,m;

H_{ai},H_{bi}——第 i 个断面坡顶、坡脚测点的相对高程读数,m;

m_i——第 i 个断面的坡度值,路面坡度以 1:m_i 表示;

L_i——第 i 个断面坡顶、坡脚测点的水平距离,m。

根据规范计算一个评定段内各测定断面的宽度、高程、横坡的平均值、标准差、变异系数,但加宽及超高部分的测定值不参加计算。

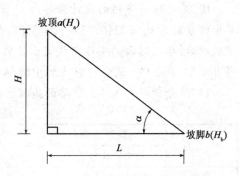

图 4-9 路基边坡各部分位置示意图

五、报告编制

本方法应报告以下技术内容:

(1)测试位置信息(测试断面桩号、坐标等)。
(2)实测宽度、设计宽度、宽度偏差。
(3)实测纵断面高程、设计纵断面高程、高程偏差。
(4)实测横坡度、设计横坡度、横坡偏差。
(5)实测边坡坡度。
(6)中线偏位、相邻板高差以及纵横缝顺直度。

思考与练习

1.简述公路平面、纵断面、横断面分别由哪些要素组成。

2.某二级公路,起点设计高为 415.85m,第一个变坡点 A 设计在 K0+985.50,第二个变坡点 B 设在 K1+674.00,两段纵坡坡度分别为 $i_1 = -2\%$,$i_2 = +3.0\%$。试求各变坡点的设计高。

3.某公路 JD_4 的坐标为 $x_4 = 9000$,$y_4 = 1000$,JD_5 坐标为 $x_5 = 5000$,$y_5 = 5000$,JD_6 坐标为 $x_6 = 2000$,$y_6 = 3000$(单位:m)。问:JD_5 处是左偏还是右偏?偏角值为多少?

4.简述用全站仪检测纵断面高程的过程。

5.公路几何线形检测有哪些项目?

6.中线偏位的检测方法有几种?各适用什么条件?

7.简述仅用钢尺检测中线偏位的方法。

8.某公路竣工后经恢复中桩的桩号为 K3+500 的位置在 P 点,现场测距仪安置于导线点

A,后视 B,瞄准 P,测得 $\beta_1 = 40°45'36''$, $D_{AP} = 795.360\text{m}$,已知:$x_A = 37125.325\text{m}$, $y_A = 20184.005\text{m}$, $x_B = 37476.386\text{m}$, $y_B = 20796.360\text{m}$, K3+500 的设计坐标为 $x'_P = 37875.450\text{m}$, $y'_P = 20448.383\text{m}$。试分析评定该桩中线偏位是否超限?(允许偏差小于 20mm)

9. 用全站仪对某竣工的二级公路进行横断面检测,测得某弯道处行车道两侧的三维坐标分别为(500.475、500.860、419.386)和(507.263、506.798、419.420)(单位:m)。试分析评定该桩路面宽度和横坡是否超限?(路面设计宽度为 9m,设计超高横坡 4%,宽度允许偏差 ±30mm,横坡允许偏差 ±0.25%)。

10. 某公路一中桩的设计坐标为 $x'_P = 2979.689$, $y'_P = 5881.170$,在该点附近有两个导线点,其坐标分别为 $x_A = 3210.514$, $y_A = 5507.596$ 和 $x_B = 3198.456$, $y_B = 6049.008$(单位:m),公路建成以后,根据路面的实际中线定出了该点 P,置镜于 A 点测得 $\beta_1 = 30°26'12''$,置镜于 B 点测得 $\beta_2 = 53°46'54''$。试分析 P 点的中线偏位是否超限?(允许偏差值 20mm)

11. 试分析评定表 4-2 中路面高程检测成果(允许偏差 ±15mm)。

路面高程检测结果   表 4-2

测点	水准尺读数		高差(m)		检测高程 H_1 (m)	设计高程 H_2 (m)	差值 $H_1 - H_2$ (mm)
	后视	前视	+	−			
BM_0	1.836				502.418		
K5+300		2.140				502.100	
K5+320		1.954				502.300	
K5+350		1.636				502.600	
K5+400		1.156				503.100	
BM_0		1.838					

模块五　路基路面压实度及厚度检测

知识目标

1. 熟悉路基路面压实度检测常用方法；
2. 熟悉路面厚度检测常用方法；
3. 掌握路基路面压实度、路面厚度检测步骤和要点；
4. 掌握压实度、厚度评定方法。

能力目标

1. 能进行路基路面平整度检测与评定；
2. 能进行路面厚度检测与评定。

单元一　路基路面压实度检测

任务描述

××公路工程 01 标段 K72+500～K86+800，路线长 14.3km，呈南北走向。本合同段扩建路基采用两侧整体加宽 8 车道路基标准横断面，每侧加宽路基 7.5m，扩建后的 8 车道路基宽 42m，具体为 2×0.75m 土路肩+2×3.0m 硬路肩（含 2×0.5m 路缘带）+8×3.75m 行车道+4.5m 中间带（2×0.75m 路缘带+3.0m 中央分隔带）。肖江大桥段 2×20.75m，单侧分离新建左幅 4 车道方案和原址重建右幅 4 车道方案，其余扩建路段为 8 车道整体式路基宽度 42m。主要执行技术规范如下：

(1)《公路路基施工技术规范》(JTG/T 3610—2019)；
(2)《公路工程质量检验评定标准　第一册　土建工程》(JTG F80/1—2017)；
(3)《公路路基路面现场测试规程》(JTG 3450—2019)；
(4)《公路土工试验规程》(JTG E40—2007)。

现受建设方的委托，××检测公司承担了该合同段路基压实度试验检测任务，通过检测对路基压实质量作出评价。

相关知识

路基、路面压实质量是道路工程施工质量管理最重要的内在指标之一。大量的室内试验和工程实践表明只有对路基、路面结构层进行充分压实，才能保证路基、路面的强度、刚度及路面的平整度，并保证其使用质量。若压实不足，则路面容易产生车辙、裂缝、沉陷及整个路面被剪切破坏。

现场压实质量用压实度来表示；路基土、路面半刚性基层及粒料类基层的压实度是指压实层材料压实后实际达到的干密度与该材料室内标准试验所得的最大干密度的比值,用百分数表示;沥青面层、沥青稳定碎石基层的压实度是沥青混合料压实后的毛体积密度与标准密度的比值,也用百分数表示。

一、标准密度(标准最大干密度)的确定

室内试验得出的标准密度(标准最大干密度)是压实度评定的基准值,直接决定结果的可靠性,因此,标准密度(标准最大干密度)的室内试验确定方法应原理科学、数据重视性高、操作简单,且实验条件应与实际压实条件相接近。近年来,逐渐被引起重视的振动击实、大型马歇尔击实等均是考虑目前施工中广泛使用振动压路机进行碾压成形而对试验条件改进后的成果。

由于筑路材料类型不同,标准密度(标准最大干密度)的室内确定试验方法也有所不同。

1. 路基土的最大干密度和最佳含水率的确定方法

击实试验是我国路基土最大干密度确定的主要方法,通过试验得到的击实曲线,确定最佳含水率和最大干密度。根据击实功的不同,可分为重型击实和轻型击实,两个试验的原理和基本规律相似,但重型击实试验的击实功提高了 4.5 倍。

振动台法与表面振动压实仪法均是采用振动方法测定土的最大干密度。前者是整个土样同时受到垂直方向的振动作用,而后者是振动作用自土体表面垂直向下传递的。研究结果表明,对于无黏聚性自由排水土这两种方法最大干密度试验的测定结果基本一致,但前者试验设备及操作较复杂,后者相对容易,且更接近于现场振动碾压的实际情况。因此,使用时可根据试验设备拥有情况择其一即可,但推荐优先采用表面振动压实仪法,具体内容见表 5-1。

土的最大干密度确定方法比较 表 5-1

试验方法	适用范围	土的粒组
轻型、重型击实法	小试筒适用于粒径不大于 25mm 的土; 大试筒适用于粒径不大于 38mm 的土	细粒土 粗粒土
振动台法	(1)本试验规定采用振动台法测定无黏性自由排水粗粒土和巨粒土(包括堆石料)的最大干密度; (2)本试验方法适用于通过 0.075mm 标准筛的干颗粒质量百分数不大于 15% 的无黏性自由排水粗粒土和巨粒土; (3)对于最大颗粒大于 60mm 的巨粒土,因受试筒允许最大粒径的限制,宜按相似级配法的规定处理	粗粒土 巨粒土
表面振动压实仪法	(1)本试验规定采用振动台法测定无黏性自由排水粗粒土和巨粒土(包括堆石料)的最大干密度; (2)本试验方法适用于通过 0.075mm 标准筛的干颗粒质量百分数不大于 15% 的无黏性自由排水粗粒土和巨粒土; (3)对于最大颗粒大于 60mm 的巨粒土,因受试筒允许最大粒径的限制,宜按相似级配法的规定处理	粗粒土 巨粒土

2. 路面基层的最大干密度和最佳含水率的确定方法

路面基层主要包括半刚性基层和柔性基层两类。其中,柔性基层主要有以级配碎砾石为代表的粒料类基层和以沥青稳定碎石为代表的沥青稳定类基层;半刚性基层材料最大干密度目前主要按照《公路工程无机结合料稳定材料试验规程》(JTG E51—2009)标准击实法确定,但当粒料含量大于 50% 时,由于击实筒空间的限制,现行方法就不能得出真正的最大干密度,使控制要求偏低,不能保证施工质量,须采用理论计算法。

粒料类基层材料最大干密度确定试验方法有重型击实法和振动法等两种,国内外对比研究表明,振动法与重型击实法具有很好的相关性,都能够很好地反映级配碎石的密实度,但考虑到目前振动试验尚未形成标准,振动参数并不是很统一且重型击实设备一般施工单位都有,试验方法简单易操作,因此,仍以重型击实试验为主。

沥青稳定类基层材料标准密度取值有三种情况可以选择:
(1)以拌和厂取样实测的马歇尔试件毛体积密度作为标准密度。
(2)以真空法测的最大理论密度换算毛体积密度作为标准密度。
(3)以试验段钻取芯样的毛体积密度作为标准密度。
施工单位可以根据工程需要与实际情况,选择其中一个作为标准密度。

3. 沥青面层混合料标准密度的确定方法

沥青面层混合料标准密度试验方法与沥青稳定碎石基层的相同,我国仍以马歇尔击实法为主,有三个标准密度可供选择。

马歇尔试件或芯样的毛体积密度的确定可根据混合料本身的特点选择水中重法、表干法、蜡封法或体积法,具体试验方法见《公路工程沥青及沥青混合料试验规程》(JTG E20—2011)。

二、现场密度试验检测方法

路基路面现场密度试验检测常用方法有挖坑灌砂法、环刀法、钻芯取样法、核子密度湿度仪法和无核密度仪法。其中,挖坑灌砂法、环刀法和钻芯取样法是传统检测方法,属于有损检测;核子密湿度仪法和无核密度仪法属无损检测,检测过程对结构层的完整性和承载力不产生影响。

1. 挖坑灌砂法

挖坑灌砂法是国际上通用的压实度检测方法,是根据抽样检查的原理,用挖出试坑材料的密度代表整个结构层的密度,进一步计算压实度,完成结构层压实度检测与评定。该方法适用于在现场测定基层(或底基层)、砂石路面及路基土的各种材料压实层的密度和压实度检测,但不适用于填石路堤等有大孔洞或大孔隙材料的压实度检测。

2. 环刀法

环刀法与挖坑灌砂法原理相同,借助环刀取土,用土样密度代表整个结构层的密度,并进一步计算压实度。该方法适用于测定细粒土及无机结合料稳定细粒土的密度;但对无机结合料稳定细粒土,其龄期不宜超过2d,且适用于施工过程中的压实度检验。

3. 钻芯取样法

沥青混合料面层的压实度是按施工规范规定的方法测定的混合料试样的毛体积密度与标准密度之比值,以百分率表示。该方法适用于检验从压实的沥青路面上钻取的沥青混合料芯样试件的密度,以评定沥青面层的施工压实度。

4. 核子密度湿度仪法

核子密度湿度仪内部有一个含铯-137γ源和镅(241)-铍中子源的复合源。其中,γ源用来测量密度,中子源用来测量含水率。

(1)密度测量时,核子密度湿度仪探头内的铯-137γ源放射出γ射线,放射性射线穿过物质时要发生衰减,其衰减量的大小与物质的密度成正比,射线穿过被测物质后被仪器内盖革—米勒探测器所接收,高密度物质计数率低而低密度物质计数率高,从而显示出物质的密度。

(2)含水率测定时,仪器内的镅(241)-铍中子源放射出快速的高能中子,这些高能中子与被测物质中的氢原子碰撞后变成低能中子,物质中氢原子越多产生的低能中子越多,这些低能中子被仪器内安装的只能探测减了速的低能中子的氦-3探测器所接受,材料内的氢原子越多,计数率越高,即水分越多相对的计数率越高。

在施工现场用核子密度湿度仪以散射法或直接透射法测定路基或路面材料的密度和含水率,并计算施工压实度。核子密度湿度仪是现场检测压实度较常用的一种方法,仪器按规定方法标定后,其检测结果可作为工程质量评定与验收的依据,可检测土壤、碎石、土石混合物、沥青混合料和非硬化水泥混凝土等材料。核子密度湿度仪法属非破坏性检测,允许对同一个测试位置进行重复测试,并监测密度和压实度的变化,以确定合适的碾压方法,达到所要求的压实度。

5. 无核密度仪法

无核密度仪(Pavement Quality Indicator,PQI)是一种基于电磁波技术的能快速测量沥青混凝土路面密度的无损检测设备,适用于检测铺筑完工的沥青路面、现场沥青混合料铺筑层密度及快速检查混合料的离析,是目前唯一能用于沥青混凝土路面品质控制的无核(无损)电磁传感设备,无核密度仪主要用于测试无污染、表面平整无松散的、厚度一般在25.4~152.4mm沥青面层材料的密度,但测定结果不宜用于评定验收或仲裁。

无核密度仪主要由接地区、发射区、隔离环三部分组成(图5-1)。密度测定时,从盘式探头的发射区向面层材料发射环形电场,在传播过程中电场能量发生吸收和衰减,这种现象称为介电响应。介电响应与材料的介电常数有关,介电常数越大,介电响应越明显,材料的介电常数与本身的密度存在一定的比例关系。无核密度仪就是通过测定接地区的介电响应来测定沥青面层介电常数,再据介电常数推出沥青面层的密度。

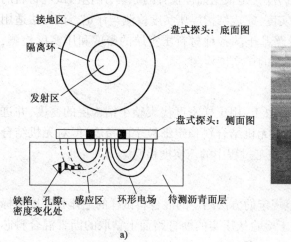

a)　　　　　　　　　　　　　　b)

图5-1　无核密度仪工作示意图

6. 压实沉降差测试方法

压实沉降差测试方法是通过测量土石路堤或填石路堤碾压过程中的沉降变化量,结合施工工艺参数,测试土石路堤或填石路堤的压实程度。主要是解决因为现场难以测量石方路基或土石混填路基的压实密度,用压实度指标评价操作性不强,测试效率低,压实质量无法评价的难题。该方法是与工艺参数相结合的双控测试方法,通过监测沉降变形的稳定性来表征压实程度,因此在使用过程中,既要考虑到工艺参数的匹配和持续恒定,也要考虑整体变形的均匀,以保证路基稳定、永久。

现场密度主要检测方法及各方法的适用范围见表 5-2。

路基路面现场密度检测方法及适用范围　　　　　表 5-2

试验方法	适用范围
挖坑灌砂法	适用于现场测定基层(或底基层)、砂石路面及路基土等压实层的密度和压实度,但不适用于填石路堤等有大孔洞或大孔隙材料压实层的压实度检测
环刀法	适用于测定细粒土及无机结合料稳定细粒土的密度;但对于无机结合料稳定细粒土,其龄期不宜超过 2d,宜用于施工过程中的压实度检验
核子密度湿度仪法	适用于现场用核子密度仪以透射法或散射法测定路基或路面材料的密度和含水率,并计算施工压实度
钻芯法	适用于检验从压实的沥青路面上钻取的沥青混合料芯样试件的密度,以评定沥青面层的施工压实度
无核密度仪	适用于现场快速测定沥青路面各层沥青混合料的密度,以计算施工压实度,但测定结果不宜用于评定验收或仲裁
沉降差测试方法	适用于现场测试土石路堤或填石路堤的压实程度,以评定土石路堤或填石路堤的施工压实质量

任务实施

一、挖坑灌砂法(图 5-2)

1. 仪具选择

(1)灌砂筒:金属材质,形式和主要尺寸见表 5-3 和图 5-3。灌砂筒上部为储砂筒,下部装一倒置的圆锥形漏斗,筒底与漏斗顶端铁板之间设有开关。漏斗上端面开口,漏斗直径与储砂筒的圆孔直径相同,漏斗焊接在一块铁板上,铁板中心有一圆孔与漏斗上开口相接。在储砂筒筒底与漏斗顶端铁板之间设有开关。开关为一薄铁板,一端与筒底及漏斗铁板铰接在一起,另一端伸出筒身外,开关铁板上也有一个相同直径的圆孔。

图 5-2　灌砂法测路基压实度

灌砂设备的主要尺寸要求

表 5-3

灌砂设备类型			小型灌砂设备	中型灌砂设备	大型灌砂设备
灌砂筒	储砂筒	直径(mm)	100	150	200
		容积(cm^3)	2121	4771	8482
	流砂孔	直径(mm)	10	15	20
标定罐	金属标定罐	内径(mm)	100	150	200
		外径(mm)	150	200	250
基板	金属方盘基板	边长(mm)	350	400	450
		深度(mm)	40	50	60
	中孔	直径(mm)	100	150	200
	板	厚度(mm)	≥1.0(铁)	≥1.0(铁)	≥1.0(铁)
			≥1.2(铝合金)	≥1.2(铝合金)	≥1.2(铝合金)

注:1. 当集料的最大粒径小于 13.2mm、测定层的厚度不超过 150mm 时，宜采用 φ100mm 的小型灌砂筒测试。

2. 当集料的最大粒径大于或等于 13.2mm，但不大于 31.5mm，测定层的厚度不超过 200mm 时，应用 φ150mm 的大型灌砂筒测试。

3. 如集料的最大粒径超过 31.5mm，则应相应地增大灌砂筒和标定罐的尺寸；如集料的最大粒径超过 53mm，灌砂筒和现场试洞的直径应为 200mm。

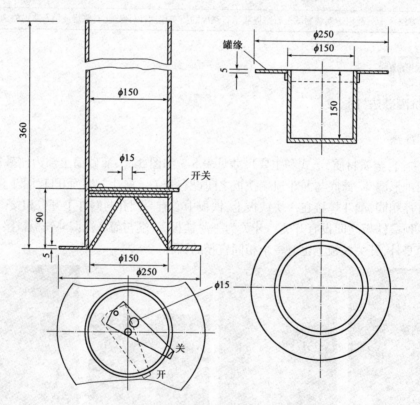

图 5-3 灌砂筒结构示意图(尺寸单位:mm)

(2)金属标定罐:用薄铁板制作的金属罐，上端周围有一罐缘。

(3)基板:用薄铁板制作的金属方盘，盘的中心有一圆孔。

(4)玻璃板:边长 500~600mm 的方形板。

(5)试样盘:小筒挖出的试样可用饭盒存放，大筒挖出的试样可用 300mm × 500mm ×

40mm 的搪瓷盘存放。

(6)电子秤:分度值不大于 1g。

(7)电子天平:用于含水率测试时,对细粒土、中粒土、粗粒土的分度值宜分别为 0.01g、0.1g、1.0g。

(8)含水率测试设备:如铝盒、烘箱、微波炉等。

(9)量砂:粒径为 0.30～0.60mm 清洁干燥的砂 20～40kg。使用前须洗净、烘干,筛分至符合要求并放置 24h 以上,使其与空气的湿度达到平衡。

(10)盛砂的容器:塑料桶等。

(11)温度计:分度值不大于 1℃。

(12)其他:凿子、螺丝刀、铁锤、长把勺、长把小簸箕、毛刷等。

2. 测试步骤

(1)检测对象的试样用同种材料进行击实试验,得到最大干密度(ρ_c)及最佳含水率(w_0)。

(2)标定灌砂筒下部圆锥体内砂的质量。

①在储砂筒筒口高度上,向储砂筒内装砂至距筒顶 15mm ± 5mm。称取装入筒内砂的质量 m_1,准确至 1g。以后每次标定及试验都应该维持装砂高度与质量不变。

②将开关打开,让砂自由流出,并使流出砂的体积与工地所挖试坑内的体积相当(或等于标定罐的容积),然后关上开关,称灌砂筒内剩余砂质量 m_5,准确至 1g。

③不晃动储砂筒的砂,轻轻地将灌砂筒移至玻璃板上,将开关打开,让砂流出,直到筒内砂不再下流时,将开关关上,并小心地取走灌砂筒。

④收集并称量留在板上的砂或称量储砂筒内的砂的质量,准确至 1g。玻璃板上的砂的质量就是填满锥体的砂的质量 m_2。

⑤重复上述测量三次,取其平均值。

(3)标定量砂的松方密度 ρ_s(g/cm³)。

①用 15～25℃水确定标定罐的容积 V,准确至 1mL。

②在储砂筒中装入质量为 m_1 的砂,并将灌砂筒放在标定罐上,将开关打开,让砂流出,在整个流砂过程中,不要碰到灌砂筒,直到储砂筒内的砂不再下流时,将开关关闭。取下灌砂筒,称取筒内剩余砂的质量 m_3,准确至 1g。

③按下式计算填满标定罐所需砂的质量 m_a:

$$m_a = m_1 - m_2 - m_3 \tag{5-1}$$

式中:m_a——标定罐中砂的质量,g;
　　　m_1——装入灌砂筒内的砂的总质量,g;
　　　m_2——灌砂筒下部圆锥体内砂的质量,g;
　　　m_3——灌砂入标定罐后,筒内剩余砂的质量,g。

④重复上述测量三次,取其平均值。

⑤按下式计算量砂的密度 ρ_s:

$$\rho_s = \frac{m_a}{V} \times 100\% \tag{5-2}$$

式中:ρ_s——量砂的密度,g/cm³;
　　　V——标定罐的体积,cm³。

(4) 现场密度检测。

①在试验地点,选一块 40cm×40cm 的平坦表面,并将其清扫干净,其面积不得小于基板面积。

②将基板放在平坦表面上。当表面的粗糙度较大时,则将盛有量砂 m_5 的灌砂筒放在基板中间的圆孔上,做好基板位置标识。将灌砂筒的开关打开,让砂流入基板的中孔内,直到储砂筒内的砂不再下流时,关闭开关。取下灌砂筒,并称量储砂筒内砂的质量 m_6,准确至 1g。

③取走基板,收回留在试验地点未混入杂质的量砂,重新将表面清扫干净。

④将基板放回原处并固定,沿基板中孔凿洞(洞的直径与灌砂筒的直径一致)。在凿洞过程中,应注意勿使凿出的材料丢失,并随时将凿出的材料取出装入塑料袋中,不使水分蒸发,也可放在大试样盒内密封。试洞的深度应等于测定层厚度,但不得有下层材料混入,最后将洞内的全部凿松材料取出。对土基或基层,为防止试样盘内材料的水分蒸发,可分几次称取材料的质量。全部取出材料的总质量为 m_w,准确至 1g。

注:当需要检测厚度时,应先测量厚度后再进行这一步骤。

⑤从挖出的全部材料中取出有代表性的试样,放在铝盒或洁净的搪瓷盘中,测定其含水率(w,以%计)。样品的数量如下:用小灌砂筒测定时,对于细粒土,不少于 100g;对于各种中粒土,不少于 500g。用中灌砂筒测试时,对于细粒土,不少于 200g;对于各种中粒土,不少于 1000g;对于粗粒土或水泥、石灰、粉煤灰等无机结合料稳定材料,宜将取出的材料全部烘干,且不少于 2000g,称其质量(m_d)。用大型灌砂筒测试时,宜将取出的材料全部烘干,称其质量(m_d)。

⑥储砂筒内放满砂到要求质量 m_1,将基板安放在试坑原位上,将灌砂筒安放在基板中间,使灌砂筒的下口对准基板的中孔,打开灌砂筒的开关,让砂流入试坑内。在此期间,应注意勿碰动灌砂筒。直到储砂筒内的砂不再下流时,关闭开关。小心取走灌砂筒,并称量筒内剩余砂的质量 m_4,准确到 1g。

⑦如清扫干净的平坦表面的粗糙度不大,也可省去上述②和③的操作。在试洞挖好后,将灌砂筒直接对准放在试坑上,中间不需要放基板。打开灌砂筒的开关,让砂流入试坑内。在此期间,应注意勿碰动灌砂筒。直到储砂筒内的砂不再下流时,关闭开关。小心取走灌砂筒,并称量剩余砂的质量 m_4',准确至 1g。

⑧仔细取出试筒内的量砂,以备下次试验时再用。

⑨取走基板,将留在试坑内未混入杂质的量砂收回;将坑内剩余量砂清理干净后,回填与被测结构同材质的填料,并用铁锤分 3~4 层夯实。

⑩将回收的量砂烘干、过筛,并放置 24h 以上,使其与空气的湿度达到平衡后可以继续使用。若量砂中混有杂质,则应废弃。

3. 结果计算

(1) 计算填满试坑所用的砂的质量 m_b

在灌砂时,当试坑上放有基板时,则

$$m_b = m_1 - m_4 - (m_5 - m_6) \tag{5-3}$$

在灌砂时,当试坑上不放基板时,则

$$m_b = m_1 - m_4' - m_2 \tag{5-4}$$

式中:m_b——填满试坑的砂的质量,g;

m_1——灌砂前灌砂筒内砂的质量,g;

m_2——灌砂筒下部圆锥内砂的质量,g;

m_4, m_4'——灌砂后,灌砂筒内剩余砂的质量,g;

m_5, m_6——灌砂筒下部圆锥体内及基板和粗糙表面间砂的合计质量,g。

(2)计算试坑材料的湿密度 ρ_w

$$\rho_w = \frac{m_w}{m_b} \times \rho_s \qquad (5\text{-}5)$$

式中:m_w——试坑中取出的全部材料的质量,g;

ρ_s——量砂的单位质量,g/cm³。

(3)计算试坑材料的干密度 ρ_d(g/cm³)(各类材料的干密度均应准确到 0.01g/cm³)

$$\rho_d = \frac{\rho_w}{1 + 0.01w} \qquad (5\text{-}6)$$

式中:w——试坑填料的含水率(室内试验求得),%。

(4)计算施工压实度

$$K = \frac{\rho_d}{\rho_c} \times 100 \qquad (5\text{-}7)$$

式中:K——测试地点的施工压实度,%;

ρ_d——试样的干密度,%;

ρ_c——由击实试验得到的试样的最大干密度,g/cm³。

4.编制报告

各种材料的干密度均应准确至 0.01g/cm³。

5.操作注意事项

灌砂法是施工过程中常用的试验方法之一。灌砂法从表面上看较为简单,但实际操作时常常不好掌握,并会引起较大误差;但它又是测定压实度的依据,所以它是质量检测监督部门与施工单位之间经常发生矛盾或纠纷的环节,因此,应严格遵循试验的每个细节,以提高试验精度。为使试验做得准确,应注意以下几点。

(1)量砂要规则,每换一批次量砂,都需要重新测试圆锥体内砂的质量和松方密度。试坑内回收的量砂未经处理不得重复使用,因此宜事先多准备量砂,切勿到试验时临时找砂。

(2)当进行标定罐容积标定时,罐外的水一定要擦干。

(3)当挖坑时试坑周壁应笔直,避免出现上大下小或上小下大的情形,且不得使凿出的试样丢失,以免得检测密度偏大或偏小。

(4)地表面处理要平整,只要表面凸出一点(1mm),使整个表面高出一薄层,其体积也算到试坑中去了,再加上基板厚度,会影响试验结果。

(5)灌砂时检测厚度应为整个碾压层厚,不能只取上部或者取下一个碾压层中。

(6)灌砂筒的选择应遵循以填料粒径为主,测试层厚度为辅的原则。当最大粒径在 100~150mm 之间时,检测机构一般根据实际情况选用直径超过 250mm 的灌砂筒或采用灌水法测试压实度,如果挖坑过程中发现超过规范规定粒径 10% 填料时,一般另选点重做;对于粒径允许值更大的土石路基或填石路基,一般选用沉降差法控制压实质量。

二、环刀法(图 5-4)

1.仪具选择

(1)人工取土器(图 5-5)。人工取土器包括环刀、环盖、定向筒和击实锤系统(导杆、落锤、手柄)。其中,环刀内径为 6~8cm,高为 2~5.4cm,壁厚 1.5~2mm。

a)

b)

图 5-4 环刀法测路基压实度

(2)电动取土器(图 5-6)。电动取土器由底座、立柱、升降机构、取芯机构、动力和传动机构组成。

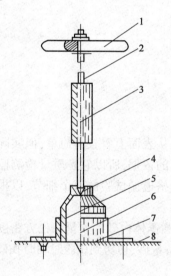

图 5-5 人工取土器
1-手柄;2-导杆;3-落锤;4-环盖;5-环刀;6-定向筒;7-定向筒齿钉;8-试验地面

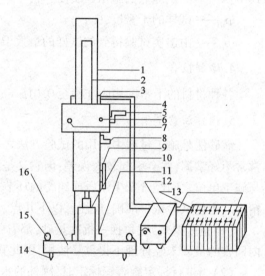

图 5-6 电动取土器
1-立柱;2-升降轴;3-电源输入;4-直流电机;5-升降手柄;6、7-电源指示;8-锁紧手柄;9-升降手轮;10-取芯头;11-立柱套;12-调速器;13-蓄电池;14-行走轮;15-定位销;16-底座平台

①底座。底座由底座平台、定位销、行车轮组成。其中,平台是整个仪器的支撑基础;定位销供操作时仪器定位用;行车轮供换点取芯时仪器近距离移动用,当定位时四只轮子可板起离开地表。

②立柱。立柱由立柱与立柱套组成,装在底座平台上,作为升降机构、取芯机构、动力和传动机构的支架。

③升降机构。升降机构由升降手轮、锁紧手柄组成,供调整取芯机构高低用。松开锁紧手柄,转动升降手轮,取芯机构即可升降,调到所需位置时拧紧手柄定位。

④取芯机构。取芯结构由取芯头、升降轴组成,取芯头为金属圆筒,下口对称焊接两合金钢切削刀头,上端面焊有平盖,其上焊螺母,靠螺旋接于升降轴上。取芯头为可换式,有三种规格,即50mm×50mm、70mm×70mm、100mm×100mm,另配有相应的取芯套筒、扳手和铝盒等。

⑤动力和传动机构:主要由直流电机、调速器、齿轮箱组成,另配蓄电池和充电器。当电机工作时,通过齿轮箱的齿轮将动力传给取芯机构,升降轴旋转,取芯头进入旋切工作状态。

(3)天平:分度值不大于0.01g。

(4)其他。镐、小铁锹、修土刀、毛刷、直尺、钢丝锯、凡士林、木板及测定含水率设备等。

2. 测试步骤

对检测对象试样用同种材料进行击实试验,得到最大干密度及最佳含水率。

1)用人工取土器测定黏性土及无机结合料稳定细粒土密度的步骤

(1)擦净环刀,称取环刀质量 m_2,准确至0.1g。

(2)在试验地点,将面积约30cm×30cm的地面清扫干净,并将压实层铲去表面浮动及不平整的部分,达到一定深度,使环刀垂直打下后,能达到要求的取土深度,但不得将下层扰动。

(3)将定向筒齿钉固定于铲平的地面上,顺次将环刀、环盖放入定向筒内与地面垂直。

(4)将导杆保持垂直状态,用取土器落锤将环刀打入压实层中,在施工过程控制或质量评定时,环刀中部处于压实层厚的1/2深度;其他测试时,可按相应要求深度取样。

(5)去掉击实锤和定向筒,用镐将环刀及试样挖出。

(6)轻轻取下环盖,用修土刀自边至中削去环刀两端余土,用直尺检测直至修平为止。

(7)擦净环刀外壁,用天平称取环刀及试样合计质量 m_1,准确至0.01g。

(8)从环刀中取出具有代表性的试样(不少于100g),测定其含水率(w)。

2)用人工取土器测定砂性土或砂层密度时的步骤

(1)若为湿润的砂土,试验时无须使用击实锤和定向筒,在铲平的地面上,细心挖出一个直径较环刀外径略大的砂土柱,将环刀刃口向下,平置于砂土柱上,用两手平稳地将环刀垂直压下,环刀中部处于压实层厚的1/2深度。

(2)削掉环刀口上的多余砂土,并用直尺刮平。

(3)在环刀口上盖一块平滑的木板,一只手按住木板,另一只手用小铁锹将试样从环刀底部切断,然后将装满试样的环刀反转过来,削去环刀刃口上部的多余砂土,并用直尺刮平。

(4)擦净环刀外壁,称量环刀与试样的合计质量(m_1),准确至0.01g。

(5)从环刀中取具有代表性的试样(不少于100g),测定其含水率。

(6)当干燥的砂土不能挖成砂土柱时,可直接将环刀压入或打入土中。

3)用电动取土器测定无机结合料稳定细粒土和硬塑土密度的步骤

(1)安装所需规格的取芯头,在施工现场取芯前,选择一块平整的路段,将四只行走轮打起,四根定位销钉采用人工加压的方法,压入路基土层中,松开锁紧手柄,旋动升降手轮,使取芯头刚好与土层接触,锁紧手柄。

(2)将蓄电池与调速器接通,调速器的输出端接入取芯机电源插口。指示灯亮,显示电路已通;启动开关,电动机工作,带动取芯机构转动;根据土层含水率调节转速,操作升降手柄,上提取芯机构;停机,移开机器,由于取芯头圆筒外表有几条螺旋状突起,切下的土屑排在筒外顺螺纹上旋抛出地表,因此,将取芯套筒套在切削好的土芯立柱上摇动即可取出样品。

(3)取出样品,立即按取芯套筒长度用修土刀或钢丝锯修平两端,制成所需规格土芯,若拟进行其他试验项目,需装入铝盒,送试验室备用。

(4)用天平称量土芯加套筒质量 m_1,从土芯中心部分取试样测定含水率 w。

本试验须进行两次平行测定,计算两次平行试验结果的差值,若不大于 $0.03\mathrm{g/cm^3}$,取其算术平均值作为测试结果;若大于 $0.03\mathrm{g/cm^3}$,则重新测试。

3. 结果计算

(1)计算试样的湿密度及干密度

$$\rho_w = \frac{4 \times (m_1 - m_2)}{\pi d^2 h} \tag{5-8}$$

$$\rho_d = \frac{\rho_w}{1 + 0.01w} \tag{5-9}$$

式中:ρ_w——试样的湿密度,$\mathrm{g/cm^3}$;

ρ_d——试样的干密度,$\mathrm{g/cm^3}$;

m_1——环刀或取芯套筒与试样合计质量,g;

m_2——环刀或取芯套筒质量,g;

d——环刀或取芯套筒直径,cm;

h——环刀或取芯套筒高度,cm;

w——试样的含水率,%。

(2)计算施工压实度

$$K = \frac{\rho_d}{\rho_c} \times 100 \tag{5-10}$$

式中:K——测试地点的施工压实度,%;

ρ_d——试样的干密度,$\mathrm{g/cm^3}$;

ρ_c——击实试验得到的试样的最大干密度,$\mathrm{g/cm^3}$。

三、钻芯取样法(图 5-7)

1. 仪具选择

(1)路面取芯钻机。

(2)路面切割机。

(3)天平:感量不大于 0.1g。

(4)水槽。

(5)吊篮。

(6)石蜡。

(7)其他:卡尺、毛刷、小勺、取样袋(容器)、电风扇。

2. 测试步骤

(1)根据《公路沥青路面施工技术规范》(JTG F40—2004)规定,确定计算压实度的标准密度。

（2）钻取芯样：

①按《公路路基路面现场测试规程》(JTG 3450—2019) 中的规定方法钻取路面芯样,芯样直径不宜小于最大集料粒径的 3 倍,芯样直径不宜小于 100mm。钻孔取芯应在路面完全冷却后进行,对普通沥青路面通常在第 2 天取样,对改性沥青及 SMA 路面宜在第三天以后取样。

②按随机取样的方法确定钻芯位置,并用粉笔在路面上做标记。

③用钻机在取样地点垂直对准路面放下钻头,牢固安放钻机,使其在运转过程中不得移动；开放冷却水,启动电机,缓缓压下钻杆,钻取芯样,但不得使劲下压钻头；待钻透全厚后,上抬钻杆,拔出钻头,停水停电；移开钻机,用钢钎插入圆形槽并用锤敲击,使芯样底部与结构分离,取出芯样。

④用棉纱吸走取样时留下的水分,待干燥后采用同类型材料填补压实试坑。

⑤当一次钻孔取得的芯样含有不同层位的沥青混合料时,应根据结构组合情况用切割机将芯样沿各层结合面锯开,分层进行测定。

（3）测定试件密度：

①将钻取的试件在水中用毛刷轻轻刷净黏附的粉尘。如果试件边角有浮松颗粒,应仔细清除。

②将试件晾干或用电风扇吹干不少于 24h,直至恒重。

③按《公路工程沥青及沥青混合料试验规程》(JTG E20—2011) 的沥青混合料试件密度试验方法测定试件密度 ρ_s。通常情况下采用表干法测定试件的毛体积相对密度；对吸水率大于 2% 的试件,宜采用蜡封法测定试件的毛体积相对密度；对吸水率小于 0.5% 的特别致密的沥青混合料,在施工质量检验时,允许采用水中重法测定其表观相对密度。

a)

b)

图 5-7　钻芯取样法

3. 结果计算

（1）当计算压实度的标准密度采用每天试验室实测的马歇尔击实试件密度或试验路段钻孔取样密度时,沥青面层的压实度按式 (5-11) 计算：

$$K = \frac{\rho_s}{\rho_0} \times 100 \qquad (5-11)$$

式中：K——沥青面层某一测定部位的压实度,%；

ρ_s——沥青混合料芯样试件的实际密度,g/cm³；

ρ_0——沥青混合料的标准密度,g/cm³。

(2)计算压实度的标准密度采用最大理论密度时,沥青面层的压实度按式(5-12)计算:

$$K = \frac{\rho_s}{\rho_t} \times 100 \qquad (5\text{-}12)$$

式中:ρ_s——沥青混合料芯样试件的实际密度,g/cm³;

ρ_t——沥青混合料的最大理论密度,g/cm³。

(3)计算一个评定路段检测的压实度的平均值、标准差和变异系数,并计算代表压实度。

4.编制报告

压实度试验报告应记载压实度检查的标准密度及依据,并将各测点的试验结果列入表格。

四、核子密度湿度仪法

1.仪具选择

(1)核子密度湿度仪。符合国家规定的关于健康保护和安全使用标准,如图5-8所示,密度的测定范围为1.12~2.73g/cm³,测定误差不大于±0.03g/cm³,含水率测量范围为0~0.64g/cm³,测定误差不大于±0.015g/cm³。它主要包括下列部件:

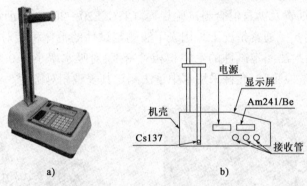

图5-8 核子密度湿度仪
a)实物图;b)结构图

①射线源:γ射线源(双层密封的同位素放射源,如铯-137、钴-60或镭-226等。)
②中子源。例如,镅(241)-铍等。
③探测器。γ射线探测器,如G-M计数管等;热中子探测器,如氦-3管等。
④读数显示设备。例如,液晶显示器、脉冲计数器、数率表或直接读数表。
⑤标准计数块。密度和含氢量都不变的材料块,用于检验仪器运行状况和提供射线计数的参考标准。
⑥安全防护设备。符合国家规定要求的设备。
⑦刮平板、钻杆、接线等。

(2)细砂:0.15~0.3mm。

(3)天平或台秤。

(4)其他:毛刷等。

2.仪器的标定

(1)每12个月以内要对核子密度湿度仪进行一次标定。标定可由仪器生产厂家或独立的有资质的服务机构进行。

(2)对新出厂的仪器事先已经标定过的,可以不标定。对现存仪器如果经过维修后,可能影响仪器的结构,必须进行新的标定后才能使用。现存仪器如果在标定核实过程中被发现不能满足规定的限值,也必须重新标定。

(3)标定后的仪器密度(或含水率)值应达到要求,所有标定块的每一测试深度上的标定响应应在±16kg/m³。

3. 测试准备

(1)每天使用前或对测试结果有怀疑时,按下列步骤用标准计数块测定仪器的标准值:

①将核子仪置于表面经压实且平整的地点,距其他放射源至少8m以上。

②接通电源,按照仪器使用说明书建议的预热时间,预热测定仪。

③将仪器在标准计数块上放置平稳,按照仪器使用说明书的要求进行标准化计数,并判断仪器标准化计数值是否符合要求。如标准化计数值超过规定的限值时,应确认标准计数的方法和环境是否符合要求,并重复进行标准化计数;若第二次标准化计数值仍超出规定的限值时,需视作故障并进行返修处理。

(2)在进行沥青混合料压实层密度测定前,应用核子密(湿)度仪与钻孔取样的试件进行标定;测定其他材料密度时,宜与挖坑灌砂法的结果进行标定。标定的步骤如下:

①选定200m以上段落作为试验段。

②按要求的测定步骤用核子密(湿)度仪测定密度,并读数。

③对于沥青路面,按照钻芯法在测点位置测试压实度;对于基层或路基,在测点处避开测孔,按照灌砂法测试压实度。

④对相同的路面厚度、配合比设计、碾压遍数、松铺厚度、机械组合及压实度标准的路面结构层,使用前应在试验段至少测试15处,求取两种不同方法在每处的偏差值,计算偏差值的平均值作为修正值,将修正值输入核子仪中,计算并保存。

⑤对相同的路面厚度、配合比设计、松铺厚度及机械组合,多种不同的压实度标准的路面结构层,使用前可选取多个试验段进行相关性试验,每个试验段至少测试10处,求取两种不同方法测试密度的相关性公式,用于测试结果的修正,其相关系数R应不小于0.95。

(3)测试位置的选择。

①按照随机取样的方法确定测试位置,但距路面边缘或其他物体的最小距离不得小于30cm。核子仪距其他射线源不得小于8m。

②当用散射法测定时,应用细砂填平测试位置路表结构凹凸不平的孔隙,使路表面平整,能与仪器紧密接触。

③当使用直接透射法测定时,用导板、钻杆等在测点表面打孔,孔深略深于要求测定的深度,孔应竖直圆滑并稍大于射线源探头。将探杆插入测试孔内,前后或左右移动仪器,使之稳固。

4. 测试步骤

用于测定土基、基层材料或非硬化水泥混凝土等的压实密度及含水率时,打孔后采用直接透射法测定,测定层的厚度不宜大于30cm;用于测定沥青混合料面层的压实密度或硬化水泥混凝土等难以打孔材料的密度时宜采用散射法。具体如图5-9、图5-10所示。

(1)如果用散射法测定时,应将核子密度湿度仪平稳地置于测试位置上。

(2)如果用直接透射法测定时,将放射源棒放下插入已预先打好的孔内。

(3)开机并选定测试时间后进行测量,测试人员退到距仪器2m以外处,到达测定时间后,测试人员读取并记录示值,迅速关机,将手柄置于安全位置,结束本次测试。各种型号的仪器具体操作步骤略有不同,可按照仪器使用说明书进行。

(4)测试结束后,应将核子仪装入专用的仪器箱内,放置在符合核辐射安全规定的地方。

(5)根据相关性试验结果确定材料的湿密度和含水率,并计算干密度及压实度;对于沥青混合料面层,用所确定的材料湿密度直接计算压实度。用散射法时,一组测值不应少于13点,取平均值作为该段落的压实结果。

图 5-9　直接透射型密度测量图
1-导板;2-钻杆;3-凸起

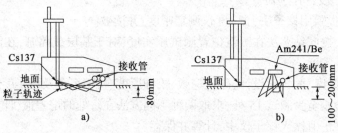

图 5-10　散射型密度、湿度测量图
a)密度测量图;b)湿度测量图

5. 使用安全注意事项

(1)核子密度湿度仪对靠近表层材料的密度最为敏感,当测试材料的表面与仪器底部之间存在空隙时,测试结果可能存在表面偏差(仅对散射法)。如果采用直接透射法测试,表面偏差不明显。

(2)材料的粒度、级配、均匀度以及组成成分等因素对密度的测试结果影响较小;但是对一些含有结晶水或有机物的材料,如高岭土、云母、石膏、石灰等,可能会对水分的测试有明显的影响,检测时需要与其他可靠的方法进行对比,对检测结果进行调整。

(3)对刚铺筑完的热沥青混合料路面标测时,仪器不能长时间放置在路面上,测试完成后仪器应该从路面上移走冷却,避免影响测试结果。

(4)测量进行时,在周围10m之内不能存在其他核子仪和任何其他放射源。

(5)仪器工作时,所有人员均应退到距仪器2m以外的地方。

(6)仪器不使用时,应将手柄置于安全位置,仪器应安装在专用的仪器箱内,放置在符合核辐射安全规定的地方。

(7)仪器应由经有关部门审查合格的专人保管,专人使用。对从事仪器保管及使用的人员,应遵照有关核辐射检测的规定,不符合核防护规定的人员,不宜从事此项工作。

6. 结果计算

$$\rho_d = \frac{\rho_w}{1 + 0.01w} \tag{5-13}$$

$$K = \frac{\rho_d}{\rho_c} \times 100 \tag{5-14}$$

式中:K——测试地点的施工压实度,%;

ρ_w——试样的湿密度,g/cm³;

ρ_d——由核子湿密度仪测定的材料层的实际密度,g/cm³,一组不少于13个,取平均值;

ρ_c——击实试验得到的试样的最大干密度,g/cm³;

w——试样的含水率,%。

7. 报告编制

测定路基路面密度和压实度的同时,应同时记录温度、材料类型、路面的结构层厚度和测试深度等数据和资料。若进行相关性试验,还应报告修正值或相关性关系式及相关系数。

五、无核密度仪测定压实度

无核密度仪如图5-11所示。

1. 仪具选择

(1)无核密度仪:内含电子模块和可充电电池。

①探头:无核,无电容,适用于野外测量。

②最大探测深度:≥10cm。

③最小探测深度:≤2.5cm。

④精度:0.003g/cm³。

⑤单次测量时间:不大于5s。

(2)标准密度块:供密度标准计数用。

(3)交流充电器或直流充电器。

(4)打印机:用于打印测试数据。

图5-11 无核密度仪

2. 测试准备

(1)所测定沥青路面的层厚应不大于该仪器性能探测的最大深度。在进行沥青混合料压实层密度测定前,应用无核密度仪与钻孔取样的试件进行标定,通过对比试验检验,确认其可靠性。每12个月要将无核密度仪送到授权服务中心进行标定和检查。

(2)第一次使用前需要对软件进行设置。仪器存储了软件的设置后,操作者无须每次开机后都进行软件设置。

(3)按照仪器使用说明书的要求综合标定仪器的测量精度。

(4)按照不同的需要选择想要的测量模式。

(5)按照仪器使用说明书的规定,进行修正值设置。

3. 测试步骤

(1)按照随机选点的方法确定测试位置,距路面边缘或其他物体的最小距离不得小于

30cm,且表面干燥。

(2)把无核密度仪平稳地置于测试位置上,保证仪器不晃动。当路表结构凸凹不平时,可用细砂填平测试位置的空隙,使路表面平整,能与仪器紧密接触。

(3)开机后应检查无核密度仪的工作状态,如电池电压、内部温度,设置测试日期、时间、测值编号等。

(4)进入测试界面,设置沥青面层厚度、测量单位、最大公称粒径等参数,选择单点测量模式,进入待测状态。

(5)按动测试键,3s后读取数据,并记录。同时,无核密度仪上显示被测试材料表面的湿度值应在0~10之间,当测值超过10时,数据作废,应重新选点测试。

(6)当采用修正值方法时,显示原始数据为ρ_d;当采用相关性公式时,将显示原始数据带入相关性公式,计算实测密度ρ_d,准确至0.01g/cm^3。

4. 结果计算

按式(5-15)计算压实度。

$$K = \frac{\rho_d}{\rho_c} \times 100 \tag{5-15}$$

式中:K——测试地点的施工压实度,%;

ρ_d——由无核密度仪测定的压实沥青混合料的实际密度,g/cm^3,一组不少于13个点,取平均值;

ρ_c——沥青混合料的标准密度,g/cm^3,按照《公路沥青路面施工技术规范》(JTG F40—2004)的规定选用。

计算一个测试路段压实度的平均值、标准差以及变异系数,并计算压实度代表值。

5. 与钻芯法压实度测试结果的相关性试验

在进行沥青混合料压实层密度测定前,应用核子密(湿)度仪与钻孔取样的试件进行标定。标定的方法和步骤同核子密度湿度仪法,不同的是,每处测试位置按照图5-12所示确定5个点位,用无核密度仪对各测点进行测试,选择平均读取模式依次读取并记录显示的密度、湿度和温度等数值,取密度平均值作为该处密度测试结果。

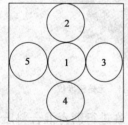

图5-12 五点法示意图

6. 编制报告

测定路面密度及压实度的同时,应记录气温、路面的结构深度、沥青混合料类型、面层结构及测定厚度等数据和资料。若进行相关性试验,还应报告修正值或相关性关系式及相关系数。

六、压实沉降差测试方法

1. 仪具选择

(1)振动压路机:自重20t以上。

(2)水准仪:DS_3。

(3)钢卷尺:量程50m,分度值不大于1mm。

(4)其他仪具:铁锤、铁铲等。

2. 测试准备

(1)在路基碾压施工前,选取试验路段;

(2)沿道路纵向每隔 20m 作为一个观测断面,每个观测断面沿横断面方向每隔 5~10m 均匀布设沉降观测点,每个沉降观测点位上埋放一固定物(一般为钢球),确保施工和测试过程中水平方向位置不变;

(3)按照既定的碾压机械组合和工艺参数进行施工,碾压遍数以往返一次计为一遍。至测试路段无明显碾压轮迹为止。

3. 测试步骤

(1)路基碾压施工完成后,将振动压路机停放在测试路段前 20m 处,启动振动压路机,并调至强振挡位。

(2)振动压路机以不大于 4km/h 的速度对测试路段进行碾压,往返一次为一遍。

(3)碾压结束后,用水准仪逐点测量固定物顶面高程 $h_{i1}, h_{i2}, \cdots, h_{ij}$,精确至 0.1mm。

(4)重复步骤(2)和(3),测得固定物顶面高程 $h_{(i+1)1}, h_{(i+1)2}, \cdots, h_{(i+1)j}, \cdots, h_{(i+n)1}, h_{(i+n)2}, \cdots, h_{(i+n)j}$,准确至 0.1mm。

(5)随机选取有代表性的区域,按照《公路土工试验规程》(JTG E40—2007)灌水法测试材料干密度,按照《公路集料试验规程》(JTG E42—2005)测试表干密度(视密度)。回收固定物,记录新的工艺参数,用与测试段相同的材料回填并进行终压。

4. 结果计算

按照公式(5-16)计算第 i 遍和第 $i+1$ 遍的沉降差 $\Delta h_{i(i+1)-j}$:

$$\Delta h_{i(i+1)-j} = h_{(i+1)-j} - h_{i-j} \tag{5-16}$$

式中:$\Delta h_{i(i+1)-j}$——第 j 个固定物在第 i 遍和第 $i+1$ 遍的沉降差,0.1mm;

$h_{(i+1)-j}$——第 j 个固定物在 $i+1$ 遍碾压结束后的顶面高程,0.1mm;

h_{i-j}——第 j 个固定物在 i 遍碾压结束后的顶面高程,0.1mm;

i——碾压遍数;

j——固定物编号,取 $1, 2, \cdots, n$。

按照公式(5-17)计算第 i 遍和第 $i+1$ 遍的沉降差的平均值 $\Delta \bar{h}_{i(i+1)}$:

$$\Delta \bar{h}_{i(i+1)} = \frac{\sum_{j=1}^{n} \Delta h_{i(i+1)-j}}{n} \tag{5-17}$$

式中:$\Delta \bar{h}_{i(i+1)}$——第 i 遍和第 $i+1$ 遍的沉降差的平均值,0.1mm。

按照公式(5-18)计算第 i 遍和第 $i+1$ 遍的沉降差的标准差 $S_{i(i+1)}$:

$$S_{i(i+1)} = \sqrt{\frac{\sum_{j=1}^{n} (\Delta h_{i(i+1)-j} - \Delta \bar{h}_{i(i+1)})^2}{n-1}} \tag{5-18}$$

式中:$S_{i(i+1)}$——第 i 遍和第 $i+1$ 遍的沉降差的标准差,0.1mm。

按照《公路路基设计规范》(JTG D30—2015)附录计算孔隙率。计算一个测试路段沉降差的平均值、标准差,并计算沉降差的代表值。计算一个测试路段压实度的平均值、标准差以及变异系数,并计算压实度代表值。

5. 编制报告

应报告以下技术内容：

(1) 测试路段信息（桩号范围及层位等）。

(2) 石料等级、填料类型。

(3) 机械组合、碾压参数。

(4) 沉降差、孔隙率。

(5) 测试路段沉降差的平均值、标准差及代表值。

七、路基、路面压实度的评定

路基、路面压实度以 1~3km 长的路段为检验评定单元，按要求的检测频率（表 5-4）及方法进行现场压实度抽样检查，求解得出每一测点的压实度 K_i。

压实度检验评定要求　　　　　　　　　　　　　　　表 5-4

工程项目类型				规定值			检查方法和频率
				高速公路、一级公路	二级公路	三、四级公路	
土方路基	上路床		0~0.3m	96	95	94	按有关方法检查，每200m每压实层测2处
	下路床	轻、中及重交通荷载等级	0.3~0.8m	96	95	94	
		特重、极重交通荷载等级	0.3~1.2m	94	94	—	
	上路堤	轻、中及重交通荷载等级	0.8~1.5m	94	94	93	
		特重、极重交通荷载等级	1.2~1.9m	94	94	—	
	下路堤	轻、中及重交通荷载等级	>1.5m	93	92	90	
		特重、极重交通荷载等级	>1.9m				
稳定土	基层		代表值	—	95		按有关方法检查，每200m测2处
			极值		91		
	底基层		代表值	95	93		
			极值	91	89		
沥青混凝土面层				试验室标准密度的96%（SMA时为98%）最大理论密度的92%（SMA时为94%）试验段密度的98%（SMA时为99%）			按有关方法检查，每200m测1点。核子（无核）密度仪每200m测1处，每处5点

压实度评定要点如下：

(1) 控制平均压实度的置信下限，以保证总体水平。

(2) 规定单点极限值不得超出给定值，防止局部隐患。

(3) 规定合格界限以区分质量优劣。

检验评定段的压实度代表值 K（算术平均值的下置信界限）为：

$$K = \bar{K} - \frac{St_\alpha}{\sqrt{n}} \geq K_0 \tag{5-19}$$

式中：$\bar{K}$——检验评定段内各测点压实度的平均值；

t_α——t 分布表中随测点数和保证率(或置信度 α)而变的系数；采用的保证率，对于高速公路、一级公路，基层、底基层为 99%，路基、路面面层为 95%；对于其他公路，基层、底基层为 95%，路基、路面面层为 90%；

S——检测值的均方差；

n——检测点数；

K_0——压实度标准值。

1. 路基、基层和底基层

当 $K \geq K_0$ 时，且单点压实度 K_i 全部大于等于规定值减 2% 时，评定路段的压实度合格率为 100%；当 $K \geq K_0$ 时，且单点压实度 K_i 全部大于等于规定极值时，按测定值不低于规定值减 2% 的测点数计算合格率；当 $K < K_0$ 时，或某一单点压实度 K_i 小于规定极值时，该评定路段的压实度为不合格，相应分项工程为不合格。

2. 沥青面层

当 $K \geq K_0$ 时，且单点压实度 K_i 全部大于等于规定值减 1% 时，评定路段的压实度合格率为 100%；当 $K \geq K_0$ 时，按测定值不低于规定值减 1 个百分点的测点数计算合格率。当 $K < K_0$ 时，评定路段的压实度为不合格，相应分项工程为不合格。

工程应用

某新建二级公路石灰土基层，对其中的一段压实质量进行检查，压实度检测结果见表 5-5，请计算该路段的压实度代表值并进行质量评定。

压实度检测结果　　　　　　　　　　　　　　　　表 5-5

序号	1	2	3	4	5	6	7	8	9	10
压实度(%)	96.4	95.4	92.8	97.3	96.3	95.8	95.9	96.7	95.3	95.6
序号	11	12	13	14	15	16	17	18	19	20
压实度(%)	97.6	95.8	96.8	95.7	96.1	96.3	95.1	95.5	97.0	95.3

解： 二级公路稳定土基层的压实度标准值 $K_0 = 95\%$，极值为 91%，保证率为 95%，根据检测点数 $n = 20$，保证率 $\alpha = 95\%$，查 t 分布概率系数表(附表 2)知保证率系数 $t_\alpha / \sqrt{n} = 0.387$。

(1) 计算平均值、标准偏差 S 及代表值

$$\bar{K} = 95.97\%$$
$$S = 0.91\%$$
$$K = \bar{K} - \frac{S t_\alpha}{\sqrt{n}} = 95.97 - 0.387 \times 0.91 = 95.62(\%)$$

(2) 判断压实质量

因为 $K > K_0$，且各个单点压实度 K_i 大于规定极值(91%)，所以该段压实质量是满足要求的。

(3) 计算合格率

经判别满足 $K_i > K_0 - 2\% = 95\% - 2\% = 93(\%)$ 的点共有 19 个点，故合格率 $= 19/20 = 95\%$。

单元二　路面厚度检测

任务描述

某高速公路采用半刚性基层沥青混凝土路面，基层设计厚度为 20cm，沥青混凝土面层结构为 3cm 细粒式沥青混合料上面层 +4cm 中粒式沥青混合料中面层 +5cm 粗粒式沥青混凝土下面层。请检测该路面的厚度并进行质量评价。

相关知识

在路面工程中，各个层次的厚度与道路整体强度密切相关。在路面设计中，路面的厚度是按设计荷载及荷载的作用次数计算得到的。厚度不足，则不能抵抗荷载作用下的应力，或者说就不能保证路面的使用寿命。除保证强度外，严格控制各结构层的厚度，还能对路面的高程起到一定的控制作用。因此，路面厚度是一个非常重要的质量控制指标，路面各层次施工完成后及工程交工验收时，必须进行厚度检测。

路面各结构层厚度的检测方法与结构层的层位和种类有关，基层和砂石路面的厚度可采用挖坑法测定，沥青面层及水泥混凝土路面板的厚度应采用钻芯法测定。路面各结构层厚度的检测一般与压实度同时进行，当用灌砂法进行压实度检查时，可量取挖坑灌砂深度即结构层的厚度。当用钻芯取样法检查压实度时，可用直接量取芯样高度的方法确定路面厚度。但无论是钻芯法还是挖坑法，都会对路面结构层有一定程度的破坏作用，并且测试效率低。

随着科学技术的发展，国内外已经普遍采用短脉冲雷达检测路面面层厚度，这种方法无须破坏路面，其沥青面层的测试误差一般可控制在 3mm 内，尤其是在长距离、快速路面厚度的测量中，其测试效率是传统方法所无法相比的，所以该项检测技术是一种先进、高效、不损坏路面且连续的检测路面面层厚度的方法。雷达检测设备有两种：一种是便携式，适用于野外与局部检测；另一种是车载式，适用于高速、大面积检测，图 5-13 为美国劳雷公司的地质雷达检测设备工作（路面检测）照片。数据采集传输记录和数据处理分别由专用软件自动控制进行，对于材料过度潮湿或饱和以及有高含铁矿渣集料的路面不适合采用本方法测试。

地质雷达检测公路路面面层厚度属于反射探测法。其基本原理是，不同的介质具有不同的介电常数，地质雷达向地下发射一定强度的高频电磁脉冲波，电磁波在地下传播的过程中遇到不同介电常数的界面时，一部分能量产生反射波，另一部分能量继续向地下传播（图 5-14），

图 5-13　雷达路面检测仪

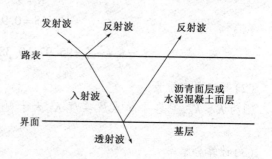

图 5-14　电磁波在路面面层中的反射

地质雷达接收并记录这些反射信息。电磁波特定介质中的传播速度是不变的,根据地质雷达记录的路面表面反射波与面层基层界面反射波的时间差,按式(5-20)计算面层的厚度 h:

$$h = \frac{V\Delta t}{2} \tag{5-20}$$

式中: V——电磁波在面层中的传播速度;

Δt——从路表至基层界面的电磁波双程传播时间。

相对于雷达所用高频电磁波(900~2500MHz),路面面层所用的材料都是低损耗介质,电磁波在面层中的传播速度为:

$$V = \frac{C}{\sqrt{\varepsilon_r}} \tag{5-21}$$

式中: C——电磁波在大气中的传播速度;

ε_r——面层的相对有效介电常数,它取决于构成面层的所有物质的介电常数。

介电常数(或波速)随着路面结构设计厚度、集料类型、沥青产地、混合料类型、施工水平、密度及湿度等的变化而不同,因此,测试时一般应通过现场钻芯取样的方式标定波速,且应根据上述因素的差异,确定合理的波速标定段落长度和钻芯取样数量,确保波速标定结果的代表性及准确性。波速标定段落长度一般不宜大于20km,同一标定段落内,一般情况下芯样个数在3个以上时,基本能保证波速标定结果的代表性和准确性。部分常见材料的相对介电常数范围见表5-6,该表可作为波速标定时的参考。

部分常见材料的相对介电常数参考范围表　　　　表5-6

介 质 类 型	相对介电常数范围
空气	1
水	81
普通水泥混凝土	4~15
沥青混凝土	3~10
干砂	3~6
石灰岩	7~9

另外,利用钻孔取芯标定雷达波的速度是一种较为准确、实用的确定雷达波传播速度的方法。在地质雷达所测剖面上的某一点,钻孔取芯量其实际厚度,用剖面上该点的双程走时和实际厚度反算雷达波在面层内的传播速度。

任务实施

一、挖坑、钻芯法

1. 仪具选择

(1)挖坑用的镐、铲、凿子、锤子、小铲、毛刷等。

(2)取样用路面取芯钻机及钻头、冷水机。钻头的标准直径为100mm,若芯样仅供测量厚度,不做其他试验时,对沥青面层与水泥混凝土板也可用直径为50mm的钻头;对基层材料有可能损坏试件时,也可用直径150mm的钻头,但钻孔深度均必须达到层厚。

(3)量尺包括钢板尺、钢卷尺和卡尺。

(4)补坑材料。与检查层位的材料相同。

(5)补坑用具。例如,夯、热夯、水等。

(6)其他。例如,搪瓷盘、棉纱等。

2. 挖坑法

(1)按随机选点法确定挖坑检查的位置。若为旧路,测点有坑洞等明显缺陷或处于接缝处时,可在其旁边检测。

(2)选一块约40cm×40cm的平坦表面作为试验地点,用毛刷将其清扫干净。

(3)根据材料坚硬程度,选择镐、铲、凿子等适当的工具开挖这一层材料,直至层位底面。在便于开挖的前提下,开挖面积应尽可能缩小,坑洞大体呈圆形。边开挖边将材料铲出置于搪瓷盘内。

(4)用毛刷将坑底清扫,确认坑底面为下一层的顶面为止。

(5)将一把钢板尺平放横跨于坑的两边,用另一把钢尺或卡尺等量具在坑的中部位置垂直伸至坑底,测量坑底至钢板尺底面的距离,即可检查层的厚度,以 mm 计,精确至1mm。

3. 钻孔取样法

(1)按随机选点法决定钻孔检查的位置。若为旧路,测点有坑洞等明显缺陷或处于接缝处时,可在其旁边检测。

(2)按钻取芯样的方法用路面取芯机钻孔。

(3)仔细取出芯样,清除底面灰土,找出与下层的分界面。

(4)用钢板尺或卡尺沿圆周对称的十字方向四处量取表面至上下层界面的高度,取其平均值,即该层的厚度,准确至1mm。

在施工过程中,当沥青混合料尚未冷却时,可根据需要随机选择测点,用大螺丝刀插入至沥青层底面深度后用尺读数,量取沥青层的厚度,以 mm 计,精确至1mm。

4. 填补挖坑或钻孔

用与取样层相同的材料填补挖坑或钻孔,具体步骤如下:

(1)适当清理坑中残留物,钻孔时留下的积水应用棉纱吸去。

(2)对于无机结合料稳定层及水泥混凝土路面板,应按相同配合比用新拌和的材料分层填补,并用小锤压实。水泥混凝土中宜掺入少量快凝早强剂。

(3)对于无结合料粒料基层,可用挖坑时取出的材料,适当加水拌和后分层填补,并用小锤压实。

(4)对正在施工的沥青路面,用相同级配的热拌沥青混合料分层填补并用加热的铁锤或热夯压实,旧路钻孔也可用乳化沥青混合料修补。

(5)所有补坑结束时,宜比原面层略鼓出少许,用重锤或压路机压实平整。

需要特别注意的是,补坑中如果有疏忽、遗留或补得不好的情况,易成为隐患而导致路面开裂,因此所有挖坑、钻孔均应仔细做好。

二、短脉冲雷达法

1. 仪具选择

(1)设备主要组成。

短脉冲雷达测试系统由承载车、发射天线、接收天线和控制系统组成。

雷达快速测厚度技术基本结构如图5-15所示,主要由固体腔、天线(发射与接收)、时窗、波形显示与打印等五部分组成。

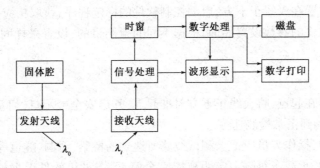

图5-15 雷达路面测厚技术结构框

第一部分是固体腔,它是雷达的核心,脉冲高频电磁波就由此产生,它是一种特制的共振腔,产生的频率可达到2GHz以上。共振腔要求振源稳定,选频准确。

第二部分是天线,它分发射天线与接收天线两部分。发射天线是将波源的尖频电磁波定向向路基路面发送的主要器件,要求定向性好,发射稳定,功率损失小,这是一般材料所达不到的。为了使天线不贴地发射,以便车载快速扫描测定,天线特制成空气耦合聚焦型,并制成横向电磁波喇叭形。天线发射器具有很高的分辨率,最高输出电压为5V。根据检测用途,天线可分成50MHz、100MHz、300MHz、500MHz、1GHz等类型。对于接收天线可组成发、收两用型。

第三部分是时窗记录器,它是发射计时脉冲的主要器件,因是时间的集中器,故称时间窗。采样收发时间为雷达测时的主要工作,因此,时间窗对雷达检测更加显得重要。

第四部分是波形显示器,它能真实、直观地将测量体显示在波形图上。

第五部分是打印输出部分,主要将被测波形体与时间记录打印在纸上,以便使用。雷达测量时覆盖面积为30cm×40cm。

(2)测试系统技术要求和参数。

①距离标定误差:≤0.1%。

②设备工作温度:0~40℃。

③最小分辨层厚:≤40mm。

④天线:采用空气耦合方式,带宽能适应所选择的发射脉冲频率。

⑤收发器:脉冲宽度≤1.0ns,时间信号处理能力可以适应所需的测试深度。

⑥系统测量精度技术要求见表5-7。

系统测量精度技术要求 　　　　　表5-7

测量深度 H(mm)	测量误差允许范围(mm)
<100	±3
≥100	±(3%H)

2. 测试准备

(1)测试前应收集设计图纸、施工配合比等资料,以合理确定标定路段。

(2)距离标定。承载车行驶超过20000km,更换轮胎,或使用超过1年的情形下需要进行距离标定。距离标定方法根据厂商提供的使用说明进行。

(3)安装雷达天线。将雷达天线按照厂商提供的安装方法牢固安装好,并将天线与主机的连线连接好。

(4)检查连接线安装无误后开机预热,预热时间不得少于厂商规定的时间。

(5)将金属板放置在天线正下方,启动控制软件的标定程序,获取相应参数。

(6)打开控制软件的参数设置界面,根据不同的检测目的,设置采样间隔、时间窗、增益等参数。

3.测试步骤

(1)将承载车停在起点,将天线正下方对准起点,开启安全警示灯,启动软件测试程序,令驾驶员缓慢加速车辆到正常检测速度。

(2)检测过程中,操作人员应记录测试线路所遇到的桥梁、涵洞、隧道等构造物的起终点。

(3)测试过程中,承载车每隔一定距离应完全停下,在采集软件上做标记,雷达图像应界面清晰、容易辨识且没有突变,同时在地面上找出雷达天线中心所对应的位置,做好标记;在标记处钻取芯样并量测芯样高度;将现场钻取的芯样高度与雷达采集软件的结果进行对比,得出芯样的波速;将该标定路段的芯样波速平均值输入测试程序;每个波速标定路段钻芯取样位置应均匀分布,取样间距不宜超过5km,芯样数量应足以保证波速标定结果的代表性和准确性。

(4)当测试车辆到达测试终点后,操作人员停止采集程序。

(5)操作人员检查数据文件,文件应完整,内容应正常,否则重新测试。

(6)关闭测试系统电源,结束测试。

4.结果计算

(1)由于地下介质具有不同的介电常数,造成各种介质具有不同的电导性,电导性的差异影响了电磁波的传播速度。一般用式(5-22)计算电磁波在材料介质中的传播速度:

$$V = \frac{c}{\sqrt{\varepsilon_r}} \tag{5-22}$$

式中:V——电磁波在材料介质中的传播速度,mm/ns;

c——电磁波在空气中的传播速度,取300 mm/ns;

ε_r——面层的相对有效介电常数,它取决于构成面层的所有物质的介电常数,可以通过路面芯样获得。

(2)根据电磁波在材料介质中的双程走时以及材料介质的相对介电常数,用式(5-23)确定面层厚度。

$$h = \frac{V\Delta t}{2} \tag{5-23}$$

式中:h——面层厚度,mm;

Δt——雷达波在路面面层中的双程走时,ns。

5.编制报告

检测报告应包括检测路段路基面或各结构层的厚度平均值、标准差、厚度代表值,并记录检测时天气状况、气温及工作面的基本情况。

注:建议测试路面厚度小于10cm时,宜选用频率大于2GHz的雷达天线;当路面厚度为10~25cm时,宜选用频率大于1.5GHz的雷达天线;当路面厚度大于25cm时,宜选用频率大于1GHz的雷达天线。

三、路面结构层厚度评定

几种常用的路面结构层厚度的代表值与合格值的允许偏差见表 5-8。

几种常用的路面结构层厚度的代表值与合格值的允许偏差　　　　表 5-8

类型与层位	厚度(mm)			
	代表值		合格值	
	高速公路、一级公路	其他公路	高速公路、一级公路	其他公路
水泥混凝土面层	－5	－5	－10	－10
沥青混凝土、沥青碎石面层	总厚度:－5%H; 上面层:－10%H	－8%H	总厚度:－10%H; 上面层:－20%H	－15%H
沥青贯入式面层	—	－8%H 或 －5	—	－15%H 或 －10
稳定粒料基层	－8	－10	－10	－20
稳定土底基层	－10	－12	－25	－30

厚度评定要点：
(1) 控制平均厚度的置信下限，以保证总体水平。
(2) 规定合格界限以区分质量优劣。

对路段内路面结构层厚度按代表值的允许偏差和单个测定值的允许偏差进行评定。厚度代表值 h_L 为厚度的算术平均值的下置信界限值，即

$$h_L = \bar{h} - \frac{S \cdot t_\alpha}{\sqrt{n}} \tag{5-24}$$

式中：$\bar{h}$——检验评定段内各测点厚度的平均值；

　　　t_α——t 分布中随测点数和保证率(或置信度 α)而变的系数(查附录二)；采用的保证率：高速、一级公路基层、底基层为 99%，面层为 95%；其他公路基层、底基层为 95%，面层为 90%；

　　　S——检测值的均方差；

　　　n——检测点数。

当厚度代表值大于或等于设计厚度加上代表值允许偏差时，则按单个检查值的偏差是否超过合格值允许偏差来评定合格率；当厚度代表值小于设计厚度加上代表值允许偏差时，则厚度指标评为不合格，相应的分项工程为不合格。

沥青面层一般按沥青铺筑层总厚度进行评定，但高速公路和一级公路多分为 2~3 层铺筑，还应进行上面层厚度的检查与评定。

某路段水泥混凝土路面板厚度检测数据见表 5-9。保证率为 95%，设计厚度 $h_d = 25$cm，代表值容许偏差为 －5mm，合格值允许偏差为 －10mm，试对该路段的板厚进行评价。

水泥混凝土路面板厚度检测结果(cm)　　　表5-9

序号	1	2	3	4	5	6	7	8	9	10	11	12	13	14	15
厚度	25.1	24.8	25.1	24.6	24.7	25.4	25.2	25.3	24.7	24.9	24.9	24.8	25.3	25.3	25.2
序号	16	17	18	19	20	21	22	23	24	25	26	27	28	29	30
厚度	25.0	25.1	24.8	25.0	25.1	24.7	24.9	25.0	25.4	25.2	25.1	25.0	25.0	25.5	25.4

解：(1) 计算平均值、标准偏差 S 及代表值

根据检测点数 $n=30$，保证率 $\alpha=95\%$，查 t 分布概率系数表知保证率系数 $t_\alpha/\sqrt{n}=0.30$，再根据厚度检测结果计算得到 $\bar{h}=25.05\text{cm}$，$S=0.24\text{cm}$，则厚度代表值为：

$$h_L = \bar{h} - \frac{St_\alpha}{\sqrt{n}} = 25.05 - 0.310 \times 0.24 = 24.98(\text{cm})$$

(2) 判断压实层厚度质量

因为 $h_L > h_d - 0.5 = 24.5\text{cm}$，所以该压实层是满足要求的。

(3) 计算合格率

经判别对于任一 h_i 均满足 $h_i > h_d - 1 = 24\text{cm}$，所以合格率 $= 30/30 = 100\%$

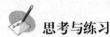

思考与练习

一、选择题

1. 标定灌砂筒下部圆锥体内砂的质量应取( )次的平均值。
　　A. 2　　　　　　B. 3　　　　　　C. 4　　　　　　D. 5
2. 路基路面压实不足的危害有( )。
　　A. 沉陷　　　　　B. 裂缝　　　　　C. 车辙　　　　　D. 破损
3. 灌砂法检测压实度影响结果准确性的因素有( )。
　　A. 测试厚度　　　B. 量砂密度　　　C. 填筑材料　　　D. 检测位置
4. (多选题)关于路基土基压实度评定的说法，下列中正确的是( )。

　　A. 用压实度代表值控制路段的总体压实水平 Y

　　B. 单点压实度不得小于极值标准 Y

　　C. 根据合格率，计算评分值 Y

　　D. 分层检测压实度，但只按上路床的检测值进行评分 Y

5. 灌砂法试验结果：量砂密度为 1.15g/cm^3，试坑中全部材料质量为 4428.8g，填满试坑的砂的质量为 2214.4g，代表性试样含水率 5.0%，则试坑材料的干密度为( )。

　　A. 1.90g/cm^3　　　　　　　　B. 2.00g/cm^3

　　C. 2.19g/cm^3　　　　　　　　D. 2.30g/cm^3

6. (多选题)路基土方压实度的规定值分为( )进行控制。

　　A. 高速公路和一级公路　　　　　　B. 其他公路

　　C. 二级公路　　　　　　　　　　　D. 三、四级公路

7.灌砂法测定基层现场密度的工作有:
①筒内砂不再下流时,取走灌砂筒并称量筒内剩余砂的质量;
②选取挖出材料代表性样品,测定含水率;
③称取所有挖出材料质量;
④沿基板中孔凿试洞,并收集挖出材料;
⑤标定筒下部圆锥体内砂的质量;
⑥选择试验地点,并清扫干净;
⑦放置灌砂筒,打开开关让砂流入试坑;
⑧标定量砂的单位质量;
⑨称取一定质量标准砂,并装入灌砂筒。
正确的测定步骤应为(　　)。
  A.⑥⑨⑤⑧④②③⑦① B.⑤⑧⑥⑨④③②⑦①
  C.⑥⑤⑧⑨④③②⑦① D.⑤⑧⑥⑨④②③⑦①

8.应用核子密度仪测定压实度,下列说法正确的是(　　)。
  A.核子密度仪法可以作为仲裁试验
  B.核子密度仪法可以测定粗粒土的压实度
  C.核子密度仪使用前应进行标定
  D 核子密度仪法适用于施工质量的现场快速评定

9.二灰稳定碎石基层交工验收时,压实度应采用(　　)检测。
  A.环刀法　　　　B.灌砂法　　　　C.钻芯取样法　　　D.核子密度仪法

10.现场压实度测定方法中,(　　)对测定结构层没有破坏。
  A.环刀法　　　　B.灌砂法　　　　C.核子仪散射法　　D.钻芯法

二、名词解释

最大干密度;最佳含水率;压实度

三、判断题

1.当压实度检测样本数小于10时,应按点点合格来控制且实际样本数量不得少于6个。
　　　　　　　　　　　　　　　　　　　　　　　　　　　　　　　　　　(　　)
2.路基压实度以轻型击实为准。　　　　　　　　　　　　　　　　　　　(　　)
3.基层压实度检测数据中有一个点压实度小于标准规定极值,但$K \geq K_0$,该评定路段压实度为合格。　　　　　　　　　　　　　　　　　　　　　　　　　　　　(　　)
4.核子密度仪适用于测量各种土的压实密度和含水率。　　　　　　　　(　　)
5.路基土最佳含水率是指击实曲线上最大干密度所对应的含水率。　　(　　)
6.采用灌砂法测定路面结构的压实度时,应力求试坑深度与标定罐的深度一致。(　　)
7.核子密度仪法测定的现场压实度不宜作为评定验收的依据。　　　　(　　)
8.对于含有粒料的稳定土及松散性粒料不能采用环刀法测定现场密度。(　　)

四、简述题

1.什么是压实度?路基路面压实度有哪些常用方法?各方法分别在什么情况下选用?

2. 简述灌砂法现场压实度检测的要点。思考挖坑的形状、深度对结果的影响。

3. 采用环刀法测定压实密度时,环刀取样位置应在压实层什么位置?为什么?

4. 通常采用什么方法检测路面基层、沥青路面和水泥混凝土路面板的厚度?雷达法测路面厚度的原理是什么?

五、计算题

1. 用灌砂法检测压实度,测得灌砂筒内量砂质量为5820g,填满标定罐所需砂的质量为3885g,测定砂锥的质量为615g,标定罐的体积3035cm³,灌砂后称灌砂筒内剩余砂质量为1314g,试坑挖出的湿土重为5867g,烘干土重为5036g,室内击实试验得到的最大干密度为1.68g/cm³。试求该点的压实度。

2. 某二级公路石灰土基层进行交工验收,现测得某段的压实度数值分别为94.0、97.2、93.3、97.1、96.3、90.4、98.6、97.8、96.2、95.5、95.9、96.8(单位:%)。请对该路段基层压实质量进行评定(已知$K_0=93\%$,规定极值为89%,保证率取90%)。

3. 某一级公路水泥稳定粒料基层设计厚度为20cm,该评定路段的检测值分别为21.2、22.3、19.0、18.8、20.1、21.0、21.4、20.0、19.8(单位:cm)。请对该路段厚度施工质量进行评定。

模块六　路面使用性能检测

知识目标

1. 掌握路基路面平整度检测与评定方法；
2. 掌握面层抗滑性能检测与评定方法；
3. 掌握路面车辙检测与评定方法；
4. 掌握路面渗水系数检测方法；
5. 掌握路面错台检测方法。

能力目标

1. 能进行路基路面平整度检测与评定方法；
2. 能进行面层抗滑性能检测与评定方法；
3. 能进行路面车辙检测与评定方法；
4. 能进行路面渗水系数检测方法；
5. 能进行路面错台检测方法。

单元一　路基路面平整度检测

任务描述

某扶贫攻坚环线按公路四级标准建设验收，标段 K0+000～K23+114，长 23.114km，路基宽度 6.5m，路面宽度 6.0m，沥青混凝土面层结构：4cm 细粒式改性沥青混凝土(AC-13)上面层+5cm 中粒式改性沥青混凝土(AC-16)下面层，18cm 水稳碎石基层，20cm 砂砾底基层。请对其平整度进行检验和评定。

相关知识

一、平整度的概念

平整度是路面表面相对于理想平面的竖向偏差，通常以最大间隙、颠簸累积值、国际平整度指数表征，以 mm 或 m/km 计。平整度反映路面表面的凹凸程度，平整度检测即以规定的标准量规，间断地或连续地量测路表面的凹凸情况，是反映不平整程度的指标。路面不平整会影响行车的速度、安全及驾驶平稳和乘客的舒适；振动作用还会对路面施加冲击力，从而加剧路面破坏、汽车机件损坏和轮胎的磨损，并增大油耗；不平整的路面会积滞雨水，加速路面的破坏。因此，路基路面平整度是评定路面使用品质、施工质量及现有路面破坏程度的重要指标之一，平整度的检测与评定是公路施工与养护质量的一个重要环节。

路面的平整度与路面各结构层次的平整状况有着一定的联系,即各层次的平整效果将累积反映到路面表面上,因此,为了确保路面表面的平整度,还要对路基、底基层(垫层)和基层的平整度进行控制和检测。

二、平整度的检测方法

平整度的检测设备可分为断面类及反应类两大类。断面类检测设备是测定路面表面凹凸情况的一种仪器,如常用的 3m 直尺及连续式平整度仪。此外,还可用精确测定高程得到,国际平整度指数便是以此为基准建立的,它是路面平整度最基本的指标。反应类检测设备是测定由于路面凹凸不平引起车辆颠簸的情况,这是驾驶员和乘客直接感觉到的平整度指标,因此,它实际上是舒适性能指标,最常用的检测设备是车载式颠簸累积仪。现已有更新的自动测试设备,如纵面分析仪、路面平整度数据采集系统测定车等。

1. 3m 直尺法

3m 直尺法是通过测定尺底距离路表面的最大间隙来表示路面的平整度,以 mm 计。它适用于测定压实成型的路基路面各层表面(高速公路、一级公路路面除外)的平整度,以此评定路面的施工质量及使用质量。有单尺测定和等距离(1.5m)连续测定两种情况。单尺测定常用于施工时质量控制和检查验收,单尺测定时要计算出测定段的合格率。等距离连续测试也可用于施工质量检查验收,但要算出标准差,用标准差来表示平整度的好坏。

2. 连续式平整度仪

连续式平整度仪是测定路面平整度的常见仪器,它的测定结果与 3m 直尺连续测定的平整度在原理上相同,计算方法相同,两者具有较好的相关关系。连续式平整度仪以每 100m 为一个计算区间,在检测路段上沿路面连续测量路面表面的凹凸情况,并采用微机处理技术,自动计算和打印,自动显示路面平整度的标准差 σ、正负超差等技术指标,并绘出路面平整度偏差曲线。连续式平整度仪法适用于测定路面表面的平整度,评定路面的施工质量的使用质量,但不适用于在已有较多坑槽、破损严重的路面上进行测定。

3. 车载式颠簸累积仪

车载式颠簸累积仪的工作原理是测试车以一定的速度(30~80km/h),在路面上行驶,由于路面上凹凸不平,引起汽车的激振,通过安装在测试车上的位移传感器测量后轴同车厢之间的单向位移累积值 VBI,以此表示路面的平整度,以 cm/km 计。VBI 越大,说明路面平整度越差,其舒适性也越差,属于反应类检测设备。该方法适用于测定新建、改建公路路面表面的平整度,但不适用于在已有较多坑槽、车辙等破损严重的路面上测定。由于《公路工程质量检验评定标准 第一册 土建工程》(JTG F80/1—2017)中没有给出 VBI 标准值,因此需要建立车载式颠簸累积仪检测结果 VBI 与连续式平整度仪检测结果 σ,或与激光路面平整度仪检测结果 IRI 的相关关系。

4. 车载式激光道路平整度仪

车载式激光道路平整度仪是新型的、高效的自动化平整度测试系统,它是利用激光测距及加速度惯性修正技术检测路面纵断面高程并计算路面国际平整度指数(IRI)的设备,主要由激光测距系统、纵向测距系统和计算机处理系统等部分组成。一般可以实时检测包括短波长及长波长的路面纵断面剖面曲线(直接式检测类),同时获得各种路面评价指标,如国际平整度指标(IRI)、平整度标准差(s)等。该方法适用于新建、改建路面工程质量验收和无严重坑槽、车辙等病害及无积水、积雪、泥浆的正常通车条件下连续采集路段平整度数据。在数据采集、传输、记录和处理的过程中,全部由专用软件自动控制进行。

5. 手推式断面仪

手推式断面仪是用于连续采集和测量路面信息(包括距离、断面坡度和国际平整度指数IRI)的一种高精度仪器。在同一表面上多次测设,数据重复率可达98%,采样间隔可精确到25mm,精度高;采用触摸屏控制,在屏幕上直接显示多条断面曲线,即时生成常用的断面指数,以 PDF 或 Excel 格式输出报告,操作简单;便携式设计,所有核心电子元件和传感器都小于笔记本电脑,携带方便、大容量电池,可连续测量8h,工作效率高。手推式断面仪适用于无积水、无积雪、无泥浆的正常通车条件下的路面平整度测试、道路或机场跑道路面施工质量验收,还可为响应式平整度检测仪及其他类平整度检测仪提供标定参照。

常见的几种平整度测试方法的特点和技术指标见表6-1。

平整度测试方法比较　　　　　　　　　　　　表6-1

方　　法	特点及适用范围	技术指标
3m 直尺法	设备简单,结果直观,间断测试,工作效率低,反映凹凸程度;适用于除高等级公路面层之外的其他材料层	最大间隙 h(mm)
连续式平整度仪法	设备较复杂,连续测试,工作效率高,反映凹凸程度;适用于面层表面平整度检测	标准差 σ(mm)
车载式颠簸累积仪	设备复杂,工作效率高,连续测试,反映舒适性;适用于面层表面平整度检测	单项累计值 VBI(cm/km)
车载式激光道路平整度仪	设备复杂,工作效率高,连续测试,反映舒适性;适用于面层表面平整度检测	国际平整度指数 IRI(m/km)
手推式断面仪	精度高、操作简单、携带方便、工作效率高、连续测试,反映凹凸程度,适用于面层表面平整度检测	国际平整度指数 IRI(m/km)

 任务实施

一、3m 直尺测定路基路面平整度

3m 直尺法测平整度如图 6-1 所示。

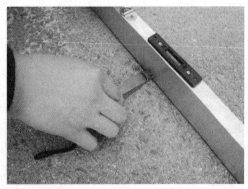

a)　　　　　　　　　　　　　　　　b)

图 6-1　3m 直尺法测平整度

1. 仪器选择

(1)3m 直尺。测量基准面长度为3m,基准面应平直,用硬木或铝合金钢等材料制成。

(2)最大间隙测量器具:

①楔形塞尺。硬木或金属制的三角形塞尺,有手柄。塞尺的长度与高度之比不小于10,宽度不大于15mm,边部有高度标记,刻度读数分辨率小于或等于0.5mm。

②深度尺。金属制的深度测量尺,有手柄。深度尺测量杆端头直径不小于10mm,刻度读数分辨率小于或等于0.5mm。

(3)其他。例如,皮尺或钢尺、粉笔等。

2. 测试准备

(1)按《公路路基路面现场测试规程》(JTG 3450—2019)规定办法,进行测试路段的选择。

(2)测试路段内测试地点选择:当为沥青路面施工过程中的质量检测时,测试地点应选在接缝处,以单杆测定评定;除高速公路外,用于其他等级公路路基路面工程质量检查验收或进行路况评定时,每200m测2处,每处(等间距1.5m)连续测量5尺。除特殊需要者外,应以行车道一侧车轮轮迹(距车道标线80~100cm)作为连续测定的标准位置。对旧路已形成车辙的路面,应取车辙中间位置为测定位置,用粉笔在路面上做好标记。

(3)清扫路面测定位置处的污物。

3. 测试步骤

(1)施工过程中现行检测时,应根据需要确定的方向,将3m 直尺放在测试地点的路面上。

(2)目测3m 直尺底面与路面之间的间隙情况,确定最大间隙位置。

(3)用有高度标线的塞尺塞进间隙处,量测其最大间隙的高度(mm);或者用深度尺在最大间隙位置量测直尺上顶面距地面的深度,该深度减去尺高即测试点的最大间隙的高度,准确至0.5mm。

(4)竣工验收时,重复以上步骤,每个测点(等间距1.5m)连续测量5尺,如图6-2所示。

4. 结果计算

单尺检测路面的平整度计算,以3m 直尺与路面的最大间隙(δ_m)为测定结果。连续测定5尺时,判断每个测定值是否合格,根据要求,计算合格百分率,并计算5个最大间隙的平均值。

$$合格率(\%) = \frac{合格尺数}{总测尺数} \times 100$$

5. 报告编制

单杆检测的结果应随时记录测试位置及检测结果。连续测定5尺时,应报告平均值、不合格尺数、合格率。

二、连续式平整度仪

1. 仪器选择

(1)连续式平整度仪(图6-3)

①整体结构。连续式平整度仪构造如图6-4所示。除特殊情况外,连续式平整度仪的标准长度为3m,其质量应符合仪器标准的要求;中间为一个3m 长的机架,机架可缩短或折叠,前后各4个行走轮,前后两组轮的轴间距离为3m。

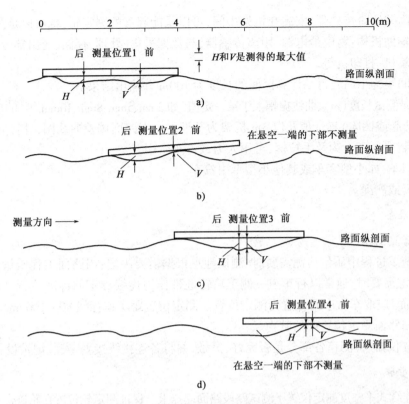

图 6-2 3m 直尺连续测量平整度的方法

图 6-3 连续式平整度仪

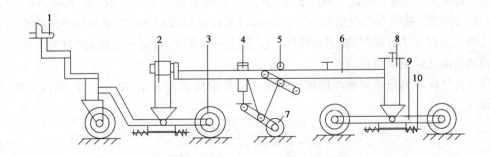

图 6-4 连续式平整度仪结构图

1-牵引部分；2-前桥；3-车轮；4-位移传感器；5-锁止机构；6-主架；7-测量轮；8-后桥；9-轮架；10-减震机构

②地面高差测量传感器:安装在机架中间,可以是能起落的测定轮,也可以是激光测距仪。

③其他辅助机构:蓄电池电源、距离传感器、与数据采集、处理、存储、输出部分配套的采集控制箱及计算机、打印机等。

④测定间距为10cm,每一计算区间的长度为100m并输出结果。

⑤可记录测试长度(m)、曲线振幅大于某一定值(如3mm、5mm、8mm、10mm等)的次数、曲线振幅的单项(凸起或凹陷)累计值及以3m机架为基准的中点路面偏差曲线图,计算并打印结果。

⑥机架装有一牵引钩及手拉柄,可用人力或汽车牵引。

(2)牵引车,如小型客车或其他小型牵引汽车。

(3)皮尺或测绳。

2. 测试准备

(1)选择测试路段。

(2)当施工过程中质量检测需要时,测试地点根据需要决定;当路面工程质量检查验收或进行路况评定需要时,通常以行车道一侧车轮轮迹带作为连续测定的标准位置。对旧路已形成车辙的路面,应取车辙中间位置为测定位置。测定位置距车道标线80~100cm。

(3)清扫路面测定位置处的脏物。

(4)检查仪器、检测箱各部分是否完好、灵敏,并将各连接线接妥,安装记录设备。

3. 测试步骤

(1)将连续式平整度测定仪置于测试路段路面起点上。保证测定轮位置在轮迹带范围内。

(2)在牵引汽车的后部,将连续式平整度仪与牵引汽车连接好,按照仪器使用手册依次完成各项操作,如放下测定轮、启动检测器及记录仪等步骤。

(3)起动牵引汽车,沿道路纵向行驶,横向位置保持稳定,并检查平整度检测仪表上测定数字显示、打印、记录的情况。

(4)确认牵引连续式平整度仪工作正常,牵引平整度仪的速度应保持匀速,速度宜为5km/h,最大不得超过12km/h。

在测试路段较短时,可用人力拖拉平整度仪测定路面的平整度,但拖拉前进时速度应该保持均匀。

4. 结果计算

连续式平整度测定仪测定后,按每10cm间距采集的位移值d_i自动计算每100m计算区间的平整度标准差σ_i,还可以记录测试长度(m)、曲线振幅大于某一定值(如3mm、5mm、8mm、10mm等)的次数、曲线振幅的单向(凸起或凹陷)累计值以及以3m机架为基准的中点路面偏差曲线图。当以人工计算时,在记录曲线上任意设一基准线,每隔一定距离(宜为1.5m)读取曲线偏离基准线的偏离位移值。

每一计算区间的路面平整度以该区间测定结果的标准差表示,以mm计,保留1位小数,见式(6-1)。

$$\sigma_i = \sqrt{\frac{\sum d_i^2 - (\sum d_i)^2/N}{N-1}} \tag{6-1}$$

式中:σ_i——各计算区间的平整度计算值,mm;

d_i——以100m为一个计算区间,每隔一定距离(自动采集间距为10cm,人工采集间距

为1.5m)采集的路面凹凸偏差位移值,mm;

N——计算区间用于计算标准差的测试数据个数。

计算一个评定路段内各区间的平整度标准差的平均值、标准差、变异系数。

5. 报告编制

试验应列表报告每一个评定路段内各测定区间的平整度标准差,各评定路段平整度的平均值、标准差、变异系数,以及不合格区间数。

某一高速公路,用连续式平整度仪检测其沥青混凝土路面上面层的平整度,结果记录见表6-2。试判断该层平整度是否合格,平整度规定值为$[\sigma]=0.70$mm。

测试结果记录表   表6-2

测定区间桩号	序号	平整度标准差 σ_i（mm）	平均值（mm）	标准差（mm）	变异系数（%）	合格区间数	合格率（%）
K18+100	01	0.48	0.55	0.083	15	8	88.9
K18+200	02	0.46					
K18+300	03	0.51					
K18+400	04	0.50					
K18+500	05	0.65					
K18+600	06	1.67(桥头伸缩缝)					
K18+700	07	1.00(桥头伸缩缝)					
K18+800	08	0.71					
K18+900	09	0.50					
K19+000	10	0.54					
K19+100	11	0.57					
K19+200	12	0.91(路面污染)					

解：对于桥头(包括通道两侧)伸缩缝、路面污染等处的测试值应予以剔除。

经判断,除0.71外,其他测试区间标准差$\sigma_i \leq [\sigma] = 0.7$mm,从而合格率$=8/9 \times 100\% = 88.9\% > 80\%$,所以该高速公路平整度合格。

三、车载式颠簸累积仪(图6-5)

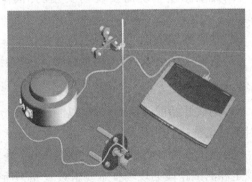

图6-5 车载式颠簸累积仪
a)机械式；b)电子式

1. 仪具选择

(1)测试系统(图6-6)。测试系统由承载车辆、距离测量装置、颠簸累积值测试装置和主控制系统组成。主控制系统对测试装置的操作实施控制,完成数据采集、传输、存储与计算过程。

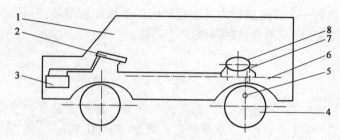

图6-6 车载式颠簸累积仪安装示意图

1-测试车;2-数据处理器;3-蓄电池;4-后桥;5-挂钩;6-底板;7-钢丝绳;8-颠簸累积仪传感器

(2)设备承载车要求。根据设备供应商的要求选择测试系统承载车辆。

(3)测试系统基本技术要求和参数:

①测试速度:30~80km/h。

②最大测试幅度:-0.2~0.2m。

③垂直位移分辨率:1mm。

④距离标定误差:<0.5%。

⑤系统工作环境温度:0~60℃。

⑥系统软件能够依据相关关系公式自动对颠簸累积值进行换算,间接输出国际平整度指数 IRI。

2. 测试准备

(1)测试车辆具备下列条件之一时,都应进行仪器测值与国际平整度指数 IRI 的相关性标定,相关系数 R 应不低于0.99:在正常状态下行驶超过2000km;标定的时间间隔超过1年;其减振器、轮胎等发生更换、维修。

(2)检查测试车轮胎气压,应达到车辆轮胎规定的标准气压;车胎应清洁,不得粘附杂物;车上载重、人数以及分布应与仪器相关性标定试验时一致。

(3)距离测量系统需要现场安装的,根据设备操作手册进行安装,确保紧固装置安装牢固。

(4)检查测试系统,各部分应符合测试要求,不应有明显的可视性破损。

(5)打开系统电源,启动控制程序,检查系统各部分的工作状态。

3. 测试步骤

(1)测试开始前,应让测试车以测试速度行驶5~10km,按照设备操作手册规定的预热时间对测试系统进行预热。

(2)测试车停在测试起点前300~500m处,启动平整度测试系统程序,按照设备操作手册的规定和测试路段的现场技术要求设置完毕所需的测试状态。

(3)驾驶员在进入测试路段前应保持车速在规定的测试速度范围内,沿正常行车轨迹驶入测试路段。

(4)进入测试路段后,测试人员启动系统的采集和记录程序;在测试过程中必须及时、精确地将测试路段的起点、终点和其他需要特殊标记的位置输入测试数据记录中。

(5)当测试车辆驶出测试路段后,仪器操作人员停止数据采集和记录,并恢复仪器各部分至初始状态。

(6)操作人员检查数据文件,文件应完整,数据应正常,否则需要重新测试。

(7)关闭测试系统电源,结束测试。

4. 结果计算

颠簸累积仪直接测试输出的颠簸累积值VBI,要按照相关性标定试验得到相关关系式,并以100m为计算区间换算成IRI(以 m/km 计),保留2位小数。颠簸累积仪测值与国际平整度指数 IRI 相关关系对比试验如下:

1)基本要求

由于颠簸累积仪测值受测试速度等因素影响,因此,测试系统的每一种实际采用测试速度都应单独进行标定,建立相关关系公式。标定过程及分析结果应详细记录并存档。

2)试验条件

(1)按照每段 IRI 值变化幅度不小于1.0的范围选择不少于4段不同平整度水平的路段,且有足够加速或减速长度的路段。根据实际测试道路 IRI 的分布情况,可以增加某些范围内的标定路段。

(2)每路段长度不小于300m。

(3)每一段内的平整度应均匀,包括路段前50m的引道。

(4)选择坡度变化较小的直线路段,路段交通量小,便于疏导。

(5)标定宜选择在车道的正常行驶轮迹上进行,明确标出标定路段的轮迹、起终点。

3)距离标定

(1)依据设备供应商建议的长度,选择坡度变化较小的平坦直线路段,长度不小于500m,标记起终点和行驶轨迹。

(2)标定开始之前应让测试车以测试速度行驶 5~10km,按照设备操作手册规定的预热时间对测试系统进行预热。

(3)将测试车的前轮对准起点线,启动距离校准程序,然后令车辆沿着路段轨迹直线行驶,避免突然加速或减速,接近终点时,看指挥人员手势减速停车,确保测试车的前轮对准终点线,结束距离校准程序。重复此过程,确保距离传感器脉冲当量的准确性,应在允许误差范围之内。

4)VBI 值测定

用颠簸累积仪按选定的测试速度测试每个标定路段的反应值,重复测试至少5次,取平均值作为该路段的反应值。

5)IRI 值的确定

(1)以精密水准仪作为标准仪具,分别测量标定路段两个轮迹的纵断高程,要求采样间隔为 250 mm,高程测试精度为 0.5mm;然后用 IRI 标准计算程序对每个轮迹的纵断面测量值进行模型计算,得到该轮迹的 IRI 值。两个轮迹 IRI 值的平均值即该路段的 IRI 值。

(2)其他符合平整度测试标准纵断面测试仪具也可以作为确定标定路段标准 IRI 值的仪具。

6)试验数据处理

用数据统计的方法将各标定路段的 IRI 值和相应的颠簸累积仪测值进行回归分析,建立相关关系方程式,相关系数 R 不得小于 0.99。

5. 报告编制

(1)平整度测试报告应包括颠簸累积值 VBI、国际平整度 IRI 平均值和现场测试速度。

(2)提供颠簸累积值 VBI 与国际平整度指数 IRI 在选定测试条件下的相关关系式及相关系数。

四、车载式激光道路平整度仪(图6-7)

1. 设备选择

(1)测试系统。测试系统由承载车辆、距离传感器、纵断面高程传感器和主控制系统组成。主控制系统对测试装置的操作实施控制,完成数据采集、传输、存储与计算过程。

(2)设备承载车要求。根据设备供应商的要求选择测试系统承载车辆。

(3)测试系统基本技术要求和参数:

①测试速度为 30~100km/h。

②采样间隔:≤500mm。

③传感器测试精度:≤1.0mm。

④距离标定误差:<0.05%。

⑤系统工作环境温度:0~60℃。

a)　　　　　　　　　　　　　　　　b)

图6-7　激光路面平整度仪

2. 测试准备

(1)设备安装到承载车上以后应按规定进行相关性试验。

(2)检查激光平整度仪的各传感器。

(3)检查测试车轮胎气压,应达到车辆轮胎规定的标准气压,车胎应清洁,不得粘附杂物。

(4)现场安装距离测量装置,确保机械紧固装置安装牢固。

(5)检查测试系统各部分应符合测试要求,不应有明显的可视性破损。

(6)打开系统电源,启动控制程序,检查各部分的工作状态。

3. 测试步骤

(1)测试开始之前应让测试车以测试速度行驶5~10km,按照设备使用手册规定的预热时间对测试系统进行预热。

(2)测试车停在测试起点前50~100m处,启动平整度测试系统程序,按照设备操作手册的规定和测试路段的现场技术要求设置完毕所需的测试状态。

(3)驾驶员应按照设备操作手册要求的测试速度范围驾驶测试车,宜在50~80km/h之间,避免急加速和急减速,急弯路段应放慢车速,沿正常行车轨迹驶入测试路段。

(4)进入测试路段后,测试人员启动系统的采集和记录程序;在测试过程中必须及时、精确地将测试路段的起终点和其他需要特殊标记的位置输入测试数据记录中。

(5)当测试车辆驶出测试路段后,测试人员停止数据采集和记录,并恢复仪器各部分至初始状态。

(6)检查测试数据文件,文件应完整,内容应正常,否则需要重新测试。

(7)关闭测试系统电源,结束测试。

4. 结果计算

车载式激光道路平整度仪采集的数据是路面相对高程值,应以100m为计算区间长度,用IRI的标准计算程序计算IRI值,以m/km计,保留2位小数。

5. 车载式激光道路平整度仪测值与国际平整度指数IRI相关关系对比试验

1)试验条件

(1)按照每段IRI值变化幅度不小于1.0的范围选择不少于4段不同平整度水平的路段,且有足够加速或减速长度的路段。根据实际测试道路IRI的分布情况,可以适当增加某些范围内的标定路段。

(2)每路段长度不小于300m。

(3)每一段内的平整度应均匀,包括路段前50m的引道。

(4)选择坡度变化较小的直线路段,路段交通量小,便于疏导。

(5)有多个激光测头的系统需要分别标定。

(6)标定宜选择在车道的正常行驶轮迹上进行,明确画出轮迹带测线和起终点位置。

2)试验步骤

(1)距离标定。

①依据设备供应商建议的长度,选择坡度变化较小的平坦直线路段,长度不小于500m,标记起终点和行驶轨迹。

②标定开始之前应让测试车以测试速度行驶5~10km,按照规定的预热时间对测试系统进行预热。

③将测试车的前轮对准起点线,启动距离校准程序,然后令车辆沿着路段轨迹直线行驶,避免突然加速或减速,接近终点时,看指挥人员手势减速停车,确保测试车的前轮对准终点线,结束距离校准程序。重复此过程,确保距离传感器测试结果的准确性,应在允许误差范围之内。

(2)令所标定的纵断面高程传感器对准测线重复测试5次,取其IRI计算值的平均值作为该路段的测试值。

(3)IRI值的确定。

①以精密水准仪作为标准仪具,测量标定路段上测线的纵断高程,要求采样间隔为250mm,高程测试精度为0.5mm;然后用IRI标准计算程序对纵断面测量值进行模型计算,得到标定线路的IRI值。

②其他符合世界银行一类平整度测试标准的纵断面测试仪具也可以作为确定标定路段IRI值的仪具。

3)试验数据处理

用数据统计的方法将各标定路段的IRI值和相应的平整度仪测值进行回归分析,建立相关关系方程式,相关系数R不得小于0.99。

6.报告

平整度检测报告应包括以下内容:

(1)国际平整度指数IRI平均值。

(2)提供激光平整度仪测值与国际平整度指数IRI在选定测试条件下的相关关系式及相关系数。

五、手推式断面仪(图6-8)

1.仪具选择

(1)手推式断面仪由传感器、数据采集与处理系统、测定梁、距离测定轮、测脚、车架系统等基本部分组成,如图6-9所示。其技术要求如下:

①最大测试速度:0.80km/h。

②采样间隔:≤25.4mm。

③距离标定误差:≤0.1%。

④高度测量精度:±0.1mm。

⑤断面测量精度:±0.381mm。

⑥最大测量纵向坡度:9.5°。

(2)其他:皮尺或钢卷尺、粉笔、扫帚等。

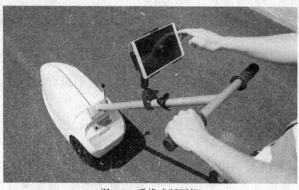

图6-8 手推式断面仪

2.测试准备

(1)清扫待测路面,检查机械部件有无松动或损坏,检查测脚有无损坏、黏附物等。

(2)将各种数据线连接后,打开电源,按要求进行预热。

(3)检查电池蓄电情况,确保测试期间电量充足。

(4)使用前应按要求完成系统标定,且宜选择温度变化幅度较小的时段进行测试。

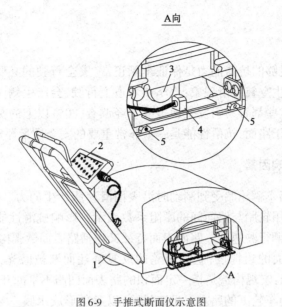

图 6-9　手推式断面仪示意图
1-车架系统;2-数据采集与处理系统;3-距离测定轮;4-传感器;5-测脚;A-测定梁放大图

3. 测试步骤

(1)在待测路面上沿行车迹线附近标记起始点的位置。

(2)将设备停放在测量路段起点,启动程序设置所需的测试状态,开始采集数据。

(3)测试人员将手推式断面仪按规定速度沿直线向前匀速推行,并保证两测脚落脚点都在测线上,不要在手柄上施加垂直力。中途如需临时停止,需将测定梁提起到达最高点后锁定测定轮。到达测试终点时,在测定梁处于提起状态时,锁住测定轮。

(4)保存数据,关闭电源。

4. 结果计算

根据路面纵断面相对高程数据,以 100m 为计算区间长度,用 IRI 的标准计算程序计算国际平整度指数(IRI)值,以 m/km 计,保留 2 位小数。

5. 报告编制

本方法应报告以下技术内容:

(1)测试路段信息(桩号、长度等)。

(2)国际平整度指数(IRI)值。

单元二　路面抗滑性能检测

某新建三级公路,路线全长 15.416km,设计车速为 30km/h,路基宽度为 7.5m,路面宽度为6.5m,设计荷载采用公路—Ⅱ级,全线采用水泥混凝土路面:22cm 水泥混凝土面层 + 1cm

同步碎石+18cm石灰粉煤灰稳定碎石基层+18cm石灰土底基层。请对该路面的抗滑性能进行检测与评定。

路面的表面具有足够的抗滑能力是保证车辆正常、安全行驶的必要条件。若路面抗滑能力不足,汽车启动会发生空转打滑现象;汽车在弯道上行驶,会产生侧向滑移;紧急制动时,所需的制动距离增长。这些都容易引发交通事故。经调查,80%以上的交通事故与路面摩擦系数较低有关。因此,对于路面,抗滑性能是一项非常重要的安全质量评定指标。

一、抗滑性能的影响因素

路面抗滑性能是指车辆轮胎受到制动时沿表面滑移所产生的力。通常,抗滑性能被看作是路面的表面特性,并用轮胎与路面间的摩阻系数表示。影响抗滑性能的因素有路面表面特征、路面潮湿程度和车辆行驶速度。路面表面特征又包括路表面微观构造和宏观构造。其中,微观构造是指集料表面的粗糙度,它随车轮的反复磨耗而渐被磨光,通常采用石料磨光值(PSV)表征抗磨光性能;宏观构造是指一定面积的路表面凹凸不平的开口孔隙的平均深度,路面宏观构造的功能是使车轮下的路表水迅速排除,以避免形成水膜。宏观构造由构造深度表征,是影响路面抗滑性能的重要指标,特别是在雨天和高速行驶的条件下更为明显。微观构造在低速(30~50km/h)时对路表抗滑性能起决定作用;高速时对路表抗滑性能起主要作用的是宏观构造,随着车速的提高,摩擦系数将降低。另外,当路表处于潮湿状态,特别是路表与轮胎之间形成水膜时,摩擦系数会小得多。

二、抗滑性能常用检测方法

路面抗滑性能的测试方法有构造深度检测法(手工铺砂法、电动铺砂法、车载式激光构造深度仪法)和摩擦系数检测法(摆式仪法、单轮式横向力系数测试系统、双轮式横向力系数测试系统、动态旋转式摩擦系数测试仪)。

1. 抗滑要求

高速公路、一级公路的路面应具有良好的抗滑性能,并满足一定的抗滑要求,二级公路及以下公路应根据各路段的具体情况采取必要的技术措施,以提高路面抗滑性能。在设计高速公路、一级公路的沥青面层时,应选用抗滑、耐磨石料,其磨光值应大于42。高速公路、一级公路沥青路面的抗滑性能宜在竣工后第一个夏季测定,用构造深度和摩擦系数(摆值或横向力系数)表示;水泥路面的抗滑性能用构造深度和横向力系数表示,具体要求见表6-3、表6-4。

沥青路面的抗滑标准(竣工后验收) 表6-3

检测项目	高速公路、一级公路	其他公路	检查方法及频率
摩擦系数	满足设计要求	—	横向力系数测定车:全线连续检测; 摆式仪:每200m测1处
构造深度	满足设计要求	—	铺砂法:每200m测1处

水泥混凝土路面的抗滑标准(竣工后验收)　　　　表 6-4

检测项目		高速公路、一级公路	其他公路	检查方法及频率
抗滑构造深度(mm)	一般路段	0.7~1.1	0.5~1.0	铺砂法：每200m测1处
	特殊路段	0.8~1.2	0.6~1.1	
横向摩擦系数 SFC	一般路段	≥50	—	每20m测1处
	特殊路段	≥55	≥50	

2. 抗滑性能常用检测方法

1）铺砂法

铺砂法是指将已知体积的砂摊铺在测试路面表面，用以填平路表面开孔孔隙，并量取砂覆盖面积。砂的体积与所覆盖面积的比值，就是砂层的平均厚度，即构造深度。该方法适用于测定沥青路面及无刻槽水泥混凝土路面表面构造深度，用以评定路面表面的宏观粗糙度、路面表面抗滑性能及路面的排水性能。铺砂法包括手工铺砂法、和电动铺砂法两种情况。

2）车载式激光构造深度仪法

激光构造深度仪是指利用激光测距的原理测量地面材料颗粒表面以及材料颗粒之间的深度变化的情况。其输出的测试结果是沿测线断面一定间距长度内的平均深度数据。因此，与铺砂法的一定面积内的平均深度数据有所差别。该类设备的激光传感器一般都安装在车轮的位置，而通车时间较长的车道上轮迹带位置和其他位置的构造深度值差异很大，因此，检测车必须严格按正常行车轨迹行驶。

由于激光构造深度仪测试路面表面构造深度是通过发射和接收激光的漫反射信号的原理进行工作的，因此，当路面有水、冰、雪、油等存在时，会影响测试结果的准确性。另外，存在较大坑槽的沥青路面和设有抗滑沟槽的水泥路面也不适合用该设备检测系统的软件判别模式，可能出现错误计算。所以，该方法适用于各类车载式激光构造深度仪在新建、改建路面工程质量验收和无严重破损病害及无积水、积雪、泥浆等正常行车条件下测定，连续采集路面构造深度，但不适用于带有沟槽构造的水泥混凝土路面构造深度的测定。在检测过程中，数据采集、传输、记录和处理分别由专用软件自动控制进行。

3）摆式仪法

摆式仪的测试指标是摆值，以 BPN 为单位，BPN 是 British Pendulum Number 的缩写，即摆式仪的刻度。摆式仪在进行路面抗滑性能检测时，摆锤从一定高度自由下摆，摆锤底部的橡胶滑块与路表接触，由于两者间的摩阻而消耗部分能量，使摆锤只能回摆到一定高度。表面摩阻力越大，回摆高度越小，即摆值越大。摆式仪结构简单、操作方便、数据也较稳定，用于测定在潮湿条件下的路面摩擦系数。该方法适用于测定沥青路面、标线或其他材料试件的抗滑值，用以评定路面或路面材料试件在潮湿状态下的抗滑能力。

摆式仪分指针式和数字式两种，两种摆式仪的基本结构和工作原理完全相同，指针式摆式仪需要人工进行调零，借助指针和刻度盘完成摆值的读取；数字式摆式仪取消了指针和刻度盘，其零位标定和摆值读取均由角度传感器和控制程序自动完成，避免了指针式摆式仪结构零位标定和人工读值方式造成的不稳定性和数据误差，较好地提高了测试结果的稳定性和准确度。

4）单轮式横向力系数测试系统测定路面摩擦系数

铺砂法测定的是路表的宏观粗糙度，主要取决于矿料级配。摆式仪测定的路面抗滑值与路表的微观粗糙度有关,同时受橡胶片与路面接触面积的影响,一般认为它只反映行车速度低时的路面抗滑性能。标准的摩擦系数测试车装有一个试验轮,它对车辆行驶方向偏转一定角度,当测试车以一定速度在潮湿路面行驶时,试验轮受到的横向摩擦阻力与试验轮上的载重的比值,称为路面横向力系数,用 SFC 表示,无量纲。摩擦系数测试车测定的横向力系数不仅表征车辆在路面上制动时的路面抗力,又表征车辆在路面上发生侧滑时的路面抗力,是路面纵横向摩擦系数的综合指标。同时,由于测试车自备水箱,能直接洒在轮前 30cm 宽的路面上,可通过调节水阀大小控制路面水膜厚度,车速较高,所以特别适合高速公路、一级公路路面抗滑性能检测。

横向力测试系统在许多国家被广泛采用,但在测试轮偏角、测试轮荷载、轮胎类型等方面的技术标准却有所差别。英国的 SCRIM 系统是这类设备中性能较为优良、使用范围也较广泛的一种类型。《公路路基路面现场测试规程》(JTG 3450—2019)引入的横向力测试系统就是英国的 SCRIM 系统。它适用于以标准的摩擦系数测定车在新建、改建的路面工程质量验收和无严重坑槽、车辙等病害的正常行车条件下连续采集路面的横向力系数,测试结果可作为竣工验收或使用期评定路面抗滑能力的依据。

5)双轮式横向力系数测试系统测定路面摩擦系数

横向摩擦系数不仅表示车辆在制动时路面的拉力,同时还表征车辆在路面上发生侧滑时的拉力。Mu-Meter 摩擦系数测试系统是英国制造的一种横向力摩擦系数的测试设备,但其测试机构、传感器测力方向、轮胎尺寸和气压、荷载重量等均与 SCRIM 系统测试车不同。作为大型设备在实际应用中的补充,Mu-Meter 摩擦系数测试系统具有体积小、价格低等优点,在一些国家已得到应用。

Mu-Meter 摩擦系数测试系统同样是测试路面的横向力摩擦系数,其测试结果与 SFC 值之间具有良好的相关性关系,但其测试结果必须转换成 SFC 值后才可进行工程上的应用和评价。它适用于工作原理和结构与 Mu-Meter 摩擦系数测试系统相同的在新建、改建路面工程的质量验收和无严重坑槽、车辙等病害的正常行车条件下测定沥青路面或水泥混凝土路面的摩擦系数,其中数据的采集、传输、记录和处理分别由专用软件自动控制进行。

一、手工铺砂法测定路面构造深度

手工铺砂法如图 6-10 所示。

a)
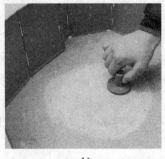
b)
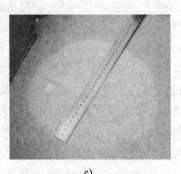
c)

图 6-10　手工铺砂法

1. 仪具选择

(1) 人工铺砂仪。由量砂筒、推平板(图6-11)和刮平尺组成。

①量砂筒:如图6-11a)所示,一端是封闭的,容积为(25±0.15)mL,可通过称量砂筒中水的质量以确定其容积 V,并调整其高度,使其容积符合规定。带一专门的刮尺,即可将筒口量砂刮平。

②推平板:如图6-11b)所示,推平板应为木制或铝制,直径50mm,底面粘一层厚1.5mm的橡胶片,上面有一圆柱把手。

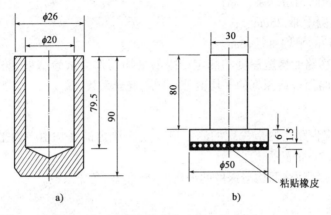

图6-11 量砂筒与推平板结构示意图(尺寸单位:mm)

③刮平尺:用于将筒口量砂刮平,可用30cm钢板尺代替。

(2) 量砂。足够数量的干燥洁净的匀质砂,粒径为0.15~0.30mm。

(3) 量尺。采用将直径换算成构造深度作为刻度单位的专用的构造深度尺,也可用钢板尺或钢卷尺代替。

(4) 其他。例如,装砂容器(小铲)、扫帚或毛刷、挡风板等。

2. 测试准备

(1) 量砂准备。取粒径为0.15~0.30mm的洁净的细砂晾干、过筛,并置于适当的容器中备用。量砂只能在路面上使用一次,不宜重复使用。

(2) 对测试路段按随机取样选点的方法,决定测点所在横断面位置。测点应选在车道的轮迹带上,距路面边缘不应小于1m。

3. 测试步骤

(1) 用扫帚或毛刷将测点附近的路面清扫干净,面积不小于30cm×30cm。

(2) 用小铲装砂,沿筒壁向圆筒中注满砂,手提圆筒上方,在硬质路表面上轻轻地叩打3次,使砂密实,补足砂面用钢尺一次刮平。需要注意的是,不能直接用量砂筒装砂,以免影响量砂密度的均匀性。

(3) 将砂倒在路面上,用底面粘有橡胶片的推平板,由里向外重复做旋转摊铺运动,稍稍用力将砂细心地、尽可能地向外摊开,使砂填入凹凸不平的路表面的空隙中,尽可能地将砂摊成圆形,并不得在表面上留有浮动余砂。

注:摊铺时不可用力过大或向外推挤。

(4) 用钢板尺测量所构成圆的两个垂直方向的直径,取其平均值,准确至5mm。

(5) 按以上方法,同一处平行测定不少于3次,3个测点均位于轮迹带上,测点间距为

3~5m。对同一处,应由同一个试验员进行测定。该处的测定位置以中间测点的位置表示。

4. 结果计算

路面表面构造深度测定结果按式(6-2)计算:

$$TD = \frac{1000V}{\frac{\pi D^2}{4}} = \frac{31847}{D^2} \tag{6-2}$$

式中:TD——路面表面构造深度,mm;
　　　V——砂的体积(取 25cm³);
　　　D——摊平砂的平均直径,mm。

每一处均取3次路面构造深度的测定结果的平均值作为试验结果,准确至0.01mm。计算每一个评定区间路面构造深度的平均值、标准差、变异系数。

5. 报告编制

(1)列表逐点报告路面构造深度的测定值及3次测定的平均值。当平均值小于0.2mm时,试验结果以<0.2mm表示。

(2)每一个评定区间路面构造深度的平均值、标准差、变异系数。

二、电动铺砂法

1. 仪具选择

(1)电动铺砂仪。电动铺砂仪是指利用可充电的直流电源将量砂通过砂漏铺设成宽度为5cm、厚度均匀一致的器具,如图6-12、图6-13所示。

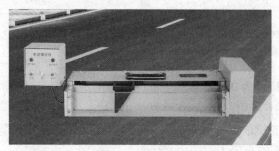

图6-12　电动铺砂仪

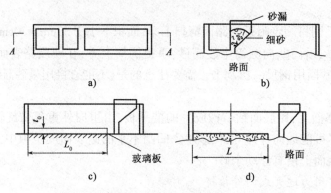

图6-13　电动铺砂仪示意图
a)平面图;b)A-A断面;c)标定;d)测定

(2)量砂。足够数量的干燥洁净的匀质砂,粒径为 0.15~0.30mm。

(3)标准量筒。容积为 50mL。

(4)玻璃板。面积大于铺砂器,板厚不小于 5mm。

(5)其他。直尺、灌砂漏斗扫帚、毛刷等。

2. 测试准备

(1)量砂准备。取粒径为 0.15~0.30mm 洁净的细砂晾干、过筛,并置于适当的容器中备用。量砂只能在路面上使用一次,不宜重复使用。

(2)对测试路段按随机取样选点的方法,决定测点所在横断面的位置。测点应选在行车道的轮迹带上,距路面边缘不应小于 1m。

3. 电动铺砂仪标定

(1)将铺砂仪平放在玻璃板上,将砂漏移至铺砂仪端部。

(2)将灌砂漏斗口和量筒口大致齐平。通过漏斗向量筒中缓缓注入准备好的量砂至高出量筒成尖顶状,用直尺沿筒口一次刮平,其容积为 50mL。

(3)将漏斗口与铺砂器砂漏上口大致齐平。将砂通过漏斗均匀倒入砂漏,漏斗前后移动,使砂的表面大致齐平。但不得用任何其他工具刮动砂。

(4)开动电动机。使砂漏向另一端缓缓运动,量砂沿砂漏底部铺成宽 5cm 带状,待砂全部漏完后停止电动机。

(5)根据图 6-12 和式(6-3)计算 L_1 及 L_2 的平均值决定量砂的摊铺长 L_0,精确至 1mm。

$$L_0 = \frac{L_1 + L_2}{2} \quad (6-3)$$

式中:L_0——量砂的摊铺长度,mm;

L_1,L_2——见图 6-14。

(6)重复标定 3 次,取平均值决定 L_0,精确至 1mm。标定应在每次测试前进行,用同一种量砂,由同一试验员承担测试。

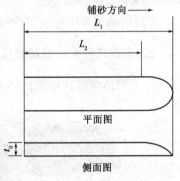

图 6-14 确定 L_0 及 L 的方法

4. 测试步骤

(1)将测试地点用毛刷刷净,面积大于铺砂仪。

(2)将铺砂仪沿道路纵向平稳地放在路面上,将砂漏移至端部。

(3)按上述电动铺砂器标定(2)~(5)相同的步骤,在测试地点摊铺 50mL 量砂,量取摊铺长度 L_1 及 L_2。由公式(6-4)计算 L,准确至 1mm。

$$L = \frac{L_1 + L_2}{2} \quad (6-4)$$

式中:L——路面上 50mL 量砂的摊铺长度,mm;

其他符号意义同前。

(4)按以上方法,同一处平行测定不少于 3 次,3 个测点均位于轮迹带上,测点间距 3~5m,该处的测定位置以中间测点的位置表示。

5. 结果计算

(1)计算铺砂仪在玻璃板上摊铺的量砂厚度 t_0。

$$t_0 = \frac{V}{B \times L_0} \times 1000 = \frac{1000}{L_0} \quad (6\text{-}5)$$

式中：t_0——量砂在玻璃板上摊铺的标准厚度，mm；

V——砂的体积(50mL)；

B——量砂仪摊铺砂的宽度(50mm)；

L_0——玻璃板上 50mL 砂的摊铺长度，mm。

(2)计算路面构造深度 TD：

$$TD = \frac{L_0 - L}{L} \times t_0 = \frac{L_0 - L}{L \times L_0} \times 1000 \quad (6\text{-}6)$$

式中：TD——路面的构造深度，mm；

其他符号意义同前。

(3)每一处均取 3 次路面构造深度的测定结果的平均值作为试验结果，精确至 0.1mm。

(4)计算每一个评定区间路面构造深度的平均值及 3 次测定的平均值、标准差、变异系数。

6. 报告编制

(1)列表逐点报告路面构造深度的测定值及 3 次测定的平均值，当平均值小于 0.2mm 时，试验结果以 <0.2mm 表示。

(2)检测报告中还应包括每一个评定区间路面构造深度的平均值、标准差、变异系数。

三、车载式激光构造深度仪

激光构造深度仪如图 6-15 所示。

a)   b)

图 6-15 激光构造深度仪

1. 仪器选择

(1)测试系统构成。测试系统由承载车辆、距离传感器、激光传感器和主控制系统组成。主控制系统对测试装置的操作实施控制，完成数据采集、传输、存储与计算过程。

(2)设备承载车要求。根据设备供应商的要求选择测试系统承载车辆。

(3)测试系统基本技术要求和参数：

①最大测试速度：≥50km/h。

②采样间隔:≤5mm。
③传感器测试精度:≤0.1mm。
④距离标定误差:<0.1%。

2. 测试准备

(1)设备安装到承载车上以后应进行相关性标定试验。
(2)根据设备操作手册的要求对测试系统各传感器进行校准。
(3)距离测量装置需要现场安装的,根据设备操作手册的说明进行安装,确保机械紧固装置安装牢固。
(4)测试系统各部分应符合测试要求,不应有明显的可视性破损。
(5)打开系统电源,启动控制程序,检查各部分的工作状态,并预热测试系统。

3. 测试步骤

(1)测试车停在测试起点前50～100m处,启动测试系统程序,按照设备操作手册的规定和测试路段的现场技术要求设置完毕所需的测试状态。
(2)驾驶员应按照设备操作手册要求的测试速度范围驾驶测试车,避免急加速和急减速,急弯路段应放慢车速,沿正常行车轨迹驶入测试路段。
(3)进入测试路段后,测试人员启动系统的采集和记录程序,在测试过程中必须及时准确地将测试路段的起终点和其他需要特殊标记的位置输入测试数据记录中。
(4)当测试车辆驶出测试路段后,测试人员停止数据采集和记录,并恢复仪器各部分至初始状态。
(5)检查。测试数据文件应完整,内容应正常,否则需要重新测试。
(6)关闭测试系统电源,结束测试。

4. 激光构造深度仪测值与铺砂法构造深度值相关关系对比试验

(1)选择构造深度分别在0～0.3mm、0.3～0.55mm、0.55～0.8mm、0.8～1.2mm范围的4个各长100m的试验路段。试验前将路面清扫干净,并在起终点做上标记。
(2)在每个试验路段上沿一侧行车轮迹用铺砂法测试至少10点的构造深度值,并计算平均值。
(3)驾驶测试车以30～50km/h速度驶过试验路段,并且保证激光构造深度仪的激光传感器探头沿铺砂法所测构造深度的行车轮迹运行,计算试验路段的构造深度平均值。
(4)建立两种方法的相关关系式,要求相关系数R不小于0.97。

5. 报告编制

构造深度检测报告应包括以下内容:
(1)路段构造深度平均值、标准差。
(2)提供激光构造深度仪测值与铺砂法构造深度值在选定测试条件下的相关关系式及相关系数。

四、指针式摆式仪测定路面摩擦系数

1. 仪具选择

(1)摆式仪。其形状及结构如图6-16所示,摆及摆的连接部分总质量为1500g±30g,摆动中心至摆的重心距离为410mm±5mm,测定时摆在路面上滑动长度为126mm±1mm,摆上橡胶片端部距摆动中心距离为510mm±2mm,橡胶片对路面的正向静压力为22.2N±0.5N。测试时由人工通过指针在底盘上直接读值,摆值最小刻度为2。

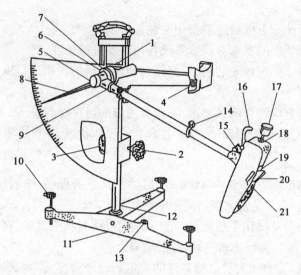

图6-16 摆式摩擦系数测定仪结构

1、2-紧固把手;3-升降把手;4-释放开关;5-转向节螺盖;6-调节螺母;7-针簧片或毡垫;8-指针;9-连接螺母;10-调平螺栓;11-底座;12-垫块;13-水准泡;14-卡环;15-定位螺钉;16-举升柄;17-平衡锤;18-并紧螺母;19-滑溜块;20-橡胶片;21-止滑螺钉

(2)橡胶片。当用于测定路面抗滑值时,其尺寸为6.35mm×25.4mm×76.2mm。橡胶质量应符合表6-5的要求。当橡胶片使用后,端部在长度方向上磨耗超过1.6mm或边缘在宽度方向上磨耗超过3.2mm或有油类污染时,即应更换新橡胶片,新橡胶片应先在干燥路面上测试10次后再用于测试。橡胶片的有效使用期从出厂日期起算为12个月。

橡胶物理性质技术要求　　　　　表6-5

性质指标	温度(℃)				
	0	10	20	30	40
弹性(%)	43~49	58~65	66~73	71~77	74~79
硬度(IR)	55±5				

(3)滑动长度量尺。长为126mm。

(4)喷水壶。

(5)硬毛刷。

(6)路面温度计。其分度不大于1℃。

(7)其他。例如,扫帚、记录表格等。

2.测试准备

(1)检查摆式摩擦因数测定仪的调零灵敏情况,并定期进行仪器的标定。

(2)按照随机取点方法进行测试路段的取样选点。每个测试位置布设3个测点,测点间距离为3~5m,以中心测点的位置表示该测试位置。测试位置应选在车道横断面上轮迹处,且距路面边缘不应小于1m。

3. 测试步骤

(1) 清洁路面。用扫帚或其他工具将测点处的路面打扫干净。

(2) 仪器调平(图6-17)。

①将仪器置于路面测点上,并使摆的摆动方向与行车方向一致。

②转动底座上的调平螺栓,使水准泡居中。

(3) 仪器调零。

①放松紧固把手,转动升降把手,使摆升高并能自由摆动,然后旋紧紧固把手。

②将摆固定在右侧悬臂上,使摆处于水平释放位置,并把指针拨至右端与摆杆平行处。

③按下释放开关,使摆向左带动指针摆动,当摆达到最高位置后下落时,用手将摆杆接住,此时指针应指零。

④若不指零,可稍旋紧或旋松摆的调节螺母。

图6-17 仪器调平

⑤重复上述①~④的操作,直至指针指零(图6-18)。调零允许误差为±1BPN。

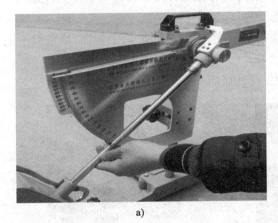 

a)　　　　　　　　　　　　　b)

图6-18 仪器调零

(4) 校准滑动长度(图6-19)。

①让摆处于自然下垂状态,松开固定把手,转动升降把手,使摆下降。与此同时,提起举升柄使摆向左侧移动,然后放下举升柄使橡胶片长边下缘轻轻触地,在边侧紧靠橡胶片摆放滑动长度量尺,使量尺左侧对准橡胶片触地下缘;再提起举升柄使摆向右侧移动,然后放下举升柄使橡胶片下缘轻轻触地,检查橡胶片下缘应与滑动长度量尺的右端齐平。

②若齐平,则说明橡胶片两次触地的距离(滑动长度)符合126mm±1mm的规定。校核滑动长度时,应以橡胶片长边刚刚接触路面为准,不可借摆的力量向前滑动,以免标定的滑动长度与实际不符。

③若不齐平,可以升高或降低摆或仪器底座的高度(图6-19)。微调时用旋转仪器底座上的调平螺栓调整仪器底座的高度的方法比较方便,但需注意保持水准泡居中。

重复①~③的步骤,直至滑动长度符合126mm±1mm的要求。

a)　　　　　　　　　b)

图 6-19　调整滑动长度

(5) 摆值测定。

①将摆固定在右侧悬臂上,使摆处于水平释放位置,并把指针拨至右侧与摆杆平行处。

②用喷水壶浇洒测点,使路面处于湿润状态。

③按下右侧悬臂上的释放开关,使摆在路面滑过。当摆杆回落时,用手接住,读数但不记录。然后使摆杆和指针重新置于水平释放位置。

④重复②和③的操作 5 次,并读记每次测定的摆值(图 6-20)。

a)　　　　　　　　　b)

图 6-20　摆值测定

单点测定的 5 个值中最大值与最小值的差值不得大于 3。当差值大于 3 时,应检查产生的原因,并再次重复上述各项操作,至符合规定为止。

(6) 在测点位置用温度计测记潮湿路表温度,准确至 1℃。

(7) 每个测点由 3 个单点组成,按以上方法在同一测点处平行测定 3 次,以 3 次测定结果的平均值作为该测点的代表值(精确到 1)。3 个单点均应位于轮迹带上,单点间距离为 3~5m。该测点的位置以中间单点的位置表示。

4. 抗滑值的温度修正

当路面温度为 $t(℃)$ 时,测得的摆值为 BPN_t 必须按式(6-7)换算成标准温度 20℃ 的摆值 BPN_{20}。

$$BPN_{20} = BPN_t + \Delta BPN \qquad (6-7)$$

式中:BPN_{20}——换算成标准温度为 20℃ 时的摆值;

BPN_t——路面温度 t 时测得的摆值;

ΔBPN——温度修正值按表 6-6 采用。

温度修正值 表 6-6

温度(℃)	0	5	10	15	20	25	30	35	40
温度修正值 ΔBPN	−6	−4	−3	−1	0	+2	+3	+5	+7

5. 报告编制

报告内容如下:

(1)路面单点测定值 BPN_t 经温度修正后的 BPN_{20}、现场温度、3 次的平均值。

(2)评定路段路面抗滑值的平均值、标准差、变异系数。

6. 工程应用

某沥青混凝土路面用摆式仪测定其抗滑性能,检测结果见表 6-7,检测路面潮湿温度为 25℃,试计算各测点的抗滑摆值。

测试结果记录表 表 6-7

桩 号	编号	摆值(BPN)						平 均 值		温度修正值	摆值 BPN_{20}
左幅 K0+425	1	44	43	47	46	45	46	47.2		2	50
	2	47	45	48	47	46	48	48.8	48.4		
	3	47	49	46	46	47	48	49.2			
左幅 K1+275	1	45	47	46	45	48	47	48.3		2	50
	2	49	47	43	43	45	48	47.8	48.2		
	3	45	48	48	46	45	47	48.5			
右幅 K2+520	1	47	49	46	48	46	47	49.2		2	51
	2	48	45	48	47	45	46	48.5	48.7		
	3	48	47	45	47	46	46	48.5			

五、数字式摆式仪测定路面摩擦系数

1. 仪具选择

(1)数字式摆式仪(图 6-21):其结构如图 6-22 所示。数字式摆式仪主机可输入测点编号,自动测量、存储和显示摆值及温度修正后的结果。

(2)橡胶片:与指针式摆式仪的规定相同。

(3)滑动长度量尺(长126mm)。

(4)喷水壶。

(5)毛刷。

(6)路面温度计:分度不大于1℃。

(7)其他:扫帚、记录表格等。

图6-21 数字式摆式仪

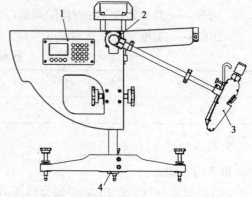

图6-22 数字式摆式仪结构示意图
1-主机;2-角度传感器;3-摆;4-温度传感器

2.测试准备

(1)检查数字式摆式仪的调零灵敏情况,并定期进行滑块压力的标定。

(2)按照随机取点方法进行测试路段的取样选点。每个测试位置布设3个测点,测点间距离为3~5m,以中心测点的位置表示该测试位置。测试位置应选在车道横断面上轮迹处,且距路面边缘不应小于1m。

3.测试步骤

(1)清洁路面:用扫帚或其他工具将测点处的路面打扫干净。

(2)仪器调平。

①将仪器置于路面测点上,并使摆的摆动方向与行车方向一致。

②转动底座上的调平螺栓,使水准泡居中。

(3)零位标定。

①放松紧固把手,转动升降把手,使摆升高并能自由摆动,然后旋紧紧固把手。

②将摆固定在右侧悬臂上,使摆处于水平释放位置。

③打开数字式摆式仪主机电源,设置测试状态为"标定",按下释放开关,使摆向左摆动,当摆达到最高位置后下落时,用手将摆杆接住,此时数字式摆式仪将自动记录空摆时的初始角度,保存此初始角度,完成零位标定。

(4)校准滑动长度。

①使摆处于自然下垂状态,松开固定把手,转动升降把手,使摆下降。与此同时,提起举升柄使摆向左侧移动,然后放下举升柄使橡胶片长边下缘轻轻触地,在边侧紧靠橡胶片摆放滑动长度量尺,使量尺左侧对准橡胶片触地下缘;再提起举升柄使摆向右侧移动,然后放下举升柄使橡胶片下缘轻轻触地,检查橡胶片下缘应与滑动长度量尺的右端齐平。

②若齐平,则说明橡胶片两次触地的距离(滑动长度)符合126mm±1mm的规定。校核滑动长度时,应以左右两次橡胶片长边刚刚接触路面为准,不可借摆的力量向前滑动,以免标定

的滑动长度与实际不符。

③若不齐平,通过升高或降低摆或仪器底座的高度进行调整。微调时,用旋转仪器底座上的调平螺栓调整仪器底座高度的方法比较方便,但需注意保持水准泡居中。

重复①~③的步骤,直至滑动长度符合126mm±1mm的要求。

(5)摆值测定。

①将摆固定在右侧悬臂上,使摆处于水平释放位置,设置测试状态为"就绪"。

②用喷水壶浇洒测点处路面,使路面处于湿润状态。

③按下右侧悬臂上的释放开关,使摆在路面滑过。当摆杆回落时,用手接住,读数但不记录。然后使摆杆重新置于水平释放位置。

④重复②和③的操作5次,并读记每次测定的摆值。

单点测定的5个值中最大值与最小值的差值不得大于3。如差值大于3,应检查产生的原因,并再次重复上述各项操作,至符合规定为止。

(6)在测点位置用温度计测记潮湿路表温度,准确至1℃。

(7)每个测点由3个单点组成,即需按以上方法在同一测点处平行测定3次,以3次测定结果的平均值作为该测点的代表值(精确到1)。3个单点均应位于轮迹带上,单点间距离为3~5m。该测点的位置以中间单点的位置表示。

4. 结果计算

计算每个测点5个摆值的平均值作为该测点的摆值BPN_t,取整数。每个测点的摆值按照指针式摆式仪相同的方法进行温度修正。计算每个测试位置3个测点摆值的平均值作为该测试位置的摆值,取整数。并计算一个测试路段摆值的平均值、标准差、变异系数。

5. 报告编制

报告应包含如下内容:

(1)路面单点测定值BPN,经温度修正后的BPN_{20}、现场温度、3次的平均值。

(2)评定路段路面抗滑值的平均值、标准差、变异系数。

六、单轮式横向力系数测试系统测定路面摩擦系数

1. 仪器选择

1)测试系统构成

测试系统由承载车辆(图6-23)、距离测试装置(图6-24)、横向力测试装置(图6-25)主控制系统(图6-26)和供水装置(图6-27)组成,主控制系统除实施对测试装置和供水装置的操作控制之外,还控制数据的传输、记录与计算等环节。单轮式横向力测试车测试原理图如图6-28所示。

2)设备承载车基本技术要求和参数

横向力系数测试系统的承载车辆应为能够固定和安装测试、储供水、控制和记录等系统的载货车底盘,具有在水罐满载状态下最高车速大于100km/h的性能。

3)测试系统技术要求和参数

(1)测试轮胎类型:光面天然橡胶充气轮胎。

(2)测试轮胎规格:3.00-20-4PR。

(3)测试轮胎标准气压:350kPa±20kPa。

（4）测试轮偏置角：19.5°~21°。
（5）测试轮静态垂直标准荷载：2000N±20N。
（6）拉力传感器非线性误差：<0.05%。
（7）拉力传感器有效量程：0~2000N。
（8）距离标定误差：<2%。

图6-23　承载车辆

图6-24　距离测试系统

图6-25　横向力测试装置

图6-26　主控制系统

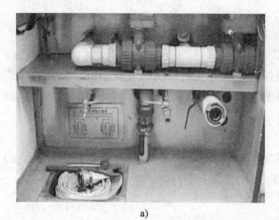

a)

b)

图6-27　供水装置

2. 测试准备

（1）每个测试项目开始前或连续测试超过 1000km 后必须按照设备操作手册规定的方法进行测试系统的标定，记录标定数据并存档。

（2）检查测试车轮胎气压，应达到车辆轮胎规定的标准气压。

（3）检查测试轮胎磨损情况，当其直径比新轮胎减小达 6mm（胎面磨损 3mm）以上或有明显磨损裂口时，必须立即更换新轮胎。更换的新轮胎后，在正式测试前应试测 2km。

（4）检查测试轮气压，应达到 350kPa±20kPa 的要求。

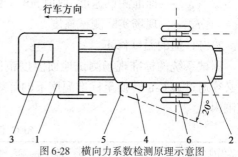

图 6-28 横向力系数检测原理示意图
1-承载车；2-水罐；3-数据采集与处理系统；4-测试轮系统；5-喷水系统；6-测试轮备胎

（5）检查测试轮固定螺栓应拧紧。将测试轮放到正常测试时的位置，检查其应能够沿两侧滑柱上下自由升降。

（6）根据测试里程的需要向水罐加注清洁测试用水。

（7）检查洒水口出水情况和洒水位置应正常；洒水位置应在测试轮触地面中点沿行驶方向前方 400m±50mm 处，洒水宽度应为中心线两侧各不小于 75mm。

（8）将控制面板电源打开，检查各项控制功能键，指示灯和技术参数选择状态应正常。

3. 测定步骤

（1）正式开始测试前，首先应按设备操作手册规定的时间要求对系统进行通电预热。

（2）进入测试路段前，测试人员设置所需的系统技术参数，并应将测试轮胎降至路面上预跑约 500m。

（3）按照设备操作手册的规定和测试路段的现场技术要求设置完毕所需的测试状态。

（4）进入测试路段后，测试人员启动系统的采集和记录程序，驾驶员应保持较为均匀的行车速度。当为固定出水控制方式时，行驶最高速度不得超过出水开关事先设置所对应的速度。

（5）测试过程中，测试人员应及时准确将测试路段需要标记的起终点和其他特殊点的位置输入测试数据记录中。

（6）当测试车辆驶出测试路段后，仪器操作人员停止数据采集和记录，提升测试轮并恢复仪器各部分至初始状态。

（7）操作人员检查数据文件应完整，内容应正常，否则需要重新测试。

（8）关闭测试系统电源，结束测试。

4. SFC 值的修正

1）SFC 值的速度修正

测试系统的标准测试速度范围规定为 50km/h±4km/h，其他速度条件下测试的 SFC 值必须根据式（6-8）转换至标准速度下的等效 SFC 值。

$$SFC_{标} = SFC_{测} - 0.22(v_{标} - v_{测}) \tag{6-8}$$

式中：$SFC_{标}$——标准测试速度下的等效 SFC 值；

$SFC_{测}$——现场实际测试速度条件下的 SFC 的测试值；

$v_{标}$——标准测试速度,取值 50km/h;

$v_{测}$——现场实际测试速度。

2)SFC 值的温度修正

测试系统的标准现场测试地面温度范围为 20℃±5℃,其他地面温度条件下测试的 SFC 值必须通过表6-8转换至标准温度下的等效 SFC 值。系统测试要求地面温度控制在 8~60℃ 范围内。

SFC 值温度修正　　　　　表6-8

温度(℃)	10	15	20	25	30	35	40	45	50	55	60
修正值	-3	-1	0	+1	+3	+4	+6	+7	+8	+9	+10

5.抗滑性能评定

评定路段内的路面横向力系数应按 SFC 的设计或验收标准值进行评定。SFC 代表值为 SFC 算数平均值的下置信界限值,即

$$SFC_r = \overline{SFC} - \frac{t_\alpha}{\sqrt{n}} S \tag{6-9}$$

式中:SFC_r——SFC 代表值;

$\overline{SFC}$——SFC 平均值;

S——标准差;

n——采集数据样本数量;

t_α——t 分布表中随测点数和保证率(或置信度 α)而变的系数,采用的保证率:高速公路、一级公路为95%;其他公路为90%。

当 SFC 代表值不小于设计或验收标准时,应以所有单个 SFC 值统计合格率;当 SFC 代表值小于设计或验收标准值时,该路段应为不合格。

6.报告编制

报告应包括横向力系数 SFC 的平均值、标准差、代表值及现场测试速度和温度。

七、双轮式横向力系数测试系统测定路面摩擦系数

双轮式横向力系数测试系统如图6-29所示。

1.仪器选择

(1)测定系统。测试系统主要由牵引车、供水系统、测量机构(包括荷载传感器)、电子控制和数据处理系统、标定装置等组成,如图6-30所示。

(2)牵引车基本技术要求和参数。牵引车的最高速度应大于 80km/h,车辆后部可安装专用的拖挂装置,车辆应配备警灯及相关警示标志。

(3)测试系统技术要求和参数。

①测试仪总质量:256kg。

②单轮静态标准荷载:1.27kN。

③测试轮夹角:15°。

图6-29　双轮式横向力系数测试系统

④测试轮标准气压:70kPa±3.5kPa。
⑤测试轮规格:4.00/4.80-8 光面轮胎。
⑥洒水量:路面水膜厚度0.5~1.0mm。
⑦测试速度范围:40~60km/h。

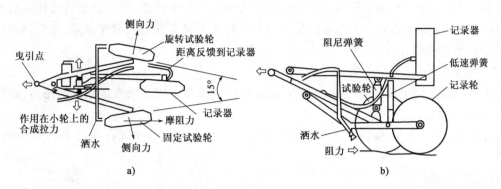

图 6-30 双轮式横向力系数测试系统结构示意图
a) 平面示意图;b) 侧视示意图

2. 测试准备

(1) 按照仪器设备操作手册或使用说明书对测试系统进行标定。将专门的标定板放在地面上,人工将测试仪从板上拖拉三遍,系统自动判断标定是否通过,标定通过后才能用于路面测试。

(2) 测试前,设备预热10min左右,并检查汽油机是否能正常工作,机油是否需要更换。

(3) 测试仪及洒水车轮胎胎压应满足测试要求,野外测试时间较长时,应带上气压表和充气泵,以便随时检查测试车轮轮胎气压是否正常,必要时及时补气。系统各部分轮胎气压要求如下:

①摩擦测试轮:70kPa±3.5kPa。
②距离测试轮:210kPa±13.7kPa。
③水车轮胎:根据轮胎标示气压值。

(4) 降下测试轮,打开水阀进行检查,水流情况应正常,水流应符合要求。检查仪表,各项指数应正常,然后升起测试轮。

(5) 将牵引车、洒水车、测试仪及控制线路连接线一次连好后,拔出测试车插销,打开电脑进入测试状态,同时发动汽油机,打开水阀,准备测试。

3. 测试步骤

(1) 在测试路段起点前约500m处停车,开机预热时间不少于10min。

(2) 将车辆驶向测试路段,提前100~200m处打开水阀,降下测试轮。测试时的车速为40~60km/h,测试过程中应保持匀速。

(3) 测试过程中测试人员应及时准确将测试路段需要标记的起终点和其他特殊点的位置输入测试数据记录中。

(4) 当测试完成时,停止测试过程,储存数据文件。

4. 数据处理

测定的摩擦系数数据存储在计算机硬盘中。测试系统提供数据处理程序软件,可计算和打印出每一个计算区间的摩擦系数值、行程距离、行驶速度、统计个数、平均值及标准差,同时还可打印出摩擦系数的变化图。

本试验方法所得数据需转换为标准 SFC 值后才可以进行相关的质量检验和评价。

1)基本要求

不同类型摩擦系数测试设备的测值应转换为 SFC 值后再使用,所以制动式摩擦系数测试设备和其他类型横向力式测试设备在使用时必须和 SCRIM 系统进行对比试验,建立测试结果与 SCRIM 系统测值~SFC 值的相关关系。

2)试验条件

按 SFC 值 0~30、30~50、50~70、70~100 的范围选择 4 段不同摩擦系数的路段,路段长度可为 100~300m。

对比试验路段地面应清洁干燥,地面温度应在 10~30℃ 范围内,天气条件宜为晴天、无风。

3)试验步骤

(1)测试系统和需要进行对比试验的其他类型设备分别按准备工作中的方法及操作手册规定的程序准备就绪。

(2)两套设备分别以 40km/h、50km/h、60km/h、70km/h、80km/h 的速度在所选择的 4 种试验路段上各测试 3 次,3 次测试的平均值的绝对值不得大于 5,否则重新测试。

(3)两种试验设备设置的采样频率差值不应超过 1 倍,每个试验路段的采样数据量不应小于 10 个。

4)试验数据处理

(1)分别计算出每种速度下各路段 3 次测试结果的总平均值和标准差,超过 3 倍标准差的值应予以舍去。

(2)用数理统计的回归分析方法建立试验设备测值与速度的相关关系式,相关系数 R 不得小于 0.95。

(3)建立不同速度下试验设备测 SFC 值的相关关系式,相关系数 R 不得小于 0.95。

5.报告编制

在检测报告中需有以下内容:

(1)检测路段摩擦系数值平均值、标准差、变异系数。

(2)提供摩擦系数值与 SCRIM 系统测值所建立的相关关系式及相关系数。

单元三　沥青路面车辙检测

对京平高速公路进行全车道路面检测和技术状况评价工作,京平高速公路起点为机场南线与六环路相交的李天立交,向东经顺义区、平谷区,过大岭后隧道,与津蓟高速延长线相接,全长 70.33km。其中,K17+500~K28+000 为双向 6 车道,K28+000~K70+330 为双向 4 车道。请完成该高速公路以上两段沥青路面车辙检测。

相关知识

车辙是沥青混凝土路面特有的一种破坏形式,表现为沿行车轮迹产生的纵向带状凹槽,严重时车辙的两侧会有突起形变,造成路面使用性能进一步恶化。路面车辙深度直接反映了车辆行驶的舒适度及路面的安全性和使用有效期限。现代路面车辙是路面周期性评价及路面养护中的一个重要指标。路面车辙深度的检测能为决策者提供重要信息,使决策者为路面的维修、养护及翻修等作出优化决策。

车辙的测定方法各国不尽相同,早期最基本的原理是用直尺架在车道上测定直尺与车辙底部的距离,但直尺长度不一致。结合我国实际情况,除少数高速公路或城市道路主干线分道行驶非常严格者车辙宽度较窄外,大多数二级以下公路车辙均比较宽,有些属于U形。因此,目前采用国外通行方法,规定直尺长度不小于一个车道宽度。

任务实施

1. 仪具选择

(1)横断面尺:如图6-31所示,横断面尺为硬木或金属制直尺,刻度值为50mm,长度不小于一个车道宽度。顶面平直,最大弯曲不超过1mm,两端有把手及高度为100~200mm的支脚,两支脚的高度相同,作为基准尺使用。

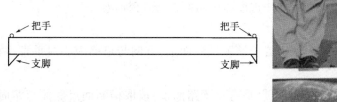

图6-31 路面横断面尺

(2)激光或超声波车辙仪:如图6-32所示,包括多点激光或超声波车辙仪、线激光车辙仪和线扫描激光车辙仪等类型,通过激光测距技术或激光成像和数字图像分析技术得到车道横断面相对高程数据,并按规定模式计算车辙深度。

图6-32 激光连续车辙测试仪

路面激光车辙仪的技术要求,具体如下:

①纵向距离测量误差:≤0.1%。

②纵向采样间距:≤200mm。

③有效测试宽度≥3.5m,测点不少于13点,测试精度0.1mm,横向采样间距≤300mm。

④车辙深度测量范围:0~50mm。

(3)基准尺:金属制,长度不小于一个车道宽度,最大弯曲不超过1mm,表面平直。

(4)量尺。

①钢直尺:量程不小于300mm,分度值为1mm。

②钢卷尺:量程不小于3000mm,分度值为1mm。

③塞尺:分度值不大于0.5mm。

2. 横断面尺测试车辙

(1)准备工作

车辙测定的基准测量宽度应符合下列规定:

①对高速公路及一级公路,以发生车辙的一个车道两侧标线宽度中点到中点的距离为基准测量宽度。

②对二级及二级以下公路,有车道区画线时,以发生车辙的一个车道两侧标线宽度中点到中点的距离为基准测量宽度;无车道区画线时,以形成车辙部位的一个设计车道宽度作为基准测量宽度。

③确定测试路段,按照现场随机选点方法选取测试断面,并做好标记。

(2)测试步骤

①选择需测试车辙的断面,将横断面尺置于该测试断面上,方向与道路中心线垂直,两端支脚置于测试车道两侧。

②沿横断面尺每隔200mm一点,将钢直尺垂直立于路面上,读取横断面尺底面与路面之间的高差,准确至1mm,如断面的最高处或最低处明显不在测试点上,应加密测点。

③记录测试断面的桩号、位置及不同断面处的高差。

3. 基准尺测试车辙

当不需要测试横断面,仅需要测试最大车辙时,可采用基准尺测试方法。

(1)准备工作

确定测试路段,按照路基路面现场随机选点方法选取测试断面,并做好标记。

(2)测试步骤

①选择需测试车辙的断面,将基准尺置于该测试断面上,方向与道路中心线垂直。

②若车辙形状为图6-33中a)、b)、c)的形式,则需分别量测左、右轮迹带的车辙深度,将基准尺分别置于左、右轮迹带辙槽两端最高位置,目测确定左、右轮迹带最大车辙位置,用量尺量取基准尺底面与路面之间的高差,准确至1mm,记录车辙深度D_1和D_2。

③若车辙形状为其他形式,则直接将基准尺置于断面辙槽两端最高位置,目测确定断面最大车辙位置,用量尺量取基准尺底面与路面之间的高差,准确至1mm,记录车辙深度D。

④记录测试断面的桩号、位置及断面处车辙深度。

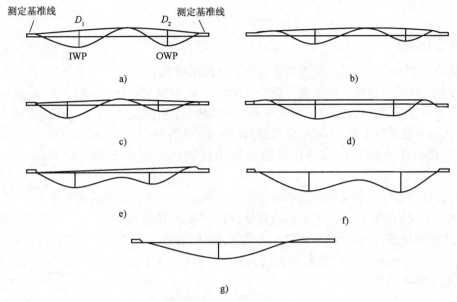

图 6-33 不同形状、不同程度的路面车辙示意图
注:IWP、OWP 分别表示内侧轮迹带及外侧轮迹带。

4. 激光或超声波车辙仪测试车辙

(1) 准备工作

①确定测试路段,要求测试路段无积水、无冰雪、无污染。

②将测试设备所有轮胎气压调整为设备所要求的标准气压,检查车辆和测试设备是否工作正常。

③查看天气预报,当风速大于 6 级时不宜进行测试。

(2) 测试步骤

①将测试车辆就位于测试区间起点前一定距离,以保证到达测试区域时能够达到测试要求的稳定车速,启动测试设备并将其调整至工作状态。

②设定测试系统参数,输入路线名称、路段桩号、测试车道和测试方向等信息。

③根据交通量、路面状况等实际情况确定测试速度。

④测试时应分车道测试,保持测试车中心线与车道中心线重合,测试系统自动记录被测试车道的路面车辙数据。

⑤测试结束,保存数据。

单元四 沥青路面透水性检测

任务描述

江苏某地区在建高速公路,路面中面层采用沥青混凝土,结构类型为 AC-20,底基层与基层为水泥稳定碎石,根据《公路工程质量检验评定标准 第一册 土建工程》(JTG F80/1—

2017)的要求,渗水系数合格标准为不大于300mL/min。试对该路面进行渗水测试,并进行评定。

 相关知识

沥青路面渗水性能是反映路面沥青混合料级配组成的一个间接指标,也是表示沥青路面水稳定性的一个重要指标。如果整个沥青面层均透水,则水势必进入基层或路基,使路面承载力降低。相反,如果将沥青表面层做成可透水的结构,而将中面层或下面层做成不透水的下封层,这样表面水能及时下渗,不致形成水膜,可提高抗滑性能,减小噪声,如OGFC等透水型路面。所以,路面渗水系数已成为评价路面使用性能的一个重要指标列入相关的技术规范中。

沥青路面渗水性能通常用渗水系数表征。渗水系数是指在规定的水头压力下,水在单位时间内通过一定面积的路面渗入下层的数量,用C_w表示,单位为mL/min。由于路面在使用过程中,尘土极易堵塞空隙,使渗水试验无法做好,因此,渗水系数测试应在路面施工结束后进行测试。同时,对于公称最大粒径大于26.5mm的下面层,由于渗水系数的测定方法及指标问题,不适用于渗水系数的测定。

 任务实施

沥青面层渗水系数检测如图6-34所示。

a)　　　　　　　　　　　　b)　　　　　　　　　　　　c)

图6-34　沥青面层渗水系数检测

1. 仪具选择

(1)路面渗水仪。其形状及尺寸如图6-35所示,由盛水筒、支架、底座、细管和压重铁圈组成。上部盛水量筒为透明有机玻璃制成,容积600mL,上有刻度,在100mL和500mL处有粗标线,下方通过直径ϕ10mm的细管与底座相连,中间有一开关(阀门)。量筒通过支架联结,底座下方开口内径ϕ150mm,外径ϕ220mm。仪器附不锈钢压重钢圈2个,每个质量大约5kg,内径ϕ160mm。

(2)套环:金属圆环,宽度为5mm,内径为145mm,主要防止密封材料被挤压进入测试面而导致渗水面积不一致。

(3)水筒及大漏斗。

(4)秒表。

(5)密封材料。例如,防水腻子、油灰或橡皮泥。

(6)其他。例如,水、粉笔、塑料圈、刮刀、扫帚等。

2. 测试准备

(1)在每个测试位置,按随机取样方法选择3个测点,并用粉笔画上测试标记。

(2)试验前,首先用扫帚清扫表面,并用刷子将路面表面的杂物刷去。杂物的存在一方面会影响水的渗入,另一方面也会影响渗水仪和路面或者试件的密封效果。

(3)新建沥青路面的渗水试验宜在沥青路面碾压成型后12h内完成。

3. 测试步骤

(1)将塑料圈置于试件中央或者路面表面的测点上,用粉笔分别沿塑料圈的内侧和外侧画上圈,外环和内环之间的部分就是需要用密封材料进行密封的区域。

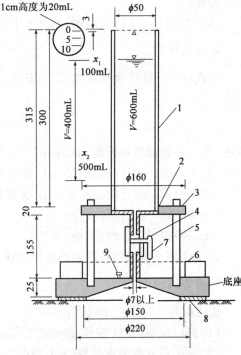

图 6-35　渗水仪结构(尺寸单位:mm)

1-透明有机玻璃筒;2-螺纹连接;3-顶板;4-阀;5-立柱支架;6-压重钢圈;7-把手;8-密封材料;9-排气孔

(2)用密封材料对环状密封区域进行密封处理。

注:不要使密封材料进入内圈。如果密封材料进入内圈,必须用刮刀将其刮走,然后再将其搓成拇指粗细的条状密封材料摞在环状密封区域的中央,并且摞成一圈。

(3)将套环放在路面表面的测点上,注意使套环的中心尽量与圆环中心重合,然后略微用力将套环压在条状密封材料表面;采用同样的方法将渗水仪放在套环上、对中,施加压力将渗水仪压在套环上,再将配重加上,以防压力水从底座与路面间流出。

(4)将开关及排气孔关闭,向量筒中注水超过100mL刻度,然后打开开关和排气孔,使量筒中的水下流,排出渗水仪底部内的空气;当量筒中水面下降速度变慢时,用双手轻压渗水仪使渗水仪底部的气泡全部排出;当水自排气孔顺畅排出时,关闭开关和排气孔,并再次向量筒中注水至100mL刻度。

(5)将开关打开,待水面下降至100mL刻度时,立即启动秒表开始计时,计时3min后立即记录水量,结束试验;当计时不到3min水面已下降至500mL时,立即记录水面下降至500mL时的时间,结束试验。当开关打开后3min内水面未下降至500mL刻度时,则开启秒表计时,测试3min内渗水量即可结束试验。

(6)测试过程中,如水从底座与密封材料间渗出,则底座与路面间密封不好,此试验结果为无效。关闭开关,采用密封材料补充密封,重新按(4)~(5)测试。如果仍然有水渗出,应在同一纵向位置沿宽度方向就近选择位置,重新按(1)~(5)测试。

(7)测试过程中,如水从外环圈以外路面中渗出,可以人工将密封材料在外环圈之外 5cm

宽度范围内再次进行密封处理,重新按(4)~(5)测试,只要密封范围内无水渗出,则认为试验结果为有效。

(8)重复(1)~(7)的步骤,测试3个测点的渗水系数。

4. 结果计算

按式(6-10)计算渗水系数,准确至0.1mL/min。

$$C_w = \frac{V_2 - V_1}{t_2 - t_1} \times 60 \qquad (6-10)$$

式中:C_w——路面渗水系数,mL/min;

V_1——第一次计时的水量,mL,通常为100mL;

V_2——第二次计时的水量,mL,通常为500mL;

t_1——第一次计时的时间,s;

t_2——第二次计时的时间,s。

以3个测点渗水系数的平均值作为该测试位置的结果,准确至1mL/min。

5. 报告编制

报告应包括以下技术内容:
(1)测试位置信息(桩号、路面类型等)。
(2)测试位置的渗水系数(3个测点的平均值)。

单元五　路面错台检测

 任务描述

浙江台州甬台温高速公路普通国省干线路面技术状况调查,主要包括S28台金高速和G15沈海高速两条线路,具体工程情况见表6-9。请对该工程错台进行调查与检测。

浙江台州甬台温高速公路路面技术状况等级及路面类型分类　　表6-9

路线编码	路线名称	检评里程(km)	检评长度(上下行合计,km)	技术等级	路面类型	
				高速公路	沥青路面	水泥路面
G15	沈海高速	53.462	106.924	106.924	97.237	9.687
S28	台金高速	150.510	301.020	301.020	301.020	0
	合计	203.972	407.944	407.944	398.257	9.687

 相关知识

错台是路面在人工构造物端部接头、水泥混凝土路面或桥梁的伸缩缝以及沥青路面裂缝两侧由于沉降所造成的台阶。错台一旦产生,将直接影响行车的舒适性。通过错台检测(图6-36),可为计算维修工作量提供依据。

图 6-36　路面错台检测

1. 仪具选择

(1)基准尺:3m 直尺或 2m 直尺。

(2)量尺。

①深度尺:分度值不大于 0.5mm。

②钢直尺:量程不小于 200mm。

③钢卷尺:量程不小于 5m。

④塞尺:分度值不大于 0.5mm。

(3)水准仪或全站仪。

①水准仪:精度 DS_3。

②全站仪:测角精度 2″,测距精度 $\pm[2mm + 2 \times 10^{-6}s(s\ 为测距)]$。

2. 测试步骤

选择需要测试的断面,记录位置、桩号,描述错台的情况。路面错台的测试位置应选在接缝高差最大处,根据需要也可选择其他有代表性的位置。根据实际情况选择以下测试方法。

(1)基准尺法

将基准尺垂直跨越接缝并平放于高出的一侧,用塞尺或钢直尺量测接缝处基准尺下基准面与位置较低板块的高差,即为该处的错台高度 D,准确至 1mm。

(2)深度尺法

将深度尺垂直置于高出的一侧,将测头顶出至与沉降面接触为止,稳定后读数,即为该处的错台高度 D,准确至 1mm。测点的选择应避开水泥混凝土板块崩边的位置。

(3)水准仪(全站仪)法

将水准仪(全站仪)架设于路面平顺处调平,沿接缝在选定测点的两侧分别量测相对高程,准确至 1mm。塔尺(棱镜)应放置在平整处,避开路面凸起和凹陷的位置。

3. 结果整理

基准尺法和深度尺法的测试结果直接作为错台高度 D,准确至 1mm。水准仪(全站仪)法需计算接缝间的相对高程、差值的绝对值作为错台高度 D,准确至 1mm。

4. 报告

测试报告应记录如下事项：
(1)路线名、测定日期、天气情况。
(2)测定地点、桩号、路面及构造物概况。
(3)道路交通情况及造成错台原因的初步分析。
(4)错台高度 D。

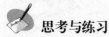 **思考与练习**

1. 常见的测试路面平整度的方法有哪几种？它们的指标分别是什么？各有何特点？
2. 简述3m直尺测定路面平整度的主要步骤。
3. 某一高速公路，用连续式平整度仪对其沥青混凝土路面的平整度进行检测，测定结果见表6-10。试判断该层平整度是否合格。平整度规定值$[\sigma]=0.70$mm。

检测结果记录表　　　　　　　　　　　　　　　表6-10

序号	平整度标准差 σ_i(mm)	平均值(mm)	标准差(mm)	变异系数(%)	合格区间数	合格率(%)
1	0.64					
2	0.48					
3	0.55					
4	0.57					
5	0.60					
6	1.47（桥头伸缩缝）					
7	1.20（桥头伸缩缝）					
8	0.75					
9	0.52					
10	0.54					
11	0.56					
12	0.89（路面污染）					

4. 测试路面抗滑性能的常用方法有哪几种？各方法的测试指标、测试原理、特点及适用范围分别是什么？
5. 简述手工铺砂法、摆式仪法检测过程中的主要步骤，并说明其注意事项。
6. 什么是渗水系数？为什么要检测沥青路面的渗水系数？

模块七　路基路面强度检测

知识目标

1. 掌握贝克曼梁测定路基路面回弹弯沉方法；
2. 了解 FWD 测定弯沉方法；
3. 了解自动弯沉仪测定弯沉方法；
4. 了解激光式高速路面弯沉测定仪测试路面弯沉方法；
5. 掌握钻芯法测定水泥混凝土路面抗弯拉强度的方法；
6. 掌握回弹法测定水泥混凝土路面抗弯拉强度的方法；
7. 掌握超声回弹法测定水泥混凝土路面抗弯拉强度的方法。

能力目标

1. 能进行路基路面弯沉检测与评定；
2. 能进行水泥混凝土路面强度检测与评定。

单元一　路基路面弯沉检测

任务描述

江苏某地区在建一级公路，面层为沥青混凝土，路基填土高度 0.5m，路基土为粉质中液限黏土，底基层为碎石土，基层为水泥稳定碎石。该路基已经完成顶层填土，填土碾压完毕后，需要检测路基的弯沉值，以评价该段路基的承载能力。

相关知识

国内外普遍采用弯沉值来表示路基路面的强度，弯沉值越大，强度越低；反之，弯沉值越小，则强度越高。弯沉值在我国已广泛使用且有很多经验及研究成果，广泛用于路基、粒料类底基层和基层、沥青面层的施工质量控制和竣工验收。

一、弯沉的概念

1. 弯沉

弯沉是指在规定的标准轴载作用下，路基或路面表面双轮组轮隙中心处的总垂直变形（总弯沉）或垂直回弹变形值（回弹弯沉），以 0.01mm 为单位。

2. 设计弯沉值

根据设计年限内一个车道上预测通过的累计当量轴次、公路等级、面层和基层类型而确定的路面弯沉设计值。

3. 竣工验收弯沉值

根据设计路面结构,保持路面结构参数与路面结构验算时相同,按照一定的公式计算得到,是检验路面是否达到设计要求的指标之一。

二、弯沉的测试方法

弯沉值的测试方法较多,目前用得最多的是贝克曼梁法,但由于其测试速度等因素的限制,各国都对快速连续或动态测定进行了研究。现在用得比较普遍的有法国洛克鲁瓦式自动弯沉仪以及由丹麦等国家发明并几经改进形成的落锤式弯沉仪(Falling Weight Deflectometer,简称 FWD)等。而目前世界上最先进的弯沉测试装置是激光式高速路面弯沉测定仪,该设备最早由丹麦 GreenWood 公司研发。目前,我国科研机构已经研制了具有自主知识产权的激光式高速路面弯沉测定仪,并在国内推广使用。

1. 贝克曼梁法

贝克曼梁法是利用杠杆原理来实现的,利用载重后的汽车加载路面及贝克曼梁和百分表测定出路基或路面的回弹变形量。贝克曼梁法适用于测定各类路基路面的回弹弯沉,但不适用于路基冻结后的回弹弯沉检测,用以评定整体承载能力,可供竣工验收时使用,在我国已有成熟的经验。

2. 自动弯沉仪

自动弯沉仪测定弯沉的试验方法是利用贝克曼梁原理,在标准条件下,每隔一定距离连续测试路面的总弯沉,并计算总弯沉值的平均值。具体测试时,自动弯沉仪测定车在检测路段以一定速度行驶,将安装在测试车前后轴之间底盘下面的弯沉测定梁放到车辆底盘的前端并支于地面保持不动,当后轴双轮隙通过测头时,弯沉通过位移传感器等装置被自动记录下来,这时测定梁被拖动,以两倍的汽车速度拖到下一测点,周而复始地向前连续测定。通过计算机可输出路段弯沉检测统计计算结果。

各类 Lacroix 型(洛克鲁瓦型)自动弯沉仪,在无严重坑槽、车辙等病害的正常通车条件下连续采集沥青路面弯沉数据,适用于新建、改建沥青路面施工质量控制、竣工验收及旧路面强度评价。在试验过程中,数据的采集、传输、记录和处理分别由专用软件自动控制进行。

3. 落锤式弯沉仪(FWD)

利用贝克曼梁法测出的回弹弯沉是静态弯沉,自动弯沉仪检测弯沉时,因为汽车行驶速度很慢,所以测得的弯沉也接近静态弯沉。为了模拟汽车快速行驶的实际情况,目前有很多国家开发了动态弯沉的测试设备,落锤式弯沉仪(FWD)就是其中的一种。其工作原理是,在计算机控制下,把一定质量的重锤由液压传动装置提升至一定高度后自由落下,冲击力作用于承载板上并传递到路面,从而对路面施加脉冲荷载,导致路面表面产生瞬时变形,分布于距测点不同距离的传感器检测结构层表面的变形,记录系统将信号传输至计算机,即可测定出在动态荷载作用下产生的动态弯沉及弯沉盆。测试数据可用于反算路基路面各层材料的动态弹性模量,作为设计参数使用,也可用于评定道路承载能力、调查水泥混凝土路面接缝的传力效果和探查路面板下的空洞等。

4. 激光式高速路面弯沉测定仪

激光式高速路面弯沉测定仪的测试原理是测试系统在高速行驶过程中利用激光多普勒

(Laser-Doppler)效应来测试地面在荷载作用下的垂直下沉速度,再通过分析程序计算出最大弯沉及弯沉盆数据。激光式高速路面弯沉测定仪因采用非接触测试方式工作,速度可在30~90km/h的范围内变化,以正常行车速度在高速公路上进行测试,测试效率大大提高。此外,其还具有不影响交通、安全性好等优点。

弯沉值的测试方法,见表7-1。

几种常用的弯沉测试方法比较　　　　　　　　　　　　　　　表7-1

方　　法	特　　点
贝克曼梁法	传统方法,速度慢,静态测试回弹弯沉,比较成熟
自动弯沉仪	利用贝克曼梁原理连续测试,速度低属静态测试范畴,测定的是总弯沉
落锤式弯沉仪	测定重锤自由落下瞬间产生的冲击荷载下的弯沉,属于动态总弯沉
激光式高速路面弯沉测定仪	高速行驶过程中精确、高效测试路面的弯沉,属于动态总弯沉

一、贝克曼梁法

1. 仪具选择

(1)加载车。双轴,后轴双侧4轮的载重车。其标准轴荷载、轮胎尺寸、轮胎间隙及轮胎气压等主要参数应符合表7-2的要求。测试车应采用后轴10t标准轴载BZZ-100的汽车。

加载车参数要求　　　　　　　　　　　　　　　　　　　　　　表7-2

标准轴载等级	BZZ-100
后轴标准轴载 P(kN)	100 ± 1
一侧双轮荷载(kN)	50 ± 0.5
轮胎充气压力(MPa)	0.70 ± 0.05
单轮传压面当量圆面积(mm^2)	$(3.56 \pm 0.02) \times 10^4$
轮隙宽度	应满足能自由插入弯沉仪测头的测试要求

(2)路面弯沉仪。由贝克曼梁、百分表及表架组成。贝克曼梁由合金铝制成,上有水准泡,其前臂(接触路面)与后臂(装百分表)长度比为2:1,其结构和测试原理如图7-1、图7-2所示。弯沉仪长度有两种:一种长为3.6m,前后臂分别为2.4m和1.2m;另一种加长的弯沉仪长为5.4m,前后臂分别为3.6m和1.8m。长度为5.4m的贝克曼梁适用于各种类型的路面结构回弹弯沉的测试;长度为3.6m的贝克曼梁适用于柔性基层沥青路面回弹弯沉的测试。弯沉采用百分表量得,也可用自动记录装置进行测量。

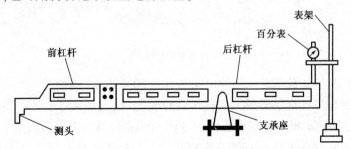

图7-1 贝克曼梁结构示意图

(3)接触式路表温度计。其端部为平头,分度不大于1℃。
(4)其他。例如,皮尺、口哨、白油漆或粉笔、指挥旗等。

图 7-2 弯沉测试杠杆原理

2. 测试准备

(1)检查并保持测定用标准车的车况及制动性能良好,轮胎胎压符合规定充气压力。

(2)向汽车车槽中装载(铁块或集料),并用地中衡称量后轴总质量及单侧双轮荷载,均应符合要求的轴重规定,汽车行驶及测定过程中,轴重不得变化。

(3)若启用新加载车或加载车轮胎发生较大磨损时,应测试轮胎传压面面积。轮胎传压面面积测试方法如下:确保加载车双侧轮载及其轮胎气压满足表 7-2 的要求,在平整光滑的硬质路面上用千斤顶将汽车后轴顶起,在轮胎下方铺一张新的复写纸和一张方格纸,轻轻落下千斤顶,即在方格纸上印上轮胎印痕。用求积仪或数方格的方法测算单个轮胎印迹范围内的面积,均应符合表 7-2 中单轮传压面当量圆面积的要求。

(4)检查弯沉仪百分表量测灵敏情况。

(5)当在沥青路面上测定时,用路表温度计测定试验时气温及路表温度(一天中气温不断变化,应随时测定),并通过气象台了解前 5 天的平均气温(日最高气温与最低气温的平均值)。

(6)记录沥青路面修建或改建材料、结构、厚度、施工及养护等情况。

3. 测试步骤

(1)在测试路段布置测点,其距离随测试需要而定。测点应在路面行车车道的轮迹带上,并用白油漆或粉笔画上标记(图 7-3)。

a)   b)

图 7-3 白油漆或粉笔在测点画上标记

(2)停放加载车,使加载车后轮轮隙对准测点后 30~50mm 的位置。

(3)安放弯沉仪,将贝克曼梁插入加载车后轮轮隙处,与加载车行车方向一致,梁臂不得接触轮胎。贝克曼梁测头置于轮隙中心前方 30~50mm 处测点上。将百分表安装在表架上,并将百分表的测头安放在贝克曼梁的测定杆顶面。轻轻叩击贝克曼梁,确保百分表正常归位(图7-4)。弯沉仪可以是单侧测定,也可以是双侧同时测定,双侧同时布置时按两个独立测点计算。

　　　　a)　　　　　　　　　　　b)　　　　　　　　　　　c)

图 7-4　测头置于测点上并检查百分表回零

（4）测定者吹哨发令指挥汽车缓缓前进，百分表随路面变形的增加而持续向前转动。当表针转动到最大值时，迅速读取初读数 L_1（图 7-5）。汽车仍在继续前进，表针反向回转，待汽车驶出弯沉影响半径（3m 以上）后，待表针回转稳定后，再次读取终读数 L_2。汽车前进的速度宜为 5km/h 左右。

　　　　　　a)　　　　　　　　　　　　　　b)

图 7-5　百分表读数

（5）指挥加载车沿轮迹带前行，驶向下一测试位置，重复（1）~（4）的步骤，完成测试路段的回弹弯沉测试。

4. 弯沉仪的支点变形修正

（1）当采用长度为 3.6m 的弯沉仪进行弯沉测定时，有可能引起弯沉仪支座处变形，在测定时应检验支点有无变形。如果有变形，此时应用另一台检测用的弯沉仪安装在测定用弯沉仪的后方，其测点架于测定用弯沉仪的支点旁。当汽车驶出时，同时测定两台弯沉仪的弯沉读数，如果检测弯沉仪百分表有读数，即应该记录并进行支点变形修正（图 7-6）。当在同一结构上测定时，可在不同位置测定 5 次，求取平均值，以后每次测定时均以此作为修正值。

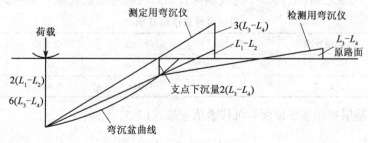

图 7-6　支点变形修正的原理图

（2）当采用长度为 5.4m 的弯沉仪测定时，可不进行支点变形修正。

5. 结果计算

(1)路面测点的回弹弯沉值按式(7-1)计算：

$$L = 2(L_1 - L_2) \tag{7-1}$$

式中：L——在路面温度 t 时的回弹弯沉值，0.01mm；

L_1——车轮中心临近弯沉仪测头时百分表的最大读数，0.01mm；

L_2——汽车驶出弯沉影响半径后百分表的终读数，0.01mm。

(2)当需进行弯沉仪支点变形修正时，路面测点回弹弯沉值按式(7-2)计算：

$$L = (L_1 - L_2) \times 2 + (L_3 - L_4) \times 6 \tag{7-2}$$

式中：L_1——车轮中心临近弯沉仪测头时百分表的最大读数，0.01mm；

L_2——汽车驶出弯沉影响半径后百分表的终读数，0.01mm；

L_3——车轮中心临近弯沉仪测头时检验用弯沉仪的最大读数，0.01mm；

L_4——汽车驶出弯沉影响半径后检验用弯沉仪的终读数，0.01mm。

注意：式(7-2)适用于测定弯沉仪支座处有变形，但百分表架处路面已无变形的情况。

6. 弯沉的评定

(1)路基、沥青路面弯沉代表值为弯沉测量值的上波动界限，按式(7-3)计算：

$$l_r = (\bar{l} + \beta S) K_1 K_3 \tag{7-3}$$

式中：l_r——弯沉代表值，0.01mm；

$\bar{l}$——实测弯沉平均值，0.01mm；

S——标准差，0.01mm；

β——目标可靠度指标，见表7-3；

K_1——湿度影响系数，路基顶面弯沉测定时，根据当地经验确定；路表弯沉测定时，根据实测弯沉值通过反算得到路基模量值，修正后得到结构模量值，然后得出测试状态下的弯沉湿度修正系数，或根据当地经验确定；

K_3——温度影响系数，路基顶面弯沉测定时取1；路表弯沉测定时根据式(7-4)确定：

$$K_3 = e^{[9 \times 10^{-6}(\ln E_0 - 1)H_a + 4 \times 10^{-3}](20-T)} \tag{7-4}$$

H_a——沥青结合料类材料层厚度，mm；

E_0——平衡湿度状态下路基顶面回弹模量；

T——弯沉测定时沥青结合料类材料层中点实测或预估温度(℃)，可根据 t_0 由图7-7决定的沥青层中间深度的温度(℃)，t_0 为测定时路表温度与测定前5天日平均气温的平均值之和(℃)，日平均气温为日最高气温与最低气温的平均值。

目标可靠度指标 β 值 表7-3

公路等级	高速公路	一级公路	二级公路	三级公路	四级公路
目标可靠度(%)	95	90	85	80	70
目标可靠指标	1.65	1.28	1.04	0.84	0.52

(2)粒料类基层和底基层顶面弯沉代表值应按式(7-5)计算：

$$l_r = \bar{l} + Z_a S \tag{7-5}$$

式中：l_r——弯沉代表值，0.01mm；

$\bar{l}$——实测弯沉平均值,0.01mm;

S——标准差,0.01mm;

Z_a——与保证率有关的系数,高速公路及一级公路取 $Z_a=2.0$,二级公路取 $Z_a=1.645$,二级以下公路取 $Z_a=1.5$。

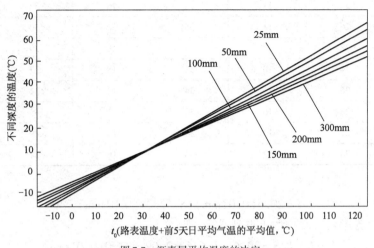

图 7-7　沥青层平均温度的决定

注:线上的数字表示从路表向下的不同深度。

二级及二级以下公路,当路基和粒料类基层、底基层的弯沉代表值不符合要求时,可将超出 $\bar{l}+(2\sim3)S$ 的弯沉特异值舍弃,对舍弃的弯沉值大于 $\bar{l}+(2\sim3)S$ 的点,应找出其周围界限,进行局部处理,并对弯沉进行复测后重新计算平均值和标准差。高速公路及一级公路不得舍弃特异值。

当弯沉代表值小于或等于弯沉设计值时,对应的分项工程为合格,否则为不合格。

7. 报告编制

报告应包括下列内容:

(1)弯沉测定表、支点变形修正值、测试时的路面温度。

(2)每一个评定路段的各测点弯沉的平均值、标准差及代表弯沉。

某新建二级公路竣工验收,在不利的季节测得某路段级配碎砾石基层的弯沉值见表 7-4,试计算弯沉代表值,并判断该路段的弯沉值是否满足要求,设计弯沉值为 40(0.01mm),保证率系数 $Z_a=1.645$。

弯 沉 检 测 结 果　　　　　　　　表 7-4

测点桩号	读数值(0.01mm)				回弹弯沉值(0.01mm)	
	左轮		右轮		左轮	右轮
	初读数	终读数	初读数	终读数		
K0+020	29	14	33	18	30	29
K0+040	25	11	32	17	28	31
K0+060	26	12	31	18	27	26

续上表

测点桩号	读数值(0.01mm)				回弹弯沉值(0.01mm)	
	左轮		右轮		左轮	右轮
	初读数	终读数	初读数	终读数		
K0+080	28	11	32	16	33	32
K0+100	26	11	35	20	30	30
K0+120	28	13	34	19	29	31
K0+140	24	10	31	18	27	26
K0+160	26	11	34	18	31	32
K0+180	26	10	33	17	33	31
K0+200	27	13	34	19	29	30
K0+210	26	12	30	16	28	28

解：经计算

$$\bar{l} = 29.6(0.01\text{mm}), S = 2.09(0.01\text{mm})$$

弯沉代表值为弯沉检测值的上波动界限，即

$$l_r = \bar{L} + Z_a S = 29.6 + 1.645 \times 2.09 = 33.0(0.01\text{mm})$$

因为弯沉代表值 $l_r < l_d = 40(0.01\text{mm})$，所以该路段的弯沉值是满足要求的。

二、自动弯沉仪测定弯沉

自动弯沉仪如图7-8所示。

图7-8 自动弯沉仪

1. 仪具选择

（1）Lacroix型自动弯沉仪。它由承载车，测量机架及控制系统，位移、温度和距离传感器，数据采集与处理系统等基本部分组成，如图7-9所示。

（2）设备承载车技术要求和参数。自动弯沉仪的承载车辆应为单后轴、单侧双轮组的载重车，其标准条件与贝克曼梁测定路基路面回弹弯沉试验中标准车BZZ-100车型参数一致。

（3）测试系统基本技术要求和参数：

①位移传感器分辨率：≤0.01mm。

②位移传感器有效量程：≥3mm。

③设备工作环境温度:0~60℃。

④距离标定误差:≤1%。

2. 准备工作

(1)位移传感器标定。每次测试之前必须按照设备操作手册规定的方法进行位移传感器的标定,记录标定数据并存档。

(2)检查并保持承载车的车况及制动性能良好。每次测试之前都必须检查后轴轮胎气压,应满足 0.70MPa±0.05MPa 的要求。

(3)如果承载车因改装等原因而改变了后轴载,应按要求检查承载车轮载,后轴载应满足 100kN±1kN 的要求。

(4)检查测量架的易损部件情况,及时更换损坏部件。

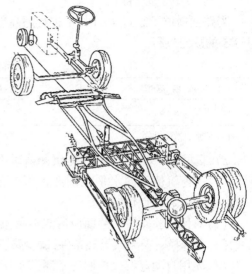

图 7-9　Lacroix 型自动弯沉仪结构示意图

(5)打开设备电源进行检查,控制面板功能键、指示灯、显示器等应正常。

(6)开动承载车试测 2~3 个步距,观察测试机构,测试机构应正常,否则需要调整。

(7)当在沥青路面上测试时,通过气象台了解前 5d 的平均气温(日最高气温与最低气温的平均值)。

(8)记录沥青路面结构层材料类型、设计厚度、横坡等情况。

3. 测试步骤

(1)测试系统在开始测试前需要通电预热,时间不少于设备操作手册要求,并开启工程警灯和导向标等警告标志。

(2)在测试路段前 20m 处将测量架放落在路面上,并检查各机构的部件情况。

(3)操作人员按照设备操作手册的规定和测试路段的现场技术要求设置完毕所需的测试状态参数。

(4)驾驶员缓慢加速承载车到正常测试速度,一般应控制在 3.5km/h 以内。当实际采用的现场测试速度超出此范围时,应通过设备的相关性试验对测试结果进行修正。承载车沿正常行车轨迹驶入测试路段,开始测试。在测试过程中,根据承载车实际到达的位置,将测试路段起终点、桥涵等特征位置的桩号输入记录数据中。同时,应测量并记录路表温度。

(5)当测试车辆驶出测试路段后,操作人员停止数据采集和记录,并恢复仪器各部分至初始状态,驾驶员缓慢停止承载车,提起测量架。

(6)操作人员检查数据文件,文件应完整,内容应正确,否则需要重新测试。

(7)关闭测试系统电源,结束测试。

4. 结果计算

采用自动弯沉仪采集路面弯沉盆峰值数据为路面总弯沉,数据组中左臂测值、右臂测值按单独弯沉处理。由于《公路工程质量检验评定标准　第一册　土建工程》(JTG F80/1—2017)中以回弹弯沉为强度评价指标,所以需要建立自动弯沉仪测试的总弯沉与贝克曼梁法测试的回弹弯沉的相关关系式,将总弯沉换算成回弹弯沉,即相关性修正;同时,当路面坡度大于 4%时,应进行坡度修正。另外,对于沥青路面弯沉检测,还需要进行温度修正。

1) 弯沉值的横坡修正

当路面横坡不超过 4% 时,不进行超高影响修正;当横坡超过 4% 时,超高影响的修正参照表 7-5 的规定进行。

弯沉值横坡修正　　　　表 7-5

横坡范围	高位修正系数	低位修正系数
>4%	$\dfrac{1}{1-i}$	$\dfrac{1}{1+i}$

注:i 是路面横坡(%)。

2) 自动弯沉仪与贝克曼梁弯沉测值对比试验

(1) 按弯沉值不同水平范围选择不少于 4 段路面结构相似的路段。路段长度为 300~500m,标记好起终点位置。

(2) 对比试验路段的路面应清洁干燥,温度应在 10~35℃ 范围内,并且选择温度变化不大的时间,宜选择晴天无风天气条件,试验路段附件没有重型交通和剧烈震动。

(3) 先用自动弯沉仪按照正常测试车速测试选定路段,工作人员仔细用油漆每隔 3 个测试步距或约 20m 标记测点位置。

(4) 自动弯沉仪测试完毕后,等待 30min;然后,在每一个标记位置按照贝克曼梁测定路基路面回弹弯沉试验方法测定各点回弹弯沉值。

(5) 从自动弯沉仪的记录数据中按照路面标记点的相应桩号提出各试验点测值,并与贝克曼梁测值一一对应,用数理统计的回归分析方法得到贝克曼梁测值和自动弯沉仪测值之间的相关关系方程式为:

$$L_B = a + bL_A$$

式中:L_A,L_B——落锤式弯沉仪、贝克曼梁测定的弯沉值。

回归方程式的相关系数 R 应不小于 0.95。

5. 报告编制

测试报告中应该包括下列内容:

(1) 弯沉平均值、标准差、代表值、测试时的路面温度。

(2) 自动弯沉仪测值与贝克曼梁测值的相关关系式及相关系数。

三、落锤式弯沉仪测定弯沉

落锤式弯沉仪如图 7-10 所示。

a)　　　　b)

图 7-10　落锤式弯沉仪

1. 仪器选择

落锤式弯沉仪(FWD),由荷载发生装置、弯沉检测装置、运算控制系统与车辆牵引系统等组成。落锤式弯沉仪测量系统示意图,如图 7-11 所示。

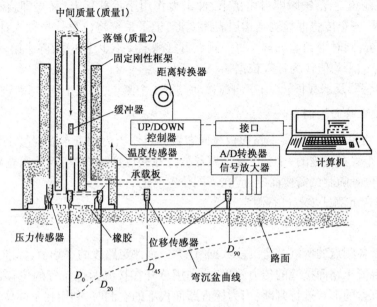

图 7-11　落锤式弯沉仪测量系统示意图

(1)荷载发生装置。重锤的质量及落高根据使用目的与道路等级选择,荷载由传感器测定。若无特殊需要,重锤的质量为 200kg ± 10kg,可产生 50kN ± 2.5kN 的冲击荷载。承载板宜为十字对称分开成 4 部分且底部固定有橡胶片的承载板,其直径一般为 300mm,也可为 450mm。

(2)弯沉检测装置:由一组高精度位移传感器组成。传感器可为差动变压器式位移计(LVDT)或地震检波器,位移分辨力不大于 0.001mm。承载板中心应设有一个位移传感器,其他位移传感器与中心处传感器呈线性布置,一般分布在距离承载板中心 2500mm 的范围内。用于反算路面结构层模量时,位移传感器总数应不少于 7 个,且应包括 0mm、300mm、600mm、900mm 处 4 个位置,其他根据需要及设备性能决定。

(3)运算及控制装置。能在冲击荷载作用的瞬间内,记录冲击荷载及各个传感器所在位置测点的动态变形。

(4)牵引装置。牵引 FWD 并安装运算及控制装置的车辆。

2. 测试准备

(1)调整重锤的质量及落高,使重锤的质量及产生的冲击荷载符合规定值。

(2)在测试路段的路基或路面各层表面布置测点,其位置或距离随测试需要而定。当在路面表面测定时,测点宜布置在行车道的轮迹带上。测试时,还可以利用距离传感器定位。

(3)检查 FWD 的车况及使用性能,用手动操作检查,使各项指标符合仪器规定要求。

(4)将 FWD 牵引至测定地点,将仪器打开,进入工作状态。牵引 FWD 行驶的速度不宜超过 50km/h。

(5)对位移传感器按仪器使用说明书进行标定,使之达到规定的精度要求。

3. 弯沉测试步骤

(1)承载板中心位置对准测点,承载板自动落下,放下弯沉装置的各个传感器。

(2)启动落锤装置,落锤瞬即自由落下,冲击力作用于承载板上,又立即自动提升至原来位置固定。同时,各个传感器检测结构层表面变形,记录系统将位移信号输入计算机,并得到峰值,即路面弯沉,同时得到弯沉盆。每一测点重复测定应不少于3次,除去第一个测定值,取以后几次测定值的平均值作为计算依据。

(3)提起传感器及承载板,牵引车向前移动至下一个测点,重复上述步骤,进行测定。

4. 水泥混凝土路面板调查的方法与步骤

(1)在测试路段的水泥混凝土路面板表面布置测点。当为调查水泥混凝土路面接缝的传力效果时,测点布置在接缝的一侧,位移传感器分开在接缝两边布置;当为探查路面板下的空洞时,测点布置位置随测试需要而定,应在不同位置测定。

(2)按前述弯沉测试步骤进行测定。

5. 结果计算

按桩号记录各测点的弯沉及弯沉盆数据,计算一个评定路段的平均值、标准差、变异系数;当为调查水泥混凝土路面接缝的传力效果时,利用分开在接缝两边布置的位移传感器的测定值的差异及弯沉盆的形状进行判断;当为探查路面板下的空洞时,利用在不同位置测定的测定值的差异及弯沉盆的形状进行判断。

由于落锤式弯沉仪测定的仍是总弯沉,需要通过落锤式弯沉仪与贝克曼梁弯沉仪对比试验,建立两种方法测试结果的相关关系,对落锤式弯沉仪测试的总弯沉进行相关性修正。

1)路段选择

选择结构类型完全相同的路段,针对不同地区选择某种路面结构的代表性路段,进行两种测定方法的对比试验,以便将落锤式弯沉仪测定的动弯沉换算成贝克曼梁测定的回弹弯沉值,选择的对比路段长度300~500mm,弯沉值应有一定的变化幅度。

2)对比试验步骤

(1)采用与实际使用相同且符合要求的落锤式弯沉仪及贝克曼梁弯沉仪测定车。落锤式弯沉仪的冲击荷载应与贝克曼梁弯沉仪测定车的后轴双轮荷载相同。

(2)用油漆标记对比路段起点位置。

(3)布置测点位置,用贝克曼梁定点测定回弹弯沉。测定车开走后,用粉笔以测点为圆心,在周围画一个半径为15cm的圆,标明测点位置。

(4)将落锤式弯沉仪的承载板对准圆圈,位置偏差不超过30mm,进行测定。两种仪器对同一点弯沉测试的时间间隔不应超过10min。

(5)逐点对应计算两者的相关关系。通过对比试验得出回归方程式:

$$L_B = a + bL_{FWD} \tag{7-6}$$

式中:L_{FWD}——落锤式弯沉仪;

L_B——贝克曼梁测定的弯沉值。

回归方程式的相关系数R应不小于0.95。

由于路面结构和材料、路基状况、温度水文条件、路面使用状况等的不同,对比关系也有所不同,为了提高数据的准确性,应分各种情况做此项对比试验。

6. 报告编制

报告应包括下列内容:

(1)各测点的最大弯沉及弯沉盆测定数据。

(2)每一个评定路段全部测点弯沉的平均值、标准差、变异系数及代表弯沉。若与贝克曼梁弯沉仪进行对比试验,应报告相关关系式、相关系数、换算的回弹弯沉。

四、激光式高速路面弯沉测定仪

1. 仪器选择

激光式高速路面弯沉测定仪由承载车、检测控制系统、多普勒激光传感器、距离测量系统、温度控制系统等基本部分组成,如图7-12所示,其基本技术参数的要求如下:

(1)测试速度范围:30~90km/h。

(2)激光传感器分辨率:0.01mm/s。

(3)测试激光器数量:不少于4个。

(4)距离标定误差:≤0.1%。

(5)承载车应不少于两轴,为中后轴双侧四轮的载重车,其技术参数:后轴标准轴载、单侧双轮荷载、轮胎气压应符合表7-2的要求。

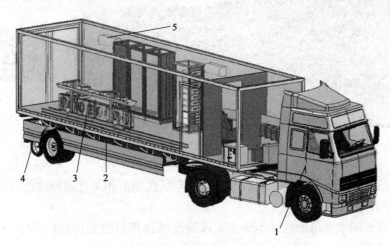

图7-12 激光式高速路面弯沉测定仪结构示意图
1-承载车;2-检测控制系统;3-多普勒激光传感器;4-距离测量系统;5-温度控制系统

2. 测试准备

(1)检查承载车后轴标准轴载、单侧双轮荷载、轮胎气压等参数,应符合表7-2的要求。

(2)检查承载车和传感器的性能。

(3)开启并检查设备的全部系统,计算机、软件采集与计算、警示灯均应正常。

(4)开动激光式高速路面弯沉测定仪进行试测,确保系统正常运行。

(5)当在沥青路面上测试时,通过气象台了解前5天的平均气温(日最高气温与最低气温的平均值)。

(6)记录沥青路面结构层类型、设计厚度等情况。

3. 弯沉测试步骤

(1)通电预热,保证设备舱内达到要求的温度,并开启警示灯及导向灯等警告标志。

(2)放下距离测试轮,按照测试路段的现场技术要求设置所需的测试状态。

(3)使承载车加速到正常车速,沿正常行车轨迹驶入测试路段,保持正常行驶。

(4)在承载车到达测试路段起点前开始测量,确保至少有200m的有效路段,并在承载车到达测试路段起点时进行标记。在测试路段中如遇桥面、路面条件差或偏离当前测试路段等特殊位置,应做相应的标记来记录桩号等信息。

(5)当承载车到达测试路段终点时,应在终点做标记,在车辆驶离终点至少200m后停止数据采集,并将系统各部分恢复至准备状态。

(6)检查测试数据,文件应完整,数据结果应正常,否则需要重新测试。

(7)关闭测试系统电源,结束测试。

4. 结果计算

通过专用的数据处理软件和计算模型对采集到的数据进行处理,结果如图7-13所示。必要时,对测点弯沉值进行温度、坡度修正,并计算一个测试路段的弯沉平均值、标准差及代表值。

图7-13 弯沉数据的网级可视化展示

注:请扫二维码查看彩色图片(红色:结构弱;绿色:结构强)。

激光式高速路面弯沉测定仪的测值与落锤式弯沉仪测值相关性试验按照以下过程进行。

(1)路段选择

①按弯沉值不同水平范围选择不少于4段路面结构相似的测试路段,长度不小于500m,标记好起终点位置。

②测试路段应平直、无严重破损、无积水、无污染、无交叉口。

③测试路段的路面应清洁干燥,附近不应有重型交通和震动。

④试验宜选择晴天无风的天气条件,测试温度宜在10~35℃范围内,且应选择温度变化不大的时段进行。

(2)对比试验步骤

①落锤式弯沉仪以正常车速对测试路段进行弯沉测试,每隔约10m标记测点位置。

②落锤式弯沉仪测试完毕后,等待10min,然后用激光式高速路面弯沉测定仪测试各点弯沉值。

③按照落锤式弯沉仪测点对应的桩号,从激光式高速路面弯沉测定仪记录数据中提取各测点的弯沉值,并与落锤式弯沉仪测值一一对应,用数理统计的回归分析方法得到落锤式弯

沉仪测值和激光式高速路面弯沉测定仪测值之间的相关性关系式,相关系数 R 应不小于 0.90。

5. 报告编制

报告应包括下列内容：
(1)测试路段信息(桩号、路面结构层材料类型及设计厚度等)。
(2)沥青面层平均温度、温度修正系数、横坡修正系数、弯沉。
(3)若进行相关性试验,还应报告相关性关系式及相关系数。

单元二　水泥混凝土路面抗弯拉强度检测

某平原区双向两车道二级公路,设计车速为 80km/h,路面宽度为 12m,路基宽度为 12m,两侧各 30cm 现浇路缘石。路面结构为 25cm 水泥混凝土面层 +18cm 二灰碎石基层 +20cm 石灰土底基层。请对该公路水泥混凝土面层强度进行检测与评价。

水泥混凝土路面强度的控制和评价指标是弯拉强度或劈裂强度。水泥混凝土路面的抗拉强度是关键项目,涉及整个道路结构的安全和使用性能。水泥混凝土强度的测定技术按其对混凝土结构的影响程度分为破损法和非破损法。其中,破损法是以不影响结构或构件的承载能力为前提,在结构或构件上直接进行局部破坏性试验或直接钻芯样进行破坏性试验。其此类方法较直观可靠,测试结果易为人们接受,但对混凝土结构造成局部破坏,不宜大范围检测且费用较高,因而受到种种限制。非破损(无损)法以混凝土强度与某些物理量之间的相关性为基础,检测时在不影响结构或构件混凝土任何性能的前提下测试这些物理量,然后根据相关关系推算被测混凝土的强度推定值。其主要方法有回弹法、超声法、超声回弹综合法等。此类方法所用仪器简单、操作方便、费用低廉,同时便于大范围检测,在有严格测强曲线的条件下,其测试精度较高。

1. 钻芯法

水泥混凝土路面强度的控制指标为弯拉或劈裂强度。由于弯拉强度试件成型及试验过程比较复杂,现多用劈裂强度来代替。钻芯法是指从硬化混凝土结构物中钻取和检查芯样,测定芯样的劈裂抗拉强度,作为评定结构品质的主要指标。但是由于结构或构件部位的条件、所处位置及受力状态的影响,钻取芯样的数量通常比较少,在一定程度上可作为抽检混凝土强度、均匀性和内部缺陷的指标。

2. 回弹法

回弹法是指用一弹簧驱动的重锤,通过弹击杆,弹击混凝土表面,并测出重锤被反弹回来的距离,以回弹值作为与强度相关的指标来推定混凝土强度的一种方法。该方法适用于在现场对水泥混凝土路面及其他构造物的普遍混凝土抗压强度的快速评定,所检测的水泥混凝厚度不得小于 100mm,不适用于表面与内部质量有明显差异或内部存在缺陷的水泥混凝土强度测试。检测结果可作为混凝土强度的参考,不宜作为仲裁试验或工程验收的最终依据。

3. 超声回弹综合法

超声回弹综合法是指用回弹仪、低频超声仪在现场对水泥混凝土路面按综合法进行快速检测,并利用测强曲线方程推算的抗弯强度。与单一测试方法相比,综合法减少了龄期和含水率的影响,提高了测试精度。该方法适用于视密度为 1.9~2.5t/m³、板厚大于 10cm,龄期大于 14d,强度已经达到设计抗压强度 80% 以上的水泥混凝土;不适用于隐蔽或外露局部缺陷区、裂缝或微裂缝区、路面角隅钢筋和边缘钢筋处、距路面边缘小于 10cm 的部位等情况。现场用超声波回弹综合法测定不能代替试验室标准条件下的抗弯强度测定,不适用于作为仲裁试验或工程验收的最后依据。

任务实施

一、取芯法

1. 仪具选择

(1) 取芯机。

路面取芯机:手推式或车载式。采用 φ150mm 的钻头,配有淋水冷却装置。常见的取芯机如图 7-14 所示。为了满足钻孔和取芯工作的需要,取芯机应具备以下基本功能:

①向钻芯头传递压力,推动钻头前进或后退。
②驱动钻头旋转,并应具有一定范围的转速,以便保证所需要的线速度。
③为了冷却钻头及冲洗钻孔过程中产生的磨削碎屑,应不断供给冷却水。
④钻机应具有足够的刚度和稳定性。
⑤钻机移动、安装和拆卸方便。

为了满足上述 5 个条件,钻芯机一般应包括以下几个部分。取芯机构造如图 7-15 所示。

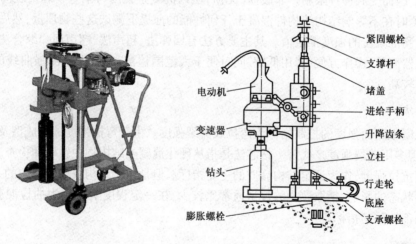

图 7-14 取芯机　　图 7-15 取芯机构造示意图

①机架部分主要由底座、立柱所组成,底座上一般均安装 4 个调节水平用螺栓和两个行走轮。

②进给部分由滑块导轨、升降座、齿轮、进给柄等组成。当把升降座上的紧固螺栓松开后,

利用进给手柄可使升降座安全匀速地上下移动,以保证钻头在允许行程内的前进后退。

③变速器由壳体、变速齿轮、变速手柄和旋转水封等组成。

④给水部分在钻芯过程中,必须供应一定流量的冷却水,水经过水嘴后流入水套内、经过水套进入主轴中心孔,然后经过连接头最后由钻头端部排出。

⑤动力部分主要由电动机、起动机和开关等组成。

钻芯机及其构造示意图如图 7-14、图 7-15 所示。

(2)芯样切割机、岩石磨平机。

当检测混凝土强度时,芯样用切割机加工成具有一定尺寸的试件。芯样切割机由电力驱动,附金刚石锯片,有淋水冷却装置。其切割方式有两种:一种是圆锯片不移动,但工作台可以移动;另一种是锯片平行移动,工作台不动。

(3)人造金刚石空心薄壁钻头。

人造金刚石空心薄壁钻头主要由钢体和胎环部分组成。钢体一般由无缝钢管车制而成。钻头的胎环是由钢系、青铜系、钨系等冶金粉末和适量的人造金刚石浇铸成形。在胎环上加工若干排水槽(一般称水口)。

(4)压力试验机。

压力试验机能满足试件破坏吨位要求。此外,还应具备劈裂夹具、木质三合板垫层,如图 7-16 所示。

(5)游标卡尺:量程不小于 200mm,分度值为 0.02mm。

(6)钢卷尺:量程不小于 5m,分度值为 1mm。

(7)万能角度尺:分度值为 2′。

(8)塞尺:最小分度值为 0.02mm。

(9)钢板尺:长度不小于 300mm。

(10)其他:铁锹、毛刷、硬纸、棉纱、铁盘等。

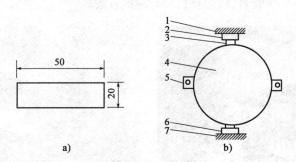

图 7-16 芯样劈裂抗拉试验装置示意图(尺寸单位:cm)
a)夹具钢垫条;b)劈裂夹具
1-压力机压板;2-夹具钢垫条;3-木质或纤维垫层;4-试件;5-侧杆;6-夹具钢垫条;7-压力机压板

2. 测试准备

1)钻芯机具准备及钻头直径的选择

一般根据被测构件的体积及钻取部位确定钻芯的深度,在进行水泥混凝土路面的劈裂抗拉强度和厚度检测时,芯样长度与路面厚度相等。钻头的尺寸应根据检测的目的选择,当钻取的芯样是为了进行强度试验时,则芯样的直径与混凝土粗集料最大粒径之间应保持一定的比例关系。一般情况下,芯样直径为粗集料最大粒径的 3 倍。在钢筋过密或因取芯位置不允许钻取较大芯样的特殊情况下,钻芯直径可为粗集料最大粒径的 2 倍。劈裂试验芯样直径为 150mm,抗压试验芯样直径为 150mm 或 100mm。

2)芯样数量的确定

取芯的数量,应视检测的要求而定。进行强度检测时,一般可分为以下两种情况:

(1)单个构件进行强度检测时,在构件上的取芯个数一般不少于 3 个;当构件的体积或截面积较小时,取芯过多会影响结构承载能力,这时可取 2 个。

(2)对构件某一指定局部区域的质量进行检测时,取芯数量应视这一区域的大小而定,如某一区域遭受冻害、火灾、化学腐蚀或质量可疑等情况,这时检测结果仅代表取芯位置的质量,而不能据此对整个构件或结构物强度作出整体评价。对于检查内部缺陷的取芯试验,更应视具体情况而定。

3)取芯位置的选择

取芯时会对结构混凝土造成局部损伤,因此,在选择芯样位置时要特别慎重。其原则:应尽可能选择在结构受力较小的部位;对于一些重要构件或者一些构件的重要区域,尽可能不在这些部位取芯,以免对结构安全造成不利影响。

在一个混凝土构件中,由于施工条件、养护情况及不同位置等的影响,各部分的强度并不均匀一致。当选择钻芯位置时,应考虑这些因素,以使取芯位置混凝土的强度具有代表性。如有条件时,应先对结构混凝土进行超声或超声回弹综合法测试,然后根据检测目的与要求来确定钻芯位置。

3. 测试步骤

1)芯样钻取(图 7-17)

混凝土芯样的钻取是钻芯测强过程的首要环节,是技术性很强的工作。芯样质量的好坏、钻头和钻机的使用有效期限以及工作效率,都与操作者的熟练程度和经验有关。因此,熟练的操作技术、合理调节各部位装置,将会获得较好的钻取效果。

a)

b)

图 7-17 芯样钻取

先将钻机安放稳固(稳固方法有:配重法、真空吸附法、顶杆支撑法和膨胀螺栓法等)并调至水平后,安装好钻头,接通水源,启动电动机,然后操作加压手柄,使钻头慢慢接触混凝土表面。当混凝土表面不平时,下钻时更应特别小心,待钻头入槽稳定后,方可适当加压进钻。

在进钻过程中,应保持冷却水的畅通,水流量宜为 3~5L/mim,出口水温不宜过高。冷却水的作用:一是防止金刚石温度升高烧毁钻头,二是及时排除钻孔中产生的大量混凝土碎屑,以利于钻头不断切削新的工作面和减少钻头的磨损。水流量的大小与进钻速度和直径成正比,以达到料屑能快速排出,又不致四处飞溅为宜。当钻头钻至芯样要求长度后,退钻至离混凝土表面 20~30mm 时停电停水,然后将钻头全部退出混凝土表面。若停电停水过早,则容易发生卡钻现象,尤其在深孔作业时更应特别注意。

移开钻机后,用带弧度的钢钎插入圆形槽并用锤敲击,此时由于弯矩的作用,使芯样在底部与结构断离,然后将芯样提出。取出的芯样应及时编号,并检查外观质量情况,做好记录后,妥善保管,以备切割成标准尺寸的芯样试件。

为了保证安全操作,取芯机操作人员必须穿戴绝缘鞋及其他防护用品。

2)芯样检查与尺寸测量

(1)外观检查。每个试样应详细描述有关裂缝、接缝、分层、麻面或离析等不均匀性,必要时应记录集料情况,估计集料的最大颗粒、行状态及种类,粗细集料的比例和级配;密实性,检查并记录存在的气孔、气孔的位置、尺寸与分布情况,必要时应拍下照片。

(2)平均直径。在钻芯过程中,由于受到钻机振动钻头偏摆等因素的影响,沿芯样高度的直径并不是均匀一致的。也就是说,同一芯样其直径有的部位大,有的部位小。为了方便计算芯样的截面积,以平均直径为代表,测量平均直径[图 7-16a)]用游标卡尺测量芯样中部,在互相垂直的两个位置,取其两次测量的算术平均值作为平均直径,测量精度为 0.5mm。对于直径为 φ100mm 的芯样,当直径测量误差为 0.5mm 时,芯样的截面积误差只有 0.89%,对抗压强度的计算影响不大。当沿芯样高度任一直径与平均直径相差达 2mm 以上时,由于对抗压强度的影响难以估计,因此这样的芯样不能作为抗压试件使用。

(3)芯样高度:用游标卡尺在芯样端面两个垂直直径方向测量,取算术平均值作为芯样高度,精确至 0.5mm,见图 7-18a)。芯样的高度与直径之比应为 1,所以劈裂试验芯样高度为 150mm,抗压试验芯样高度为 150mm 或 100mm。芯样试件的实际高径比小于 0.95 或大于 1.05,这样的芯样不能用作强度试验,相应的测试数据无效。抗压强度尺寸修正系数见表 7-6。

抗压强度尺寸修正系数　　　　　　　表 7-6

高径比 h/d	修正系数	说　明
2.00	1.00	
1.75	0.98	当 h/d 为表列中间值时,修正系数可用内插法循序渐进求得
1.50	0.96	
1.25	0.93	
1.00	0.89	

(4)端面平整度。芯样端面与立方体试块的侧面一样,是进行抗压强度试验时的承压面,其平整度对抗压强度影响很大。当芯样端面不平时,向上比向下引起的应力集中更为剧烈,如同劈裂抗拉强度破坏一样,强度下降更大;当芯样中间凸出 1mm 时,其抗压强度只有平整试件的 1/2 左右,因此国内外标准对芯样端面平整度有严格要求。测量端面平整度时[见图 7-18b)],将钢板尺侧面紧靠在芯样试件承压面(线)上,用塞尺测量钢板尺和承压面(线)之间的缝隙,最大缝隙为芯样试件的平整度。在 100mm 长度范围内缝隙不超过 0.1mm 为合格。

(5)垂直度。芯样两个端面应互相平行且应垂直于轴线。芯样端面与轴线间垂直度偏差过大会降低抗压强度,其影响程度还与试验机的球座及试件的尺寸大小有关。大部分规定垂直度偏差不得超过±1°。垂直度测量[图7-18d)]方法是,用万能角度尺测量芯样试件两个端面与母线的夹角,精确至0.1°。芯样试件端面与轴线的不垂直度应不大于1°。

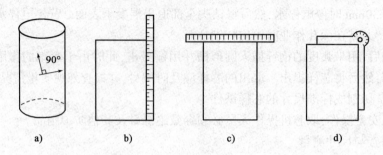

图7-18 芯样尺寸测量示意图
a)测平均直径;b)测高度;c)测平整度;d)测垂直度

3)芯样加工

(1)芯样切割。采用切割机和人造金刚石圆锯片进行切割加工。芯样切割部位的选择和切割机操作正确与否,是保证芯样切割质量好坏的重要环节。芯样加工时切除部分和保留部分应根据检测的目的确定。在一般情况下,应将影响强度试验的缺边、掉角、孔洞、疏松层、钢筋等部分切除。但是,在一些特殊情况下,如为了检测混凝土受冻或疏松层的强度时,在切割加工中要注意保留这一部分混凝土。为了抗压强度试验的方便,在满足试件尺寸要求的前提下,同一批试件应尽可能切割成同样的高度。

(2)芯样端面的修整。芯样在锯切过程中,由于受到振动、夹持不紧或圆锯片偏斜等因素的影响,芯样端面的平整度及垂直度很难完全满足试件尺寸的要求。此时,须采用专用机具进行磨平或补平处理。芯样端面修整方法有磨平法和补平法。磨平法是指在磨平机的磨盘上撒上金刚石砂粒(或直接用金刚石磨轮)对芯样两端进行磨平处理,或采用金刚石车刀在车床上对芯样端面进行车光处理,直到平整度及垂直度达到要求时为止。补平法是指用补平材料对芯样端面进行修整,根据所用材料可分为硫黄补平、硫黄胶泥、硫黄砂浆、水泥净浆、水泥砂浆补平等。

芯样直径两端侧面测定钻取芯样的高度及端面加工或端面加工后的高度,其尺寸差距应在0.25mm之内。

4)劈裂抗拉强度测定

①试验前试件应在(20±2)℃的水中浸泡40h,从水中取出后立即进行试验。

②将试件、劈裂夹具、垫条和垫层(图7-19)放在压力机上,借助夹具两侧杆,将试件对中。

③开动压力机,当压力机压板与夹具垫条接近时,调整球座,使压力均匀接触试件。当压力加到5kN时,将夹具的侧杆抽出,以(60±4)N/s左右的速度连续、均匀施加荷载,直至试件劈裂为止,记下破坏荷载,精确至0.1N。

4. 结果计算

芯样劈裂抗拉强度 R_{ct},按式(7-7)计算:

$$R_{ct} = \frac{2P}{A\pi} = \frac{2P}{\pi d_m \times l_m} \tag{7-7}$$

式中：R_{ct}——芯样劈裂抗拉强度，MPa，精确至 0.1MPa；
  P——极限荷载，N；
  A——芯样劈裂面面积，mm^2；
  d_m——芯样截面的平均直径，mm；
  l_m——芯样平均长度，mm。

按照《公路水泥混凝土路面施工技术细则》(JTG/T F30—2014)中有关规定，可以将劈裂抗拉强度换算成标准试件抗折强度。路面板钻芯、圆柱体劈裂强度与标准小梁弯拉强度与强度换算可按照下列规定进行：

(1)高速公路、一级公路应通过试验得到各自工程的统计公式，用于确定统计公式的试验组数不宜少于 15 组。试验时，试件水泥用量的变动范围宜为 ±50kg/m^3；如强度离散型满足统计要求，可将 ϕ150mm×150mm 钻芯圆柱体和浇筑圆柱体、150mm×150mm×150mm 立方体三者同龄期的劈裂强度视为相等。

(2)二级及二级以下公路混凝土路面板钻芯劈裂强度与标准小梁弯拉强度可根据集料岩石品种和类型，分别按照下列公式换算得出。

石灰岩、花岗岩碎石混凝土：

$$f_c = 1.868 f_{sp}^{0.871} \quad (7\text{-}8)$$

玄武岩碎石混凝土：

$$f_c = 3.035 f_{sp}^{0.423} \quad (7\text{-}9)$$

砾石混凝土：

$$f_c = 1.607 + 1.035 f_{sp} \quad (7\text{-}10)$$

式中：f_c——混凝土标准小梁弯拉强度，MPa；
  f_{sp}——直径为 150mm 钻芯圆柱体混凝土的劈裂强度，MPa。

二、回弹法

1.仪具选择

(1)混凝土回弹仪。指针直读式的混凝土回弹仪，也可以采用数字显示式或自动记录的回弹仪(图 7-20)，其构造和主要零件如图 7-21 所示。混凝土回弹仪应符合下列标准：

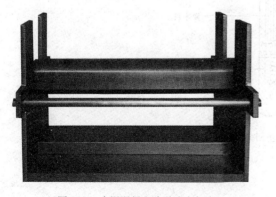

图 7-19 水泥混凝土劈裂试验夹具

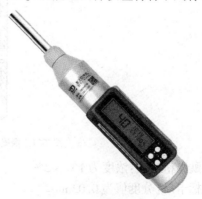

图 7-20 混凝土回弹仪

①水平弹击时,在弹击锤脱钩的瞬间,混凝土回弹仪的标称动能应为2.207J。

②弹击锤与弹击杆碰撞的瞬间,弹击拉簧处于自由状态,此时弹击锤起点应位于刻度尺的零点处。

③在洛氏硬度为(60±2)HRC的钢砧上,回弹仪的率定值应为80±2。

④回弹仪使用时的环境温度应为 -4~40℃。

⑤数字式回弹仪应带有指针直读示值系统,数字显示的回弹值与指针直读示值相差不应超过1。

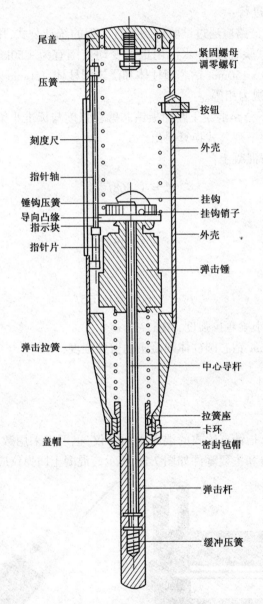

图7-21 混凝土回弹仪结构图

(2)酚酞酒精溶液:浓度为1%~2%。

(3)游标卡尺:分度值为0.02mm。

(4)碳化深度测定仪:分度值为0.25mm。

(5)钢砧:洛氏硬度(60±2)HRC。
(6)其他:手提式砂轮、凿、锤、吸耳球等。

2. 回弹仪检定与保养

回弹法在使用过程中需加强回弹仪和率定钢砧检定及保养工作。

(1)通常有下列情况之一时,由法定计量检定机构进行检定,检定周期为半年。

①新回弹仪启用前;

②弹击拉簧座、弹击杆、缓冲压簧、中心导杆、导向法兰、弹击锤、指针轴、指针片、指针块、挂钩及调零螺栓等主要零件之一经更换后;

③弹击拉簧前端不在拉簧座原孔位或调零螺栓处松动;

④数字式回弹仪数字显示的回弹值与指针直读示值相差大于1;

⑤经保养后,在钢砧上率定值不合格;

⑥遭受严重撞击或其他损害。

(2)回弹仪有下列情况之一时,需进行保养:

①回弹仪弹击超过2000次;

②在钢砧上的率定值不合格;

③对测试值有怀疑。

(3)回弹仪的保养可按下列步骤进行:

①先将弹击锤脱钩,取出机芯,然后卸下弹击杆,取出里面的缓冲弹簧,并取出弹击锤、弹击拉簧和拉簧座。

②清洁机芯各零部件,并应重点清理中心导杆、弹击锤和弹击杆的内孔和冲击面。清理后,应在中心导杆上涂抹一层薄薄的钟表油,其他零部件不得抹油。

③清理机壳内壁,卸下刻度尺,检查指针,其摩擦力应为0.5~0.8N。

④对于数字式回弹仪,还应按产品要求的维护程序进行维护。

⑤保养时,不得旋转尾盖上已定为紧固的调零螺栓,不得自制或更换零部件。

⑥保养后的回弹仪应进行率定。

3. 回弹仪率定

回弹仪有下列情况之一时,应在钢砧上进行率定试验:

(1)进行构件测定前后,如连续数天测试,可在每天测试完毕时率定一次;

(2)测定过程中对回弹值有怀疑时;

(3)如率定试验结果不在规定的80±2范围内,应对回弹仪常规保养后再进行率定,如再次率定仍不合格,应送检定单位检验。

回弹仪率定(图7-22)步骤:回弹仪率定试验宜在温度为5~35℃的条件下进行。率定时钢砧表面应干燥、清洁,钢砧应稳固地平放在刚度大的地面上,回弹仪向下弹击时,弹击杆应分4次旋转,每次旋转约90°,弹击3~5次,取其中最后连续3次且读数稳定的回弹值作为平均率定值。

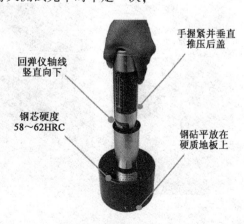

图7-22 回弹仪率定

4. 测试步骤

1）测区与测点布置

（1）当为水泥混凝土路面时，将一块水泥混凝土板作为一个试样，试样的选择按随机取样的方法来决定。每个试样的测区数不宜少于 10 个，相邻两测区的间距宜大于 2m；测区宜在试样的可测表面上均匀分布，测区与构件边缘的距离宜大于 0.5m，并宜避开板边板角，如图 7-23 所示。

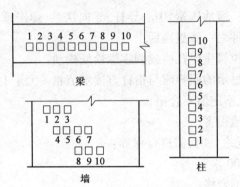

图 7-23　梁、墙、柱测区布置示意图

（2）其他混凝土构造物，测区应避开位于混凝土内保护层附近设置的钢筋，测区宜在试样两相对表面上有两个基本对称的测试面，如果不能满足这一要求时，一个测区只允许有一个测试面。

（3）测区表面应清洁、干燥、平整，不应有接缝、装饰面、粉刷层、浮浆、油垢等蜂窝、麻面，必要时可用砂轮清除表面的杂物和不平整处，磨光的表面不应有残留的粉尘与碎屑。

（4）一个测区的面积宜小于 200mm×200mm，每一测区宜测定 16 测点，相邻两个测点的间距不宜小于 30mm，测点距路面边缘或接缝的距离应不小于 200mm。

（5）对龄期超过 3 个月的硬化混凝土，应测定混凝土表层的碳化深度进行回弹值修正，或用砂轮将碳化深度层打磨掉后进行测定，但经过打磨与未经过打磨的不得混在一起计算或试块强度比较。

2）回弹值测定（图 7-24）

在测试过程中，回弹仪轴线应始终垂直于混凝土路面，具体操作应符合下列要求：

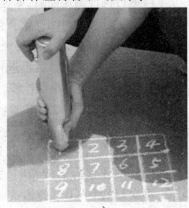

图 7-24　回弹值测定

（1）将回弹仪的弹击杆顶住混凝土表面，轻压仪器，使按钮松开，弹击杆缓慢伸出，并使挂钩挂上弹击锤。

（2）使回弹仪对混凝土表面缓慢均匀施压，待弹击锤脱钩（图7-25），冲击弹击杆后，弹击锤即带动指针向后移动直至到达一定位置时，指针块的刻度线即在刻度尺上指示某一回弹值，测点不应在气孔或外露石子上，同一测点只弹击一次。

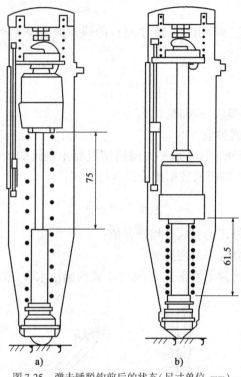

图7-25　弹击锤脱钩前后的状态（尺寸单位：mm）
a）脱钩前；b）脱钩后

（3）使回弹仪继续顶住混凝土表面，进行读数并记录回弹值。若条件不利于读数，可按下按钮，锁住机芯，将回弹仪移至他处读数，准确至1个单位。

（4）逐渐对回弹仪减压，使弹击杆自机壳内伸出，挂钩挂上弹击锤，待下一次使用。当数字式回弹仪长期不用时，需取出电池。

3）碳化深度测定（图7-26）

对龄期超过3个月的混凝土，回弹值测量完毕后，应在有代表性的测区上测量碳化深度值，测点数不应少于构件测区数的30%，应取其平均值作为该构件每个测区的碳化深度值。当碳化深度值极差大于2.0mm时，在每一测区分别测量碳化深度值。

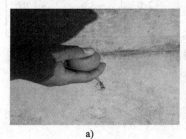 

图7-26　碳化深度测定

测量碳化深度时,可用合适的工具在测区表面形成直径约为 15mm 的孔洞(其深度略大于混凝土的碳化深度),然后用毛刷除去孔洞内的粉末与碎屑(不得用液体冲洗),并立即用浓度为 1%~2% 的酚酞酒精溶液滴在孔洞内壁的边缘处,当已碳化与未碳化界限清楚时(未碳化部分变成紫红色),用碳化深度测定仪或深度游标卡尺测试已碳化与未碳化交界面至混凝土表面的垂直距离三次,取三次测试的平均值作为碳化深度测试结果,准确至 0.5mm。

5. 结果计算

(1) 测区回弹值的计算。将测区的 16 个测点的回弹值去掉 3 个最大值与 3 个最小值,取其余 10 个测量值的平均值:

$$\overline{N}_s = \frac{\sum N_i}{10} \tag{7-11}$$

式中:$\overline{N}_s$——测区的平均回弹值,准确至 0.1;

N_i——第 i 个测点的回弹值。

(2) 测试角度修正。当回弹仪非水平方向测试混凝土浇筑侧面时(图 7-27),应根据回弹仪轴线与水平方向的角度将测得的数据按公式进行修正:

$$\overline{N} = \overline{N}_s + \Delta N \tag{7-12}$$

式中:$\overline{N}$——非水平测定经修正的测区平均回弹值;

$\overline{N}_s$——回弹仪实测的测区平均回弹值;

ΔN——非水平测量的回弹值修正值,由表 7-7 或内插法求得,准确至 0.1。

 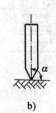 

a)　　　　　b)　　　　　c)　　　　　d)

图 7-27　回弹仪测试角度示意图

a) $\alpha = +90°$; b) $\alpha = -90°$; c) $\alpha = +45°$; d) $\alpha = -45°$

非水平方向测定的修正回弹值　　　　表 7-7

$\overline{N}_s$	与水平方向所成的角度							
	向上				向下			
	+90	+60	+45	+30	-30	-45	-60	-90
20	-6.0	-5.0	-4.0	-3.0	+2.5	+3.0	+3.5	+4.0
30	-5.0	-4.0	-3.5	-2.5	+2.0	+2.5	+3.0	+3.5
40	-4.0	-3.5	-3.0	-2.0	+1.5	+2.0	+2.5	+3.0
50	-3.5	-3.0	-2.5	-1.5	+1.0	+1.5	+2.0	+2.5

(3) 测试面修正。当回弹仪在水平方向测试混凝土浇筑表面或底面时,应将测得数据按式进行修正:

$$\overline{N} = \overline{N}_s + \Delta N_2 \tag{7-13}$$

式中:$\overline{N}$——非水平测定经修正的测区平均回弹值;

$\overline{N}_s$——回弹仪实测的测区平均回弹值;

ΔN_2——底面或表面修正值,由表7-8或内插法求得,准确至0.1。

非混凝土浇筑侧面测定的修正回弹值 表7-8

ΔN_2	表面修正值	底面修正值	ΔN_2	表面修正值	底面修正值
20	+2.5	-3.0	40	+0.5	-1.0
25	+2.0	-2.5	45	0	-0.5
30	+1.5	-2.0	50	0	0
35	+1.0	-1.5			

(4)当测试时回弹仪为非水平方向且测试面为非混凝土浇筑侧面时,应先对回弹值进行角度修正,再对修正后的值进行浇筑面修正。

(5)碳化深度按式(7-14)计算:

$$L = \frac{1}{n}\sum_{i=1}^{n}L_i \tag{7-14}$$

式中:L——碳化深度,mm;

L_i——第i测点碳化深度,mm;

n——测点数。

当平均碳化深度值小于或等于0.4mm时,按无碳化处理(碳化深度为0);当平均碳化深度值等于或大于6.0mm时,取6.0mm;对新浇筑混凝土龄期不超过3个月者,可视为无碳化。

6.混凝土强度推算

(1)当需要将回弹值换算成混凝土的强度时,宜采用下列方法:

有试验条件时,宜通过试验建立实际的测强曲线,但强度曲线仅适用于材料质量、成型、养护和龄期等条件基本相同的混凝土。混凝土的标准试块为15cm×15cm×15cm,采用1.5、1.75、2.0、2.25、2.50五个水灰比,以便得到不少于30对数据。试件与被测对象有相同的养护条件,到达龄期后,先将试块用压力机加压至30~50kN稳定,用回弹仪在两侧面分别测定8个测点,计算平均回弹值;然后进行抗压强度试验,用最小二乘法建立二者相关关系的推定式,推定式可为直线式或其他各种形式,但相关系数R不得小于0.9;最后,根据测区平均回弹值利用测强曲线推定混凝土的抗压强度。

(2)当无足够的试验数据或相关关系的推定式不满足条件时,可按式(7-15)计算混凝土的抗压强度:

$$R_n = 0.025\overline{N}^{2.108} \times 10^{-0.0358\overline{L}} \tag{7-15}$$

式中:R_n——水泥混凝土的抗压强度,MPa;

$\overline{N}$——测区混凝土平均回弹值;

$\overline{L}$——测区混凝土平均碳化深度值,mm。

(3)当没有条件通过试验建立实际的测强曲线时,每个测区混凝土的抗压强度值R_n可按平均回弹值及平均碳化深度根据表7-9查得。

(4)计算测定对象全部推定混凝土抗压强度的平均值、标准差、变异系数。

7.混凝土抗压强度评定

(1)混凝土的平均强度按式(7-16)计算:

$$\overline{R}_n = \frac{\sum R_{ni}}{n} \tag{7-16}$$

式中：$\bar{R}_n$——结构（或构件）混凝土强度的平均值，MPa（精度 0.1MPa）；

R_{ni}——第 i 个测区结构混凝土的抗压强度，MPa；

n——n 测区数，对于单个评定的结构或构件，取一个试件的测区数，对于抽样评定的结构或构件，取抽取试样测区数之和。

(2) 当测区数 $n \geq 10$ 时，按式(7-17)计算标准差：

$$S_n = \sqrt{\frac{\sum_{i=1}^{n}(R_{ni}-\bar{R})^2}{n-1}} \tag{7-17}$$

式中：S_n——构件混凝土强度标准差，精确至 0.01MPa。

(3) 结构（或构件）混凝土强度的评定。用回弹法检测的混凝土结构或构件，多属于重要结构，应用数理统计方法进行评定。

结构或构件的混凝土强度推定值(R_n)应按下列公式确定。

① 当该构件或结构的测区数 $n < 10$ 时，则

$$R_n = (R_{ni})_{\min} \tag{7-18}$$

式中：$(R_{ni})_{\min}$——构件中最小的测区混凝土强度值。

② 当该结构或构件的测区强度值中出现小于 10MPa 时，则

$$R_n < 10\text{MPa} \tag{7-19}$$

③ 当该构件或结构的测区数 $n \geq 10$ 或按批量检测时，则

$$R_n = \bar{R}_n - 1.645 S_n \tag{7-20}$$

8. 报告编制

报告应包括下列内容：

(1) 测区混凝土平均回弹值。

(2) 测强曲线、回弹值与抗压强度相关关系式，相关系数。

(3) 各测区的抗压强度推定结果。

(4) 推定的混凝土抗压强度的平均值、标准差、变异系数（表7-9）。

测区混凝土抗压强度换算 表7-9

平均回弹值 $\bar{N}$	平均碳化深度值 $\bar{L}$(mm)												
	0	0.5	1.0	1.5	2.0	2.5	3.0	3.5	4.0	4.5	5.0	5.5	6.0
	测区混凝土抗压强度值 R_n(MPa)												
20	10.3	9.9											
21	11.4	10.0	10.5	10.1									
22	12.5	12.0	11.5	11.0	10.6	10.2	9.8						
23	13.7	13.1	12.6	12.1	11.6	11.1	10.7	10.2	9.8				
24	14.9	14.3	13.7	13.2	12.6	12.1	11.6	11.2	10.7	10.3	9.8		
25	16.2	15.5	14.9	14.3	13.7	13.1	12.6	12.1	11.6	11.1	10.7	10.3	9.9
26	17.5	16.8	16.1	15.4	14.8	14.2	13.7	13.1	12.6	12.1	11.6	11.1	10.7
27	18.9	18.1	17.4	16.7	16.0	15.8	14.7	14.1	13.6	13.0	12.5	12.0	11.5
28	20.3	19.5	18.7	17.9	17.2	16.5	15.8	15.2	14.6	14.0	13.4	12.9	12.4

续上表

平均回弹值$\bar{N}$	平均碳化深度值$\bar{L}$(mm)												
	0	0.5	1.0	1.5	2.0	2.5	3.0	3.5	4.0	4.5	5.0	5.5	6.0
	测区混凝土抗压强度值R_n(MPa)												
29	21.8	20.9	20.1	19.2	18.5	17.7	17.0	16.3	15.7	15.0	14.4	13.8	13.3
30	23.3	22.4	21.5	20.6	19.8	19.0	18.2	17.5	16.8	16.1	15.4	14.8	14.2
31	24.9	23.9	22.9	22.0	21.1	20.3	19.4	18.7	17.9	17.2	16.5	15.8	15.2
32	26.5	25.5	24.4	23.5	22.5	21.6	20.7	19.9	19.1	18.3	17.6	16.9	16.2
33	28.2	27.1	26.0	25.0	23.9	23.0	22.0	21.2	20.3	19.5	18.7	17.9	17.2
34	30.0	28.8	27.6	26.5	25.4	24.4	23.4	22.5	21.6	20.7	19.9	19.1	18.3
35	31.8	30.5	29.8	28.1	27.0	25.9	24.9	23.8	22.9	21.9	21,0	20.2	19.4
36	33.6	32.3	31.0	29.7	28.5	27.4	26.3	25.2	24.2	23.3	22.3	21.4	20.5
37	35.5	34.1	32.7	31.4	30.1	28.9	27.8	26.6	25.6	24.5	23.5	22.6	21.7
38	37.5	36.0	34.5	33.1	31.8	30.0	29.3	28.1	27.0	25.9	24.8	23.8	22.9
39	39.5	37.9	36.4	34.9	33.5	32.2	30.9	29.6	28.4	27.8	26.2	25.1	24.1
40	41.6	39.9	38.3	36.7	35.5	33.8	32.5	31.2	29.9	28.7	27.5	26.4	25.4
41	43.7	41.9	40.2	38.6	37.0	35.6	34.1	32.7	31.4	30.1	28.9	27.8	26.6
42	45.9	44.0	42.2	40.5	38.9	37.8	35.8	34.4	33.0	31.6	30.4	29.1	28.0
43	48.1	46.1	44.3	42.5	40.8	39.1	37.5	36.0	34.6	33.2	31.8	30.6	29.3
44		48.3	46.4	44.5	42.7	41.1	39.5	37.9	36.4	34.9	33.3	32.0	30.7
45			48.5	46.6	44.7	42.9	41.1	39.5	37.9	36.4	34.9	33.5	32.1
46				48.7	46.7	44.8	43.0	41.3	39.6	38.0	36.5	35.0	33.6
47					48.8	46.8	44.9	43.1	41.3	39.7	38.1	36.5	35.1
48						48.8	46.8	44.9	43.1	41.4	39.7	38.1	36.6
49							48.8	46.9	45.0	43.1	41.4	39.7	38.1
50								48.8	46.8	44.9	43.1	41.4	39.7
51									48.7	46.8	44.9	43.1	41.8
52										48.6	46.7	44.8	43.0
53											48.5	46.5	44.6
54												48.3	46.4

三、超声回弹法检验水泥混凝土路面抗弯拉强度

1. 仪具选择

(1)超声波检测仪。它主要由电脉冲发生器、一对换能器、一具放大器和测量由发射换能器发出电脉冲的始点起至接受换能器接收到脉冲始点止的时间间隔的电子计时装置等组成,如图7-28所示。发射换能器发射的超声波经耦合进入混凝土,在混凝土中传播后,为接受换能器所接受并转换成电信号,电信号被送至超声波,经放大后显示在示波器屏上,同时测量超声波有关参数,如声传播时间(声时)、接受波振幅(波幅)、频率等功能。

超声波检测仪应有良好的稳定性,应具有示波屏显示及手动游标测读功能。显示应清晰

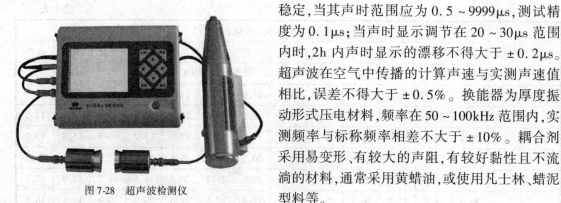

图 7-28 超声波检测仪

稳定,当其声时范围应为 0.5~9999μs,测试精度为 0.1μs;当声时显示调节在 20~30μs 范围内时,2h 内声时显示的漂移不得大于 ±0.2μs。超声波在空气中传播的计算声速与实测声速值相比,误差不得大于 ±0.5%。换能器为厚度振动形式压电材料,频率在 50~100kHz 范围内,实测频率与标称频率相差不大于 ±10%。耦合剂采用易变形、有较大的声阻,有较好黏性且不流淌的材料,通常采用黄蜡油,或使用凡士林、蜡泥型料等。

(2) 回弹仪、钢砧、碳化深度测定仪等。

2. 测试准备

(1) 确认水泥混凝土的密度为 1.9~2.5g/cm³,板厚大于 100mm,龄期大于 14d,强度已达到设计强度的 80% 以上,环境温度为 -4~40℃。

(2) 测区和测点布置。

按规程方法进行随机选点,确定测定的水泥混凝土板,将每一块水泥混凝土路面板作为一个试样,均匀布置 10 个测区,每个测区不宜小于 150mm×550mm,测试面应清洁、干净、平整,不得有蜂窝、麻面,对浮浆和油垢以及粗糙处应清洗或用砂轮磨平,并擦净残余粉尘。

每个测区的测点宜在测区范围内均匀分布,但不得布置在气孔或外露石子上,相邻两测点的距离不宜小于 30cm。

3. 测试步骤

1) 回弹值和碳化深度值的测量和计算

见回弹法测定混凝土抗压强度相关内容。

2) 超声声时值测量

测量前应视测距大小将仪器的发射电压器调在某一档,将仪器"增益"调至较大位置保持不动。仪器接通电源前应检查电压,接上电源后,仪器宜预热 10min;对仪器进行标定,换能器与标定棒应耦合良好,对于有示波器的应将首波波幅调节至 30~40mm,并将游标调至首波起始位置后测读声时值。对于有调零装置的仪器,应调节零电位器以扣除初读数。

声时测量时,测点布置在回弹测试的同一测区内。先在测点上涂少许耦合剂(如黄油、凡士林等),再将发射与接收换能器分别耦合在测区同一测点对应位置上,且发射与接收换能器应在同一轴线上(对测),如图 7-29a)所示,且发射与接收换能器轴线应互相平行,两换能器间隔为定值(平测)如图 7-29b)所示。每个测区内的相对测试面上,应各布置 3 个测点。每个测点测试时均应将接收信号的首波波幅调整好,并将游标调至首波前沿基线弯曲的起始位置,即可读取声时值(精确至 0.1μs),并记录该测点的声时值。对特殊构件应准确量取两换能器间的距离以确定测距。

声时值测量的具体步骤如下:

(1) 在进行回弹测试的同一测区内布置三条轴线,作为换能器布置区,如图 7-30 所示。

(2) 在换能器放置处抹上耦合剂(测量超声时值时,耦合剂应与建立测强曲线时所用的耦合剂相同)。

(3)将换能器分别放置轴线Ⅰ的1点及2点处,换能器与路面混凝土应充分接触,耦合良好,发射和接收两换能器直径与测轴线重合,边缘与测距相切。超声波振幅应调到规定的振幅(2.5~3.0cm)。测读声时值为t_{11},准确至$0.1\mu s$。

(4)放置在1点处的换能器不变,将放置在2点的换能器移置到3点处,再测读声时值为t_{12},准确至$0.1\mu s$。

(5)按上述方法测量测轴线Ⅱ、Ⅲ,得到声时分别为t_{21}、t_{22}、t_{31}、t_{32}。

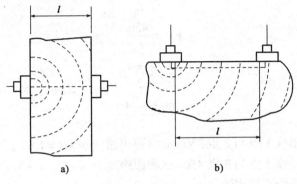

图7-29 声时值测量
a)对测示意图;b)平测示意图

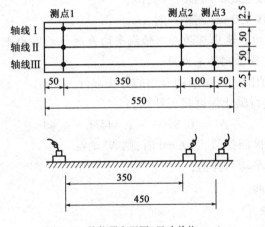

图7-30 换能器布置图(尺寸单位:mm)

3)波幅测量

在波幅测量时,应在保持换能器良好耦合状态下采用下列两种方法之一进行读取:

(1)刻度法。将衰减固定在某一衰减位置,从仪器示波屏上读取首波幅度(格数)。

(2)衰减值法。采用衰减器将波幅调至一定高度(如5mm或一格刻度),读取衰减器上的分贝值。

4)频率测量

频率测量时,应先将游标脉冲调至首波前半个周期的波谷(或波峰),读取声时值t_1(μs),再将游标脉冲调至相邻的波谷(或波峰),读取声时值t_2(μs),由此计算出i点第一周期波的频率为:

$$f_i = \frac{1000}{t_1 - t_2} \tag{7-21}$$

5)波形观察

波形观察主要观察接收信号的波形是否畸变或包络线的形状,必要时可描绘或拍照。仪器使用完毕,应及时做好清理工作,换能器应擦拭干净单独存放;换能器的耦合面应避免磨损。

4. 结果计算

(1)按下列公式计算测区的超声波声速,计算结果准确至 0.01km/s。

$$v_{i1} = \frac{350}{t_{i1}} \tag{7-22}$$

$$v_{i2} = \frac{450}{t_{i2}} \tag{7-23}$$

$$v_i = \frac{v_{i1} + v_{i2}}{2} \tag{7-24}$$

$$v = \frac{v_1 + v_2 + v_3}{3} \tag{7-25}$$

式中:v_{i1}——第 i 条测轴线 1 点与 2 点 350mm 测距声速,km/s;$i = 1 \sim 3$;

v_{i2}——第 i 条测轴线 1 点与 3 点 450mm 测距声速,km/s;$i = 1 \sim 3$;

v_i——第 i 条测轴线平均声速,km/s;$i = 1 \sim 3$;

v——测区平均声速,km/s;

t_{i1}——第 i 条测轴线 350mm 测距声时,μs;

t_{i2}——第 i 条测轴线 450mm 测距声时,μs。

注:当三条测轴线平均声速中有两条测轴线平均声速与测区的平均声速之差都超过测区平均声速的 15% 时,该测区检测结果无效。

(2)碳化深度、回弹值的计算按前面介绍的方法进行。

(3)对实测回弹值进行碳化深度修正计算。

$$N' = 0.879N - 1.4443L + 4.48 \tag{7-26}$$

式中:N'——修正后的测区回弹值,当 $L = 0$ 时,则 $N' = N$;

N——实测的测区平均回弹值;

L——碳化深度,mm。

5. 混凝土抗折强度推算

1)测强曲线方程的确定

建立专用测强曲线方程,取用与路面混凝土相同的原材料,设计几种不同水灰比的混凝土配合比(一般设计 4 种配合比,其中包括路面施工时的配合比),对每种配合比制成 150mm×150mm×550mm 的梁式试件(不少于 6 个),在标准条件下养护 28d 后,按上述方法进行超声及回弹检测,并按《公路工程水泥及水泥混凝土试验规程》(JTG E30—2005)进行抗弯(折)强度试验,再用二元非线性方程回归,确定回归系数,得出测强曲线方程,相对标准误差 e 应不大于 12%。

$$R_f = av^b e^{cN} \tag{7-27}$$

式中:R_f——混凝土抗弯(折)强度,MPa;

v——超声波声速,km/s;

N——修正后的回弹值;

a,b,c——回归系数;

e——自然常数。

相对标准误差 e_r 按式(7-25)计算:

$$e_r = \sqrt{\frac{\sum (R'_{fi}/R_{fi} - 1)^2}{n-1}} \times 100 \tag{7-28}$$

式中:R'_{fi}——第 i 块试件实测抗弯(折)强度,MPa;

R_{fi}——第 i 块试件由超声—回弹推算的抗弯(折)强度,MPa;

n——试件数(按块计)。

2)混凝土路面抗弯(折)强度推算

每一段(或子段)中每一幅为一个单位作为抗弯(折)强度评定对象。

评定抗弯(折)强度第一条件和第二条件值按下式进行计算:

$$R_{n1} = 1.18(\overline{R} - mS_n)$$
$$R_{n2} = 1.18(R_{fi})_{min} \tag{7-29}$$

式中:R_{n1}——抗弯(折)强度第一条件值,MPa,准确至0.1MPa;

R_{n2}——抗弯(折)强度第二条件值,MPa,准确至0.1MPa;

S_n——抗弯(折)强度标准差,MPa,按下式计算,准确至0.1MPa;按式(7-27)计算:

$$S_n = \sqrt{\frac{\sum (R_{fi})^2 - n(\overline{R}_n)^2}{n-1}} \tag{7-30}$$

$\overline{R}_n$——抗弯(折)强度的平均值,MPa,按 $\overline{R}_n = \frac{1}{n}\sum R_{fi}$ 计算,准确至0.1MPa;

R_{fi}——第 i 测区推算的抗弯(折)强度,MPa;

$(R_{fi})_{min}$——所有推算的抗弯(折)强度的最小值,MPa;

n——测区数;

m——合格判定系数值,当 $n=10\sim14$ 时,$m=1.7$;当 $n=15\sim24$ 时,$m=1.65$;当 $n \geq 25$ 时,$m=1.60$。

3)混凝土抗弯强度评定值 R_n

按第一条件值及第二条件值中的较小者作为混凝土抗弯强度评定值 R_n。

$$R_n = \min\{R_{n1}, R_{n2}\} \tag{7-31}$$

6.报告编制

报告编制应包含水泥混凝土路面抗折强度检测记录表与报告。

思考与练习

1.何为弯沉值?弯沉值常用哪几种方法进行测定?各测定方法有何特点?

2.某路段粒料类基层施工质量检查中,标准轴载测得10点的弯沉值分别为100、101、102、110、95、98、93、96、103、104(单位:0.01mm),该路段的弯沉值是否满足要求[保证率系数2.0,设计弯沉值为115(单位:0.01mm)]。

3.简述用回弹法和超声回弹综合法测定结构混凝土强度的基本原理。

4.钻孔取芯法检测混凝土强度对芯样的数量、取芯位置及芯样尺寸有何规定?

模块八　路基路面承载比 CBR 及回弹模量检测

知识目标

1. 掌握承载板法测定土基回弹模量的方法；
2. 熟悉贝克曼梁法测定路基路面回弹模量的方法；
3. 掌握室内 CBR 试验方法；
4. 熟悉现场土基 CBR 测定方法。

能力目标

1. 能进行路基路面回弹模量检测与评定；
2. 能进行土基 CBR 检测与评定。

路基是路面结构的基础，是道路基层、面层平整稳定的关键，它承受着土体本身的自重和路面结构的重力，同时还承受由路面传递下来的车辆荷载，所以路基是公路的承重主体。没有稳定的路基，就谈不上稳固的路面，而路面则直接与车辆接触，长期承受车辆荷载，这就要求路面要有足够的承载能力。

加州承载比 CBR，是评价路基土和路面材料承载力的指标之一，通常作为路基土和路面材料的设计参数采用。另外，回弹模量也是评价路基土和各种路面材料强度的重要指标，是路面设计必不可少的参数之一，可以反映土基和路面材料在荷载作用下变形的性质。在一定车轮荷载作用下，回弹模量越大，说明路基或路面材料的变形越小，即刚度越大；反之，则说明路基或路面材料的变形大，刚度小。随着对施工质量要求的提高，加州承载比 CBR 和回弹模量值的检验将会作为控制施工质量的重要指标。

单元一　土基承载比 CBR 检测

任务描述

江苏某地区在建城市主干路，采用Ⅱ级标准，路基土为砂质低液限黏土。上路床深度 30cm，设计要求压实度≥96%，路床顶面土基 CBR 值大于 10%。现已经完成上路床填土，需现场测试土基 CBR 值，请评定其是否符合设计要求。

相关知识

一、加州承载比 CBR 定义

加州承载比（California Bearing Ratio, CBR）由美国加利福尼亚州公路局首先提出，是评定路基土和路面材料强度的指标之一。它是指试料在一定面积的贯入杆作用下,贯入量达2.5mm和5.0mm时单位压力与标准碎石压入相同贯入量时的标准荷载强度的比值,标准压强是由优质碎石大量试验得到的,当贯入量为2.5mm时标准压强为7MPa,当贯入量为5.0mm时标准压强为10.5MPa。此法简单,数据稳定,被许多国家作为路基土和路面材料的设计参数采用。目前我国已将其列入《公路路基设计规范》(JTG D30—2015)、《公路路基施工技术规范》(JTG F10—2018)和《公路沥青路面设计规范》(JTG D50—2017)作为路基填料选择的依据。贯入杆直径50mm,标准荷载与贯入量之间的关系见表8-1。

标准荷载与贯入量之间的关系　　　　　　　表8-1

贯入量(mm)	标准荷载强度(kPa)	标准荷载(kN)
2.5	7000	13.7
5.0	10500	20.3
7.5	13400	26.3
10.0	16200	31.8
12.5	18300	36.0

二、加州承载比CBR检测方法

CBR试验有室内试验和现场检测两种。

1. 室内CBR试验

室内试验时,试件按路基施工时的含水率及压实度要求在试筒内制备,并在加载前浸泡在水中饱水4d。为了模拟路面结构层的自重压力,需施加半圆荷载板。其质量应根据预定的路面结构质量来确定,但不得小于45N,试件浸水至少淹没顶面2.5cm。该试验方法仅适用于在规定的试筒内制件后,对各种土和路面基层、底基层材料进行承载比试验,并要求混合料的最大粒径应控制在19mm以内,最大不得超过31.5mm。

2. 土基现场CBR值检测

CBR值现场试验方法基本上与室内试验相同,但其压入试验直接在土基顶面或路面材料顶面进行。在公路现场条件下,土基含水率、压实度与标准条件不同,为与室内CBR试验一致,在规范中要求在试验贯入前,先在贯入杆上施加45N荷载调零后再进行测试。该方法适用于在现场测定各种土基材料的现场CBR值,同时也适用于基层、底基层砂类土、天然砂砾、级配碎石等材料CBR值的试验,所用试样的最大集料粒径宜小于19.0mm,最大不得超过31.5mm。

3. 动力锥贯入仪测定路基路面CBR

动力锥贯入仪可以在现场快速测定或评估无结合料材料路基、路面的强度。

在实际使用中,对细粒土的检测效果较好,对于粗粒土、土石混填、压实后的粒料基层,检测过程有一定难度。

任务实施

一、室内CBR试验

1. 仪具选择

(1)方孔筛。孔径为31.5mm、19mm或16mm及4.75mm的筛各一个。

(2)试筒。内径为152mm,高为170mm 的金属圆筒,套环高为50mm;筒内垫块直径为151mm,高为50mm;夯击底板(同击实仪),如图8-1 所示。试筒可采用击实试验用的试筒,共需要9个。

(3)手动或电动击实仪。夯锤的底面直径为50mm,总重为4.5kg,落距为450mm,与击实试验法所用相同。

(4)百分表。3个(包括应力环中的百分表)。

(5)试件顶面上的多孔板(测试件吸水时的膨胀量用),如图8-2 所示。

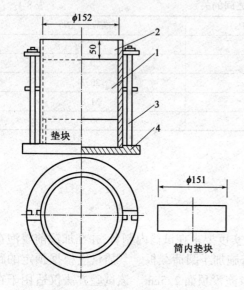

图8-1 承载比试筒(尺寸单位:mm)
1-试筒;2-套环;3-拉杆;4-夯击底板

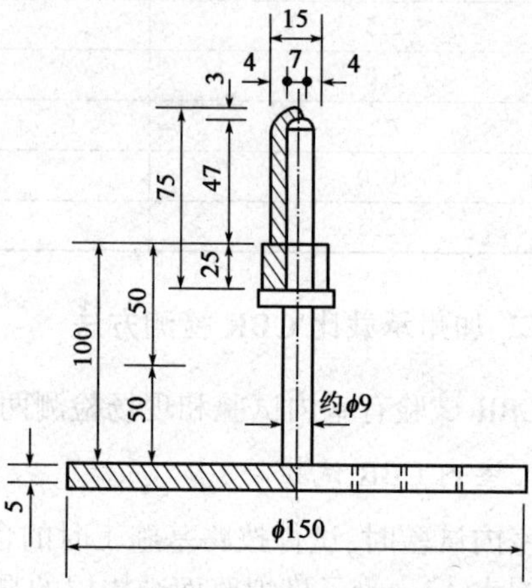

图8-2 带调节杆的多孔板(尺寸单位:mm)

(6)多孔底板(试件放上后浸泡水中)。

(7)测膨胀量时支撑百分表的架子,如图8-3 所示。

(8)荷载板。直径为1500mm,中心孔眼直径为52mm,每块重1.25kg,共4块,并沿直径分为两个半圆块,如图8-4 所示。

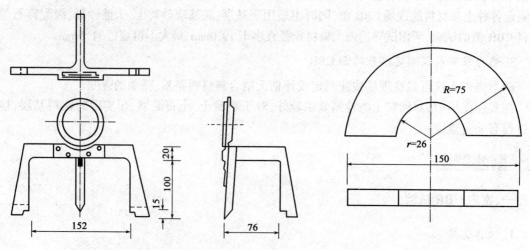

图8-3 膨胀量测定装置(尺寸单位:mm)

图8-4 荷载板(尺寸单位:mm)

（9）水槽。浸泡试件用，槽内水面应高出试件顶面25mm。

（10）贯入杆。端面直径为50mm，长约100mm的金属柱。

（11）路面材料强度试验仪或其他加载装置，重力小于50kN，能调节贯入速度到每分钟贯入1mm，如图8-5所示。

（12）其他。台秤（感量为试件用料量的0.1%）、拌和盘、直尺、滤纸、脱模器等与重型击实试验相同。

2. 测试准备

（1）CBR试验一般要同时制作3组试件，每组试件为3个，共应制作9个试件。试件的制作可以用击实法，也可以用静压法，试件制作如图8-6所示。击实法又可分为三层击实法和五层击实法(仅适用于细粒土)。当采用三层击实法制作试件时，3组试件均分三层击实。不同的是第一组试件每个试件每层击实次数为30次，第二组试件每个试件每层击实次数为50次，第三组试件每个试件每层击实次数为98次；当用五层击实法制作试件时，第一组试件每个试件每层击实次数为18次，第二组试件每个试件每层击实次数为30次，第三组试件每个试件每层击实次数为59次。不同的击实次数可使试件的干密度从低于90%到等于100%的最大干密度(9个试件共需试料约50kg)。

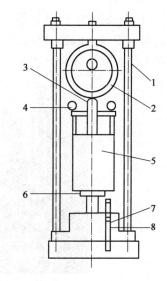

图8-5 手摇测力计式荷载装置示意图
1-框架；2-量力环；3-贯入杆；4-百分表；5-试件；6-升降台；7-蜗轮蜗杆箱；8-摇把

（2）将具有代表性的风干试料(必要时，也可以在50℃烘箱内烘干)用木锤或木碾捣碎，但应注意不能使土和粒料的单个颗粒破碎。应将土团捣碎并使之能通过4.75mm的筛孔。

（3）采取有代表性的试料100kg，用31.5mm的筛筛除大于31.5mm的颗粒，并记录超尺寸颗粒的百分率。

（4）在预做试验之前，取有代表性的试料测定风干含水率。对于粒径小于4.75mm的细粒土，试样不少于100g；对于粒径小于19mm的中粒土，试样不少于1000g；对于粒径小于31.5mm的粗粒土，试样应不少于2000g。

（5）将已过筛的试料，用四分法逐次分小，至最后取出约50kg试料，再用四分法将取出的试样分成9份，每份大约重5kg(如为粗粒土和中粒土，每份重约5kg；如为细粒土，每份重约4kg)。称每份试料的质量，并使9份材料的质量相等。

（6）按最佳含水率制备试样，将一份试料平铺在金属盘内，将事先计算的该份试料中应加的水量均匀地喷洒在试料上。加水量按式(8-1)计算。用小铲将料充分拌和至均匀状态，然后装入密封容器或塑料口袋内浸润备用。

$$m_w = \frac{m_i}{1+0.01w_i} \times 0.01(w-w_i) \qquad (8-1)$$

式中：m_w——所需加水量，g；

m_i——含水率 w_i 时土样的质量，g；

w_i——土样原有含水率，%；

w——要求达到的含水率，%。

（7）浸润时间。重黏土不得少于24h，轻黏土可缩短为12h，砂土可缩短为1h，天然砂砾、红土砂砾、级配砾石可缩短为2h，含土很少的筛分碎石、砂砾及砂可以缩短为1h。

3. 试件制作(图 8-6)

1)击实法

(1)制备每个试件时,都要取样测定浸润后试料的含水率 w(此含水率应与最佳含水率接近),对于细粒土(最大粒径为 4.75mm),每次取样不少于 100g,中粒中每次取样不少于 500g,粗粒土每次取样不少于 1000g。

a) b)

图 8-6 试件制作
a)击实法;b)静压法

(2)将试筒(击实筒)称重后,连同底板和套环一起放在坚实(最好是水泥混凝土)的地面上,取制备好的试样 1700g 左右(其量应使击实后的试样略高于筒高的 1/3)倒入筒内,整平其表面后稍加压紧,然后按所需击实次数进行第一层试样的击实。击实时,击锤应自由垂直落下,落高应为 45cm。锤迹必须均匀分布于试样面上。第一层击实后,检查该层的高度是否合适,以便调整之后两层的试样用量;然后用刮刀或螺丝刀将已击实层的表面"刮松",再重复上述做法,进行其余两层试样的击实,最后一层击实后,试样超出试筒顶的高度不得大于 10mm,超出高度大于 10mm 的试件应该作废。

(3)卸下套环,用直刮刀沿试筒顶修平击实的试件,表面不平整处用细料修补;取出垫块,称量试筒和试件的质量 m_2;并计算试件的湿密度、干密度以及每组试件的平均干密度。

2)静压法

(1)按预定干密度根据式(8-2)计算每一试件所需要的试料质量。

$$m_i = \rho_c V K_i (1 + w_0) \tag{8-2}$$

式中:m_i——试样的质量,g;

V——试样的体积,cm^3;

ρ_c——试样的最大干密度,g/cm^3;

w_0——试样的最佳含水率,%;

K_i——试样的压实度,第一组土取 90%,第二组土取 95%,第三组土取 100%。

(2)称取一个试件的质量,全部装入已称重的试筒内;再放到压力机上加压,直至压头全部进入试筒。值得注意的是,要确保试件的体积为 $2177cm^3$。

(3)称土加筒的质量,并计算试件的湿密度、干密度(按最佳含水率)以及每组试件的平均干密度。

4. 泡水测膨胀量

膨胀量的测定如图 8-7 所示。

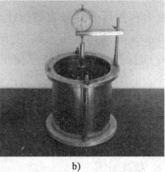

图 8-7 膨胀量测定

泡水的目的是让路基的含水率达到饱和(这相当于南方的梅雨季节或北方的秋灌季节),在这种最不利情况下测试路基填料的强度。

(1)将称量后的试件加试筒反过来放到铺有滤纸的多孔底板上。取下试件顶面的破残滤纸,放一张好的滤纸,并在其上安放附有调节杆的多孔顶板,在板上加 4 块荷载板(荷载板应交错放置,上下板缝隙不应对齐),使试件面上的压力相当于该材料上路面结构层的压力。

(2)将试筒与多孔板一起放在水槽内(先不放水)并用拉杆将模具拉紧,安装百分表,并读取初始读数。

(3)向水槽内放水,使水自由进到试件的顶部和底部,在泡水期间,槽内水面应保持在试件顶面以上约 25mm,通常试件要泡水 4 昼夜(96h),这相当于路基土在连续降雨或受水浸泡达到饱和状态的情况。

(4)泡水终了时,读取试件上百分表的终读数,并按下式计算膨胀量:

$$膨胀量 = \frac{泡水后试件高度变化}{原试件高(=120mm)} \times 100$$

(5)从水槽中取出试件,倒出试件顶面的水,静置 15min,让其排水;然后卸去荷载板,多孔顶板、底板及滤纸,并称量其质量 m_3,以计算试件的湿度和密度的变化。

5. 贯入试验(图 8-8)

图 8-8 贯入试验

(1)将泡水试验终了的试件放到路面材料强度试验仪的升降台上,调整扁球座,使贯入杆与试件顶面全部接触。在贯入杆周围放置4块荷载板。

(2)先在贯入杆上施加45N荷载,以使贯入杆下材料的受力与荷载板下材料受力相同,并使贯入杆与材料充分接触,然后将测力和测形变百分表的指针都调至零位。

(3)加载,使贯入杆以1~1.25mm/min的速度压入试件,记录测力环内百分表(或测变形百分表)某些整读数(如20、40、60…)时的贯入量,并注意使贯入量250×10^{-2}mm时,能有5个以上的读数。因此,测力环内百分表的第一个读数应是贯入量30×10^{-2}mm左右,总贯入量应超过700×10^{-2}mm。

(4)贯入试验结束后,将试样从筒中取出,称量空筒质量m_4。

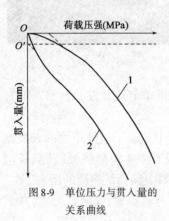

图8-9 单位压力与贯入量的关系曲线

6. 结果计算

(1)以单位压力(P)为横坐标、贯入量(L)为纵坐标,绘制P-L关系曲线,如图8-9所示。图8-9中的曲线1是合适的,而曲线2开始段凹曲线,需要进行修正。修正时在变曲率点引出一条切线,与纵坐标轴相交于O'点,O'点即修正后的原点。

(2)一般采用贯入量为2.5mm时的压力与标准压力之比作为材料的承载比CBR,即:

$$\text{CBR} = \frac{P}{7000} \times 100\% \tag{8-3}$$

式中:CBR——承载比,%;

P——贯入量为2.5mm时的单位压力,kPa。

当贯入量为5mm时,承载比CBR为:

$$\text{CBR} = \frac{P}{10500} \times 100\%$$

如果贯入量为5mm时的承载比大于2.5mm时的承载比,则须重做试验;若重做试验后结果仍然如此,则采用5mm时的承载比。

(3)试件的湿密度可用下式计算:

$$\rho_w = \frac{m_2 - m_1}{2177} \tag{8-4}$$

式中:ρ_w——试件的湿密度,g/cm³;

m_2——试筒和试件合质量,g;

m_1——试筒的质量,g;

2177——试筒的容积 cm³。

(4)试件的干密度用下式计算:

$$\rho_d = \frac{\rho_w}{1 + 0.01w} \tag{8-5}$$

式中:ρ_d——试件的干密度,g/cm³;

w——试件的含水率,%。

(5)泡水后试件的吸水量按下式计算:

$$w_a = m_3 - m_2 \tag{8-6}$$

式中：w_a——泡水后试件的吸水量，g；

m_3——泡水后试筒和试件合质量，g；

m_2——试筒和试件合质量，g。

7. 报告编制

试验报告应包括下列内容：

(1) 材料的颗粒组成（包括 31.5mm 以上的颗粒）。

(2) 最佳含水率和最大干密度。

(3) 预期达到的干密度。

(4) 承载比（CBR），承载比小于 100，准确到 5%；承载比大于 100，准确到 10%。

(5) 材料的膨胀量。

二、土基现场 CBR 值测试（图 8-10）

1. 仪具选择

(1) 反力装置。装载有铁块或集料等重物的载货汽车，后轴重不小于 60kN，在汽车大梁的后轴之后设有一根加劲横梁作反力架。

图 8-10 现场 CBR 测试

(2) 荷载装置。如图 8-11 所示，现场 CBR 测试装置由千斤顶（机械或液压）、测力计（测力环或压力表）及球座组成。千斤顶可使贯入杆的贯入速度调节成 1mm/min。测力计的容量不小于土基强度，测定精度不小于测力计量程的 1%。

(3) 贯入杆。直径为 50mm，长约 200mm 的金属圆柱体。

(4) 承载板。每块为 1.25kg，直径为 150mm，中心孔眼直径为 52mm，不少于 4 块，并沿直径分为两个半圆块。

(5) 贯入量测定装置。由刚性平台及百分表组成，百分表量程为 20mm（精度准确至 0.01mm），数量 2 个，对称固定于贯入杆上，端部与平台接触，平台跨度不小于 50cm。此设备也可用两台贝克曼梁弯沉仪代替。

(6) 细砂。洁净干燥的细干砂，粒径为 0.3～0.6mm。

(7) 其他。例如，铁铲、盘、直尺、毛刷、天平等。

2. 测试准备

(1) 测点准备。将试验地点直径约 30cm 范围的表面找平,用毛刷刷净浮土,如果表面为粗粒土时,应撒布少许洁净的干砂填平,但不能覆盖全部土基表面,避免形成砂层。

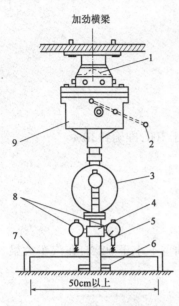

图 8-11 现场 CBR 测试装置示意图
1-加载千斤顶;2-手柄;3-测力计;4-百分表;5-百分表夹持具;6-贯入杆;7-平台;8-承载板;9-球座

(2) 安装测试设备。按图 8-11 中所示设置贯入杆及千斤顶,贯入杆应与土基表面紧密接触,千斤顶顶在加劲横梁上并调节至高度适中。

(3) 安装贯入量测定装置。将支架平台、百分表(或两台贝克曼梁弯沉仪)按图 8-11 中所示安装好。

3. 检测步骤

(1) 在贯入杆位置安放 4 块各 1.25kg 的分开成半圆的承载板,共 5kg。

(2) 试验贯入前,先在贯入杆上施加 45N 荷载后,将测力计及贯入量百分表调至零位,或记录初始读数。

(3) 起动千斤顶,使贯入杆以 1mm/min 的速度压入土基,相应于贯入量为 0.5mm、1.0mm、1.5mm、2.0mm、2.5mm、3.0mm、4.0mm、5.0mm、7.5m、10.0mm 及 12.5mm 时,分别读取测力计读数。用千斤顶连续加载时,两个贯入量百分表及测力计均应在同时刻读数。当两个百分表读数差值不超过平均值的 30% 时,以其平均值作为贯入量;当两个表读数差值超过平均值的 30% 时,应停止试验,并检查原因。根据情况,也可在贯入量达 7.5mm 时结束试验。

(4) 卸除荷载,移去测定装置。

(5) 在试验点下取样,测定材料含水率。取样数量如下:
①最大粒径不大于 4.75mm,试样数量约 120g。
②最大粒径不大于 19.0mm,试样数量约 250g。
③最大粒径不大于 31.5mm,试样数量约 500g。

(6) 在紧靠试验点旁边的适当位置,用灌砂法或环刀法等测定土基的密度。

4. 结果计算

(1) 用贯入试验得到的各等级荷重数除以贯入断面积(1963.5mm^2),得到各级压强(MPa),绘制荷载压强-贯入量曲线,如图 8-12 所示。图中曲线 1 不用修正,曲线 2 在起点处有明显凹凸,需要进行修正。修正时,在曲线的拐弯处做一切线,与纵坐标交于 O' 点,O' 点即为修正后的原点,从而得到修正后的荷载压强-贯入量曲线。

(2) 从压强-贯入量曲线上读取贯入量为 2.5mm 及 5.0mm 时的荷载压强 P_1,按式(8-7)计算现场 CBR 值。CBR 一般以贯入量为 2.5mm 时的测定值为准,当贯入量为 5.0mm 时的 CBR 大于贯入量为 2.5mm 时的 CBR 时,应重新做试验;如果重新试验仍然如此时,则以贯入量为 5.0mm

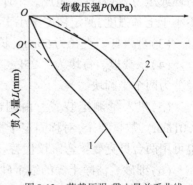

图 8-12 荷载压强-贯入量关系曲线

时的 CBR 为准。

$$\mathrm{CBR}(\%) = \frac{P}{P_0} \times 100\% \tag{8-7}$$

式中：P——荷载压强，MPa；

P_0——标准压强，当贯入量为 2.5mm 时为 7MPa，当贯入量为 5.0mm 时为 10.5MPa。

5. 报告编制

试验报告应包括下列结果：

(1) 土基含水率，%。

(2) 测点的干密度，g/cm³。

(3) 现场 CBR 值及相应的贯入量。

三、动力锥贯入仪测定路基路面 CBR

1. 仪器选择

(1) 动力锥贯入仪（DCP）。其结构与形状如图 8-13 所示，其实物图如图 8-14 所示，它主要包括手柄、落锤、导向杆、联轴器（锤座）、扶手、夹紧环、探杆、1m 刻度尺、锥头。

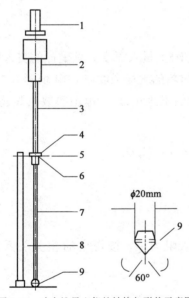

图 8-13　动力锥贯入仪的结构与形状示意图
1-手柄;2-落锤;3-导向杆;4-联轴器;5-扶手;6-夹紧环;
7-探杆;8-1m 刻度尺;9-锥头

图 8-14　动力锥贯入仪实物图

标准落锤质量为 10kg，落锤材料应采用 45 号碳素钢或优于 45 号碳素钢的钢材，表面淬火后硬度为 45～50HRC，探杆和接头材料应采用耐疲劳强度的钢材。

锥头锥尖角度为 60°，最大直径为 20mm。允许磨损尺寸 2mm，锥头最大允许磨损尺寸为 4mm，否则必须更换。

(2) 电钻。

(3) 其他。例如，扳手、铁铲、记录本等。

2. 测试准备

(1) 利用当地材料进行对比试验，建立现场 CBR 值或强度与用 DCP 测定的贯入度 D_d 或

贯入阻力 Q_d 之间的相关关系。测点数宜不少于 15 个,相关系数 R 应不小于 0.95。

(2)放入落锤,将仪器的导向杆与探杆在联轴器处紧固连接,保证不会松动。

(3)将 DCP 竖直立于硬地(如混凝土)上,然后记录零读数。

(4)根据需要选择有代表性的测点,测点应位于平整的路基、路面基层、面层上。如果要探测的层位上面有难以穿透的坚硬结构层时,应钻孔或刨挖至其顶面。

3.测试步骤

(1)将 DCP 放至测点位置。一人手扶仪器手柄,使探杆保持竖直。一人提起落锤至导向杆顶端,然后松开,使之呈自由落体下落。如果试验中探杆稍有倾斜,不可扶正;如果试验中探杆倾斜较大,造成落锤不是自由落体,则该点试验应废弃。

(2)读取贯入深度。每贯入约 10mm 读一次数,记录锤击数和贯入量(mm)。

注:对于粒料基层,可能每 5 次或每 10 次锤击读数一次;对于比较软弱的结构层,可能每 1~2 次锤击读数一次。

(3)连续锤击、测量,直到需要的结构层深度。当材料层坚硬,贯入量低至连续锤击 10 次而无变化时,可以停止试验或钻孔透过后继续试验。

(4)将落锤移走,从探坑中取出 DCP 仪器。

4.结果计算

(1)DCP 的测试结果可用以锤击次数为横坐标、贯入深度为纵坐标的贯入曲线表示,或者使用专用的计算机程序进行处理,得到结构层材料的现场强度或 CBR 值等。

(2)通常可以计算出贯入度 D_d(平均每次的贯入量,mm/锤击次数),按得出的相关关系式计算 CBR 值。

$$\lg(CBR) = a - b\lg D_d \tag{8-8}$$

式中:CBR——结构层材料的现场 CBR 值;

D_d——贯入量,mm;

a,b——回归系数。

(3)可以按荷兰公式(8-9)计算出动贯入阻力 Q_d,按得出的相关关系式(8-10)计算 CBR 值。

$$Q_d = \frac{m}{m + m_0} \cdot \frac{mgH}{AD_d} \tag{8-9}$$

式中:Q_d——动贯入阻力,kPa;

m_0——贯入器即被打入部分(包括锥头、探杆、锤座和导向杆等)的质量,kg;

m——落锤质量,kg;

g——重力加速度,$g = 9.8 m/s^2$;

H——落距,m;

A——探头截面积,cm^2。

$$\lg(CBR) = a + b\lg D_d \tag{8-10}$$

式中:CBR——结构层材料的现场 CBR 值;

a,b——回归系数。

5. 报告编制

测试报告应包括下列事项:
(1)动力锥贯入仪的型号参数。
(2)各测点的位置桩号、锤击次数及相应的贯入量,并附贯入曲线图。
(3)数据处理方法,现场强度或 CBR 值、结构层厚度等。

单元二 路基路面回弹模量检测

任务描述

江苏某地区在建城市主干路为Ⅱ级标准,路基设计要求快车道、慢车道、人行道路面底、路床顶面土基回弹模量≥60MPa,换算成弯沉值200(0.01mm),凡达不到此要求,均须分别根据不同情况给予补强。现已完成路床顶面施工,需进行包括土基回弹模量的各项实测项目的验收。

相关知识

回弹模量既是评价路基土和各种路面材料强度的重要指标,也是路面设计必不可少的参数之一,它可以反映路基和路面材料在荷载作用下变形的性质。在一定的车轮荷载作用下,回弹模量越大,说明路基或路面材料的变形越小,即刚度越大;反之,则说明路基或路面材料的变形大,刚度小。回弹模量同样也会影响路基的使用质量和使用有效期,并且随着施工质量的提高,回弹模量值的检验将会作为控制施工质量的一个重要指标。

回弹模量的确定有多种方式,最可靠的方式是直接在道路上现场进行回弹模量测定。当不具备现场测定的条件时,也可根据经验公式或采用规范中提出的回弹模量建议值作为路面设计的参数。为了使回弹模量的取值更符合实际情况,还可以将当地的路基土或与规范相应的路面材料取回室内,进行室内模拟试验。目前国内常用的测定回弹模量的方法主要有:承载板法、贝克曼梁法和其他间接测试方法(如落球仪测定法)。

(1)承载板法适用于在现场土基表面,通过使用承载板对土基逐级加载、卸载的方法,测出每级荷载下相应的土基回弹变形值,通过计算求得土基回弹模量。所测定的土基回弹模量可作为路面设计参数使用。

(2)贝克曼梁法适用于在土基、厚度不小于1m 的粒料整层表面,通过测试各测点的回弹弯沉值,计算求得该材料的回弹模量值。该方法也适用于在既有道路表面测试路基路面的综合回弹模量。

(3)落球仪测试法适用于快速测试黏土、粉土、砂石土、砾石土土质路基的压缩模量和回弹模量。落球仪测试得到的回弹模量与承载板法和贝克曼梁法的回弹模量有很好的相关性,影响落球测试结果的主要因素有材料的粒径以及级配,与承载板试验相比,落球仪测试的结果一般偏大,而且粒径越大的材料,其偏差程度往往也越高,所以不适用于最大粒径超过100mm 的土质路基模量测试。另外,由于落球仪测试的深度范围要浅于贝克曼梁弯沉,因此落球仪测试受材料表面影响较大,当表面湿润时,落球仪测试的回弹模量结果明显偏小,而在有重车反复过往的路段时,落球测试结果则明显偏大。

任务实施

一、承载板测定土基回弹模量

承载板试验现场测试装置如图 8-15 所示。

1. 仪具选择

(1) 反力装置：载有铁块或集料等重物，后轴重不小于 60kN 的载重汽车一辆，在汽车大梁的后轴之后约 80cm 处，附设一根加劲横梁作反力架。汽车轮胎充气压力为 0.50MPa。

(2) 荷载装置。如图 8-16 所示，承载板试验现场测试装置由千斤顶、测力计(测力环或压力表)及球座等组成。

图 8-15 承载板试验现场测试装置

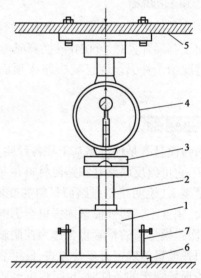

图 8-16 承载板试验现场测试装置示意图
1-加载千斤顶；2-钢圆筒；3-钢板球座；4-测力计；5-加劲横梁；6-承载板；7-立柱与支座

(3) 刚性承载板一块，板厚为 20mm，直径为 30cm，直径两端设有立柱和可以调整高度的支座供安放弯沉仪测头，承载板安放在土基表面上。

(4) 路面弯沉仪两台，由贝克曼梁、百分表及其支架组成。

(5) 液压千斤顶一台，80~100kN，装有经过标定的压力表或测力环，其容量不小于土基强度，测定精度不小于测力计量程的 1%。

(6) 秒表。

(7) 水平尺。

(8) 其他。例如，细砂、毛刷、垂球、镐、铁锹、铲等。

2. 测试准备

(1) 根据需要选择有代表性的测点。测点应位于水平的路基上，土质均匀，不含杂物。

(2) 仔细平整土基表面，撒干燥洁净的细砂填平土基凹处。砂不可覆盖全部土基表面，避免形成夹层。

(3) 安置承载板，并用水平尺进行校正，使承载板处于水平状态。

(4)将试验车置于测点上,在加劲横梁的中部悬架垂球测试,使之恰好对准承载板中心,然后收起垂球。

(5)在承载板上安放千斤顶,上面衬垫钢圆筒、钢板,并将球座置于顶部,与加劲横梁接触。若用测力环时,应将测力环置于千斤顶与横梁中间,千斤顶及衬垫物必须保持垂直,以免加压时千斤顶倾倒引发事故,并影响测试数据的准确性。

(6)安放弯沉仪,将两台弯沉仪的测头分别置于承载板立柱的支座上,百分表调至零位或其他合适的初始位置上。

3. 测试步骤

(1)用千斤顶开始加载,注视测力环与压力表,至预压为 0.05MPa,稳压 1min,使承载板土基紧密接触,同时检查百分表的工作情况是否正常,然后放松千斤顶油门卸载,稳压 1min 后,将指针对准零位或记录初始读数。

(2)测定土基的压力——变形曲线。用千斤顶加载,采用逐级加载卸载法,用压力表或测力环控制加载量,当荷载小于 0.1MPa 时,每级增加 0.02MPa,以后每级增加 0.04MPa 左右。为了使加载与计算方便,加载数值可适当调整为整数。每次加载到预定荷载(P)后,稳定 1min,立即读记两台弯沉仪百分表数值,然后轻轻放开千斤顶油门卸载至 0,待卸载稳定 1min 后,再次读数,每次卸载后百分表不再对零。当两台弯沉仪百分表读数之差小于平均值的 30% 时,取平均值;如果超过 30%,则应重测。当回弹变形值超过 1mm 时,即可停止加载。

(3)各级荷载的回弹变形和总变形,按以下方法计算:

回弹变形(L) = (加载后读数平均值 – 卸载后读数平均值) × 贝克曼梁杠杆比

总变形(L') = (加载后读数平均值 – 加载初始前读数平均值) × 贝克曼梁杠杆比

(4)测定总影响量 α。最后一次加载卸载循环结束后,取走千斤顶,重新读取百分表初读数,然后将汽车开出 10m 以外,读取终读数,按以下方法计算总影响量。

总影响量(α) = (百分表和读数平均值 – 百分表终读数平均值) × 贝克曼梁杠杆比

(5)在试验点下取样,测定含水率,取样数量如下:

①最大粒径不大于 4.75mm,试样的数量约为 120g。

②最大粒径不大于 19mm,试样的数量约为 250g。

③最大粒径不大于 31.5mm,试样的数量约为 500g。

(6)在紧靠试验点旁边适当的位置,用灌砂法或环刀法等方法测定土基的密度。

(7)本试验的各项数据可填写在记录表上。

4. 结果计算

(1)各级压力的回弹变形值加上该级的影响量(表 8-2)后,则为计算回弹变形值。各级压力下的影响量 α_i 按式(8-11)计算:

$$\alpha_i = \frac{(T_1 + T_2)\pi D^2 P_i}{4T_1 Q}\alpha \tag{8-11}$$

式中:T_1——测试车前后轴距,m;

T_2——加劲小梁距后轴距离,m;

D——承载板直径,m;

Q——测试车的后轴重,N;

P_i——各级承载板压力,Pa;

α——总影响量(0.01mm);
α_i——该级压力的分级影响量(0.01mm)。

各级荷载影响量(后轴60kN车) 表8-2

承载板压力(MPa)	0.05	0.10	0.15	0.20	0.30	0.4	0.5
影响量	0.06α	0.12α	0.18α	0.24α	0.36α	0.48α	0.60α

(2)将各级计算回弹变形值点绘于标准计算纸上,排除显著偏离的异常点并绘制出顺滑的 P-L 曲线,如曲线起始部分出现反弯,应按图8-17所示修正原点 O,O'则是修正后的原点。

(3)按式(8-12)计算相应于各级荷载下的土基回弹模量 E 值:

$$E_i = \frac{\pi D}{4} \cdot \frac{P_i}{L_i}(1-\mu^2) \tag{8-12}$$

式中:E_i——相应于各级荷载下的土基回弹模量,MPa;
μ——土样的泊松比,根据路面设计规范规定选用;
D——承载板直径30mm;
P_i——承载板压力,MPa;
L_i——相对于荷载 P_i 时的回弹变形,cm。

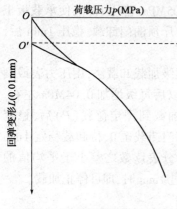

图8-17 土基回弹模量 P-L 曲线

(4)取结束试验前的各回弹变形值按线性回归方法由式(8-13)计算土基回弹模量 E_0 值:

$$E_0 = \frac{\pi D}{4} \cdot \frac{\sum P_i}{\sum L_i}(1-\mu_0^2) = 20.7 \frac{\sum p_i}{\sum L_i} \tag{8-13}$$

式中:E_0——土基回弹模量,MPa;
μ_0——土样的泊松比,根据部颁路面设计规范规定选用;
P_i——对应于 L_i 的各级压力值;
L_i——结束试验前的各级实测回弹变形值。

5.报告编制

试验报告应记录下列内容:
(1)试验时所采用的汽车。
(2)近期的天气情况。
(3)试验时的土基含水率(%)。
(4)土基密度和压实度。
(5)相应于各级荷载下的土基回弹模量 E_i 值。
(6)土基回弹模量 E_0 值(MPa)。

二、贝克曼梁法测定路基路面回弹模量

1.仪具选择

(1)加载车。双轴,后轴双侧4轮的载重车。其标准轴荷载、轮胎尺寸、轮胎间隙及轮胎气压等主要参数应符合表8-3。

加载车参数要求 表 8-3

标准轴载等级	BZZ-100	标准轴载等级	BZZ-100
后轴标准轴载 P(kN)	100 ± 1	单轮传压面当量圆面积(mm^2)	$(3.56 ± 0.20) × 10^4$
一侧双轮荷载(kN)	50 ± 0.5	轮隙宽度	应满足能自由插入弯沉仪测头的测试要求
轮胎充气压力(MPa)	0.70 ± 0.05		

(2)路面弯沉仪。它由贝克曼梁、百分表及表架组成。贝克曼梁由合金铝制成,上有水准泡,其前臂(接触路面)与后臂(装百分表)长度比为 2:1,标准弯沉仪前后臂分别为 2.4m 和 1.2m,加长弯沉仪分别为 3.6m 和 1.8m。弯沉采用百分表量得。

(3)路表温度计。分度不大于 1℃。

(4)接长杆。直径 ϕ16mm,长为 500mm。

(5)其他。例如,皮尺、口哨、粉笔和指挥旗等。

2.测试准备

(1)选择洁净的路基路面表面作为测点,在测点处做好标记并编号。

(2)无结合料粒料基层的整层试验段(试槽)应符合下列要求:

①整层试槽可修筑在行车带范围内,或者路肩,或者其他合适处,也可在室内修筑,但均应适于用汽车测定弯沉。

②试槽应选择在干燥或中湿路段处,不得铺筑在软土基上。

③试槽面积不小于 3m × 2m,厚度不宜小于 1m。铺筑时,先挖 3m × 2m × 1m(长 × 宽 × 深)的坑;然后用欲测定的同一种路面材料按有关施工规范规定的压实层厚度分层铺筑并压实,直至顶面,使其达到要求的压实度标准。

注:严格控制材料组成、级配应均匀一致,符合施工质量要求。

④试槽表面的测点间距可按图 8-18 所示的布置在中间 2m × 1m 的范围内,可测定 23 点。

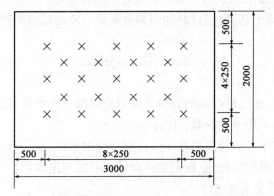

图 8-18 试槽表面的测点布置(尺寸单位:mm)

3.测试步骤

选择适当的弯沉车,实测路面各点处的路面回弹弯沉值 L_i。当在旧沥青面层上测定时,应读取温度,并按规定方法进行测定弯沉值的修订,得到标准温度 20℃时的弯沉值。

4.结果计算

(1)计算全部测定值的算术平均值($\bar{L}$)、单次测量的标准差(S)和自然误差(r_0)。

$$\bar{L} = \frac{\sum L_i}{N} \qquad (8\text{-}14)$$

$$S_i = \frac{\sqrt{\sum (L_i - \bar{L})^2}}{N - 1} \qquad (8\text{-}15)$$

$$r_0 = 0.675S \qquad (8\text{-}16)$$

式中：$\bar{L}$——回弹弯沉的平均值，0.01mm；

　　　S_i——回弹弯沉值的标准差；

　　　r_0——回弹弯沉值的自然误差，0.01mm；

　　　L_i——各测点的回弹弯沉值，0.01mm；

　　　N——测点总数。

(2)计算各测点的测定值与算术平均值的偏差值 $d_i = L_i - \bar{L}$，并计算较大的偏差与自然误差之比 d_i/r_0。当某个测点观测值的 d_i/r_0 值大于表8-4中的 d/r 极限值时，则应舍去该测点，然后重复计算各测点的算术平均值及标准差。

相应于不同观测次数的 d/r 极限值　　　表8-4

N	5	10	15	20	50
d/r	2.5	2.9	3.2	3.3	3.8

(3)按式(8-17)计算代表弯沉值：

$$L_r = \bar{L} + S \qquad (8\text{-}17)$$

式中：L_r——计算代表弯沉值；

　　　$\bar{L}$——舍去不符合要求测点后所余各测点弯沉的算术平均值；

　　　S——舍去不符合要求测点后所余各测点弯沉的标准差。

(4)按式(8-18)计算土基、整层材料的回弹模量或旧路的综合回弹模量：

$$E = \frac{2p\delta}{L_r}(1 - \mu^2)\alpha \qquad (8\text{-}18)$$

式中：E——计算的土基、整层材料的回弹模量或旧路的综合回弹模量，MPa；

　　　p——测定车轮的平均垂直荷载，MPa；

　　　δ——测定用标准车双圆荷载单轮传压面当量圆的半径，cm；

　　　μ——测定基层材料的泊松比，根据路面设计规范的规定取用；

　　　α——弯沉系数，其值为0.712。

5.报告编制

报告应包括下列事项：

(1)弯沉测定表。

(2)计算的代表弯沉。

(3)采用的泊松比及计算得到的材料回弹模量 E 等。

(4)对于沥青路面还应报告测定的路面温度。

三、落球仪测试土质路基模量

1. 仪具选择

(1)落球仪:由碰撞装置、信号采集装置、测试及解析软件等组成,其最大影响深度为250mm,结构与形状如图8-19所示,主要技术要求如下:

①碰撞装置:由球冠、把手构成,采用不锈钢制成,退火硬度不大于235HB,淬火回火硬度不小于192HB。球冠曲率半径为(120±5)mm,当球冠表面有凹凸不平时,应更换。球冠质量为(19.1±0.2)kg,把手质量应小于1.3kg。

②信号采集装置:采用加速度传感器,该加速度传感器安装在碰撞球冠中,可记录落体与结构对象发生碰撞时的加速度变化过程。其中:系统应具有预触发机能;信号增益应可调,以适应不同强度的土体;A/D卡的采样间隔不应长于$2\mu s$,分辨率不应低于16Bit。

③测试及解析软件:能够记录、保存测试数据,具备滤波功能,并能够自动分析各测试参数。

(2)其他:卷尺、限位支架、安装工具。

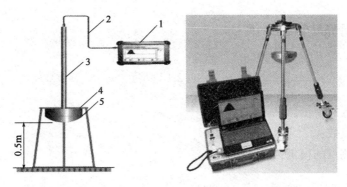

图8-19 落球仪的形状与结构示意图
1-主机;2-电荷电缆;3-把手;4-限位支架;5-球冠

2. 测试准备

(1)选择测试区域,在测试区域做好标记并编号,每车道可10~20m设一测区,测区还应满足以下条件:

①表面无明显积水或潮湿现象,无明显碎石等杂物,表面填筑材料较为均匀。

②土基面坡度小于10°。

③附近无影响测试的施工作业、磁场、静电等。

(2)选择测点,每个测区至少包含7个测点,各测点间距应大于500mm,并避开明显的大粒径填料。测点布置可参考图8-20。

(3)连接并调试好仪器设备。

(4)设定球冠的质量、曲率半径、模量、泊松比及其下落高度,并根据测试路段的材料种类,根据表8-5选取合适的泊松比μ_s和修正系数κ。

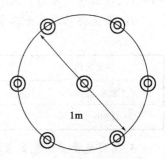

图8-20 测点布置示意图

各材料泊松比及修正系数   表8-5

材料	砾石土	砂土	粉土	黏土
泊松比 μ_s	0.20	0.30	0.35	0.40
修正系数 κ	0.66	0.85	0.90	1.00

3. 测试步骤

(1)将落球仪放至测点区域,调节限位支架以保证球冠底部距测点表面的距离为0.5m。若不采用限位支架,则应用直尺量测球冠底部距测点表面的高度,并保证其为0.5m。

(2)手扶把手垂直提升至限定位置,松开把手,让球冠做自由落体,并与测试面碰撞,设备自动采集并输出该测点的压缩或回弹模量。

(3)有效测点的测试波形应近似为半个正弦波,如果波形噪声太大(如毛刺太多),可在测点铺一层报纸或塑料薄膜,以减少土体材料与球冠的摩擦静电。

(4)确认测点数据有效后,保存采集数据。每个测点只能测试1次,在同一位置不能重复测试。

4. 结果计算

按式(8-19)计算每个测区的模量:

$$\tilde{E} = \frac{N}{\sum_{i=1}^{N}(1/E_i)} \tag{8-19}$$

式中:$\tilde{E}$——测区的模量,MPa;

N——测点数;

E_i——各测点的模量,MPa。

5. 报告编制

报告应包括测试路段信息(桩号、材料种类等)和模量。

思考与练习

1. 什么是CBR?简述室内CBR试验步骤。

2. 已知某高速公路工地的某土样的CBR试验结果(表8-6),试分析在路基压实度 $K = 94\%$ 时,该土样可否用于上路床。

注:高速公路路基上路床CBR要求不低于8%。

试 验 结 果   表8-6

击实次数	30	50	98
干密度(g/cm³)	1.78	1.91	2.06
CBR(%)	2.2	4.1	9.4

3. 用贝克曼梁法测定某路段的综合回弹模量,经整合各测点弯沉值分别为38、45、32、42、36、37、40、44、52、46、42、45、37、41、44(单位:0.01mm)。其中,测试车后轴重100kN(轮胎压力

为0.7MPa,当量圆半径为10.65cm),请计算该路段的综合回弹模量。[注：$E = 0.712 \times 2pr/L_r$ $(1-\mu^2)$, $\mu = 0.3$]

4. 某土基承载板试验结果见表8-7,请绘制 P-L 曲线,并计算该处的 E_0。（注：$\alpha_i = 0.79$ $p_i\alpha$, $\mu_0 = 0.35$

试验结果　　　　　　　　　　　　　表8-7

序号	承载板压力 (MPa)	百分表读数(0.01mm)			
		加载后		卸载后	
		左	右	左	右
1	0.02	14	13	3	3
2	0.04	28	29	7	8
3	0.06	38	40	8	9
4	0.08	52	54	10	11
5	0.10	66	72	12	14
总影响量	0	左6			
		右8			

模块九 路基路面材料检测

> **知识目标**
>
> 1. 掌握土的含水率的测定方法;
> 2. 掌握土的击实试验方法;
> 3. 掌握水泥或石灰稳定土中石灰水泥剂量测定方法;
> 4. 掌握无机结合料稳定材料无侧限抗压强度测试方法;
> 5. 掌握沥青混合料稳定度测试方法;
> 6. 掌握水泥混凝土抗折强度测试方法。

> **能力目标**
>
> 1. 能进行土的含水率测定;
> 2. 能进行土的击实试验;
> 3. 能进行水泥或石灰稳定土中石灰水泥剂量测定;
> 4. 能进行无机结合料稳定材料无侧限抗压强度检测;
> 5. 能进行沥青混合料稳定度检测;
> 6. 能进行水泥混凝土抗折强度检测。

单元一 土的含水率检测

 **任务描述**

某二级公路,设计速度为80km/h,路基宽度为12m,路面宽度为12m,路基为土方路基,路面为3cm细粒式沥青混合料+4cm中粒式沥青混合料,18cm石灰粉煤灰稳定碎石基层,20cm石灰土底基层。现将进行路基施工,需先测定路基土的含水率等相关技术参数。

 **相关知识**

土作为路基的主要材料,其含水率的变化将使土的一系列物理力学性质随之而变。土中含水率的不同,可使土成为坚硬的、可塑的或流动的土;同时能使土的结构强度、孔隙水压力、有效应力及稳定性发生变化。因此,选择合适的方法进行土的含水率测试,是研究土的物理力学性质不可缺少的工作。

土中的水可分为强结合水、弱结合水及自由水。一般认为,在105~110℃温度下能将土中自由水蒸发掉。工程上将含水率定义为土中自由水的质量与土粒质量之比的百分数,其定义式为:

$$w = \frac{m_w}{m_s} \times 100 \tag{9-1}$$

式中：w——含水率，%；
　　　m_w——土中水的质量，g；
　　　m_s——干土质量，g。

测定土的含水率常用的方法有烘干法、酒精燃烧法，此外还有比重法、核子仪法、红外线照射法、实容积法、微波加热法、碳化钙气压法等。烘干法是测定土的含水率的标准方法，适用于黏质土、粉质土、砂类土和特殊土（有机质土、石膏土等）。酒精燃烧法适用于施工现场快速简易测定土的含水率，适用于无黏性或一般黏性细粒土，不适用于含有机质土、石膏土、含盐较多的土、黏粒含量和塑性指数过大的土以及巨粒土等。

任务实施

一、烘干法

1. 仪器选择

（1）烘箱。可采用电热烘箱或温度能保持105~110℃的其他能源烘箱。

（2）天平。称量200g，感量0.01g；称量1000g，感量0.1g。

（3）其他。例如，干燥器、称量盒等。

2. 测试步骤

（1）从土样中选取具有代表性的试样，细粒土为15~30g，有机质土、砂类土为50g，放入称量盒内，立即盖上盒盖，称质量 m_1。

（2）打开盒盖，将试样和盒一起放入烘箱内，在温度为105~110℃恒温条件下烘。烘干时间，对于细粒土不得少于8h，对于砂类土不得少于6h。对含有机质超过5%的土或含石膏的土，应将温度控制在65~70℃的恒温下，干燥12~15h为宜。

（3）将烘干后的试样和盒从烘箱中取出，盖上盒盖，放入干燥器内冷却（一般只需0.5~1h即可）。冷却后盖好盒盖，称质量 m_2，准确至0.01g。

3. 结果计算

按下式计算含水率：

$$w = \frac{m_1 - m_2}{m_2 - m_0} \times 100 \qquad (9\text{-}2)$$

式中：w——含水率（精确至0.1%），%；
　　　m_1——称量盒加湿土质量，g；
　　　m_2——称量盒加干土质量，g；
　　　m_0——称量盒质量，g。

本试验须进行两次平行测定，取其算术平均值。允许平行差值应符合表9-1。

含水率测定的允许平行差值　　　　　表9-1

含水率(%)	允许平行差值(%)	含水率(%)	允许平行差值(%)
5以下	0.3	40以上	≤1
40以下	≤1	双层状和网状构造的冻土	<3

二、酒精燃烧法

1. 仪器与材料选择

（1）称量盒。
（2）天平：感量0.01g。
（3）酒精：浓度95%以上。
（4）其他：如滴管、火柴、调土刀等。

2. 测试步骤

（1）取代表性试样（黏质土为5~10g，砂类土为20~30g）放入称量盒内，称湿土质量。
（2）用滴管将酒精注入放有试样的称量盒内，直至盒中出现自由液面为止。为使酒精在试样中充分混合均匀，可将盒底在桌面上轻轻敲击。
（3）点燃盒中酒精，燃至火焰熄灭。
（4）将试样冷却数分钟，重复步骤（1）~（3），再重新燃烧两次。
（5）待第三次火焰熄灭后，盖好盒盖，立即称干土质量，精确至0.01g。

3. 结果计算

同烘干法，此处略。

单元二　土的击实试验

任务描述

某二级公路，设计速度为80km/h，路基宽度为12m，路面宽度为12m，路基为土方路基，路面为3cm细粒式沥青混合料+4cm中粒式沥青混合料，18cm石灰粉煤灰稳定碎石基层，20cm石灰土底基层。现将进行路基施工，需要确定路基土的最佳含水率，以指导路基压实和评价压实质量。

相关知识

在相同的压实功下，路基土的压实密度会随着土的含水率的变化而变化。击实试验是利用标准化的击实仪器（图9-1），模拟现场施工条件下，测定土的密度和含水率的关系，获得路基土压实的最大干密度和对应的最佳含水率，以指导施工。另外，为保证路基强度和稳定性，压实填土必须达到设计所要求的压实标准，路基土现场压实质量用压实度衡量。通过计算现场路基土压实后的干密度与室内击实试验得到的最大干密度的比值，以评定施工质量。

击实法适用于细粒土粒径不大于25mm和粗粒土粒径不大于38mm的土。对于粗粒土和巨粒土最大干密度的确定方法，还可采用振动台法与表面振动压实仪法（图9-2、图9-3）。前者是整个土样同时受到垂直方向的振

图9-1　击实仪

动作用,而后者是振动作用自土体表面垂直向下传递的。研究结果表明,对于无黏聚性自由排水土这两种方法最大干密度试验的测定结果基本一致,但前者试验设备及操作较复杂,后者相对容易,且更接近于现场振动碾压的实际状况。因此,使用时可根据试验设备情况择其一即可,但推荐优先采用表面振动压实仪法。

图 9-2 振动台法　　　　图 9-3 表面振动压实仪法

任务实施

1. 仪器与材料选择

(1)标准击实仪。轻、重型试验方法和设备参数应符合表 9-2 的规定。小试筒适用于测定粒径不大于 25mm 的土,大试筒适用于测定粒径不大于 38mm 的土。击实筒、击锤和导杆的结构示意图如图 9-4、图 9-5 所示。

击实试验方法种类　　　　表 9-2

试验方法	类别	锤底直径(cm)	锤质量(cm)	落高(cm)	试筒尺寸		试样尺寸		层数	每层击实	击实功(kJ/m³)	最大粒径(mm)
					内径(cm)	高(cm)	高度(cm)	体积(cm³)				
轻型	Ⅰ-1	5	2.5	30	10	12.7	12.7	997	3	27	598.2	20
	Ⅰ-2	5	2.5	30	15.2	17	12	2177	3	59	598.2	40
重型	Ⅱ-1	5	4.5	45	10	12.7	12.7	997	5	27	2687.0	20
	Ⅱ-2	5	4.5	45	15.2	17	12	2177	3	98	2677.2	40

(2)烘箱及干燥器。

(3)天平:感量 0.01g。

(4)台秤:称量 10kg,感量 5g。

(5)圆孔筛:孔径为 20mm、40mm 和 5mm 各一个。

(6)拌和工具:40mm×60mm、深 70mm 的金属盘,土铲。

(7)其他:例如,喷水设备、碾土器、盛土盘、量筒、推土器、铝盒、修土刀及平直尺等。

2. 试样准备

本试验的试样制备有干土法和湿土法两种。对一般土,干土法制样和湿土法制样所得击实结果有一定差异,对于具体试验应根据工程性质选择制备方法。各方法可按表9-3准备试料。

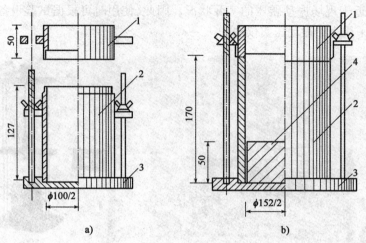

图9-4 击实筒
a)小击实筒;b)大击实筒
1-套筒;2-击实筒;3-底盘;4-垫块

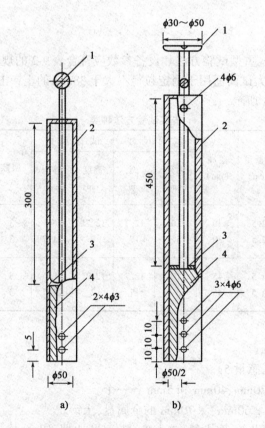

图9-5 击锤和导杆(尺寸单位:mm)
a)2.5kg击锤(落高为30cm);b)4.5kg击锤(落高为45cm)
1-提手;2-导筒;3-硬橡皮垫;4-击锤

试 料 用 量　　　　　　　　　　　　表 9-3

使 用 方 法	类　　别	试筒内径(cm)	最大粒径(mm)	试料用量(kg)
干土法,试样不重复使用	b	10 15.2	20 40	至少5个试样,每个3kg 至少5个试样,每个6kg
湿土法,试样不重复使用	c	10 15.2	20 40	至少5个试样,每个3kg 至少5个试样,每个6kg

(1)干土法(试样不重复使用)制样。将具有代表性的土样风干或在50℃的温度下烘干,然后放在橡皮板上用圆木棍碾散,过不同孔径的筛(视粒径大小而定),按四分法至少准备5个试样。测定土样风干含水率w_i,按土的塑限估计最佳含水率,并依次按相差2%~3%的含水率制备试样(不少于5个),其中有两个大于最佳含水率,两个小于最佳含水率,需加水量m_w,可按式(9-3)计算:

$$m_w = \frac{m_i}{1 + 0.01w_i} \times 0.01(w - w_i) \tag{9-3}$$

式中:m_w——所需的加水量,g;

w_i——土样原有含水率,%;

m_i——含水率w_i时土样的质量,g;

w——要求达到的含水率,%。

按确定含水率制备试样。将称好的m_i质量的土平铺于不吸水的平板上,用喷水设备往土样上均匀喷洒预定m_w的水量,静置一段时间后,装入塑料袋内静置备用。静置时间对高液限黏土不得少于24h,对低液限黏土不得少于12h。

(2)湿土法(试样不重复使用)制样。对于高含水率的土,可省略过筛步骤,人工拣除大于40mm的粗石子即可。保持天然含水率的第一个土样,可立即用于击实试验;其余几个试样,将土分成小土块,分别风干,使含水率按2%~3%递减。

3.试验步骤

(1)根据工程要求,按表9-2规定选择轻型或重型试验方法。根据土的性质(含易击碎风化石数量多少、含水率高低),按表9-3规定选用干土法(土不重复使用)或湿土法。

(2)将击实筒放在坚硬的地面上,在筒壁上抹一薄层凡士林,并在筒底(小试筒)或垫块(大试筒)上放置蜡纸或塑料薄膜。取制备好的土样分3~5次倒入筒内。小筒按三层击实法时,每次800~900g(其量应使击实后的试样等于或略高于筒高的1/3);按五层击实法时,每次400~500g(其量应使击实后的土样等于或略高于筒高的1/5)。对于大试筒,先将垫块放入筒内底板上,按三层击实法,每层需试样1700g左右。整平表面,并稍加压紧,然后按规定的击数进行第一层土的击实,击实时击锤应自由垂直落下,锤迹必须均匀分布于土样表面,第一层击实完后,将试样层面"拉毛"后再装入套筒,重复上述方法进行其余各层土的击实。小试筒击实后,试样不应高出筒顶面5mm;大试筒击实后,试样不应高出筒顶面6mm。

(3)用修土刀沿筒内壁削刮,使试样与套筒脱离后,扭动并取下套筒,齐筒顶细心削平试样,拆除底板,擦净筒外壁,称击实筒与试样的总质量,准确至1g。

(4)用推土器将试样从击实筒中推出,从试样中心处取样测其含水率,计算至0.1%。测定含水率用试样的数量按表9-4规定取样(取出有代表性的土样)。

测定含水率用试样的质量数量　　　　　　　表 9-4

最大粒径(mm)	试样质量(g)	个　　数
<5	15~20	2
约5	约50	1
约20	约250	1
约40	约500	1

按上述步骤进行其他含水率试样的击实试验。

4. 结果计算

(1)按下式计算击实后各点的干密度：

$$\rho_d = \frac{\rho}{1 + 0.01w} \tag{9-4}$$

式中：ρ_d——干密度，g/cm³，计算至0.01；

　　　w——含水率，%；

　　　ρ——湿密度，g/cm³。

(2)以干密度为纵坐标，以含水率为横坐标，绘制干密度与含水率的关系曲线(图9-6)，曲线上峰值点的纵、横坐标分别为最大干密度和最佳含水率。如果曲线不能绘制明显的峰值点，应进行补点或重做。

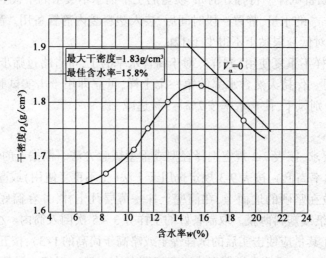

图 9-6　含水率与干密度的关系曲线

(3)当试样中有大于40mm的颗粒时，按有关规范的规定对试验所得的最大干密度和最佳含水率进行校正。

5. 注意事项

(1)试验用土一般采用风干土，或采用烘干土。实践证明，以风干土做试验较为合理。

(2)击实筒一般应放在混凝土地面上，或放在坚硬平稳较厚的石头上。

(3)应控制击实容器中的余土高度符合试验规定，否则试验无效。

单元三　水泥或石灰稳定土中水泥或石灰剂量检测

某二级公路,设计速度为80km/h,路基宽度为12m,路面宽度为12m,路基为土方路基,路面为3cm细粒式沥青混合料+4cm中粒式沥青混合料,18cm石灰粉煤灰稳定碎石基层,20cm水泥土底基层。现底基层已经施工完成,请按《公路路面基层施工技术细则》(JTG F20—2015)规定的频率对水泥剂量进行检查,要求石灰剂量不小于设计值-1.0%。水泥土底基层水泥剂量设计值为4%,最佳含水率为13.5%,实测风干土的含水率为3.2%。

无机结合料稳定土是整体性半刚性材料,它具有强度高、板体性能好的特性,广泛地被用作路面基层,尤其是石灰稳定土。而稳定土的效果,即强度形成有许多影响因素,其中无机结合料(石灰、水泥)的剂量起着决定性的作用。经试验,石灰土的石灰剂量应不低于6%,不高于18%,以10%~14%为经济实用。稳定土无机结合料剂量的测定方法,常用的有EDTA滴定法、钙电极快速测定法两种。前者适用于工地快速测定稳定土的无机结合料的剂量,并可检查拌和的均匀性。后者适用于测定新拌石灰土和水泥土的结合料剂量。

EDTA滴定法适用于在工地快速测定水泥和石灰稳定土中水泥和石灰的剂量,用于稳定的土可以是细粒土也可以是中粒土和粗粒土,也可以用来测定水泥和石灰综合稳定土中的结合料的剂量。它不受水泥和石灰稳定土龄期(7d以内)的影响。工地水泥和石灰稳定土含水率的少量变化(2%),实际上不影响测定结果。EDTA滴定法进行一次剂量测定,只需10min。

1. 仪器与材料选择

(1)滴定管(酸式):50mL,1支。

(2)滴定台:1个。

(3)滴定管夹:1个。

(4)大肚移液管:10mL,10支。

(5)锥形瓶(三角瓶):200mL,20支。

(6)烧杯:200mL或100mL,1只;300mL,10只。

(7)容量瓶:100mL,1个。

(8)搪瓷杯:容量大于1200mL,10只。

(9)不锈钢棒(或粗玻璃棒):10根。

(10)量筒:100mL和5mL,各1只;50mL,2只。

(11)棕色广口瓶:60mL,1只。

(12)托盘天平:称量500g,感量0.5g;称量100g,感量0.1g,各一个。

(13)秒表:1只。

(14)表面皿:φ9cm,10个。

201

(15)研钵：φ12~13cm，1个。

(16)土样筛：筛孔2.0mm或2.5mm，1个。

(17)洗耳球：1个。

(18)精密试纸：pH12~14。

(19)聚乙烯桶：20L，1个（装蒸馏水）；10L，2个（装氯化铵及EDTA二钠标准液）；5L，1个（装氢氧化钠）。

(20)毛刷、去污粉、吸水管、塑料勺、特种铅笔、厘米纸、洗瓶（塑料）。

2．配制试剂

(1) 0.1mol/m^3 乙二胺四乙酸二钠（简称"EDTA二钠"）标准液。准确称取EDTA二钠（分析纯）37.226g，用微热的无二氧化碳蒸馏水溶解，待全部溶解并冷却至室温后，定容至1000mL。

(2)10%氯化铵（NH_4Cl）溶液。将500g氯化铵（分析纯或化学纯）放在10L的聚乙烯筒内；加蒸馏水4500mL，充分振荡，使氯化铵完全溶解；或分批在1000mL的烧杯中配置，然后倒入塑料桶内摇匀。

(3)1.8%氢氧化钠（内含三乙醇胺）溶液。用100g托盘天平称取18g氢氧化钠（NaOH）分析纯，放入洁净干燥的1000mL烧杯中，加1000mL蒸馏水使其完全溶解，将溶液冷却至室温后，加入2mL三乙醇胺（分析纯），搅拌均匀后储于塑料桶中。

(4)钙红指示剂：将0.2g钙试剂羟酸钠（分子式$C_{21}H_{13}O_7N_2SNa$）与20g预先在105℃烘箱中烘1h的硫酸钾混合；一起放入研钵中，研成极细粉末，储于棕色的广口瓶中，以防吸潮。

3．准备标准曲线

(1)取样。取工地用石灰和集料，风干分别过2.0mm或2.5mm筛，用烘干法或酒精法测其含水率（如果为水泥可假定其含水率为0%）。

(2)混合料组成的计算：

①公式：

$$\text{干料质量} = \frac{\text{混合料质量}}{(1+\text{含水率})}$$

②计算步骤：

$$\text{干混合料质量} = \frac{300\text{g}}{(1+\text{最佳含水率})}$$

$$\text{干土质量} = \frac{\text{干混合料质量}}{(1+\text{水泥或石灰剂量})}$$

$$\text{水泥（或石灰）质量} = \text{干混合料质量} - \text{干土质量}$$

$$\text{湿土质量} = \text{干土质量} \times (1+\text{含水率})$$

$$\text{需加水的质量} = 300\text{g} - \text{湿土质量} - \text{水泥（或石灰）质量}$$

(3)准备5种试样，每种2个样品（以水泥集料为例）：

第1种：称取2份300g集料分别放在2个搪瓷杯内，集料的含水率应等于工地预期达到的最佳含水率。集料中所加的水应与工地所用的水相同。

第2种：准备2份水泥剂量为2%的水泥混合料试样，每份均重300g，并分别放在两个搪瓷杯内。水泥土混合料的含水率应等于工地预期达到的最佳含水率。混合料中所加的水应与工地所用的水相同。

第 3 种、第 4 种和第 5 种:各准备 2 份水泥剂量分别为 4%、6%、8% 的水泥土混合料试样,每份重 300g,并分别放在 6 个搪瓷杯内,其他要求同第 1 种。

(4)取一个盛有试样的搪瓷杯,在杯内加 600mL 10% 氯化铵溶剂,用不锈钢搅拌棒充分搅拌 3min(每分钟搅 110~120 次)。如果水泥(或石灰)土混合料中的土是细粒土,则也可以用 1000mL 具塞三角瓶代替搪瓷杯,手握三角瓶(瓶口朝上)用力震荡 3min(每分钟 120 次 ±5 次),以代替搅拌棒搅拌。放置沉淀 4min(若 4min 后得到的是混浊悬浮液,则应增加放置时间,直至溶液出现澄清悬浮液为止,记录时间,以后该种混合料应以同一时间为准),然后将上部清液转移到 300mL 烧杯内搅匀,加盖表面皿待测。

(5)用移液管吸取上层(液面下 1~2cm)悬浮液 10mL 放入 200mL 的三角瓶内,用量筒量取 50mL 的 1.8% 氢氧化钠(内含三乙醇胺)溶液倒入三角瓶中,此时溶液 pH 值为 12.5~13.0(可用 pH 为 12~14 精密试纸检验),然后加入体积约为黄豆大小的钙指示剂摇匀,溶液呈玫瑰红色。用 EDTA 二钠标准液滴定到纯蓝色为终点;记下 EDTA 二钠的消耗量(精确至 0.1mL)。

(6)对其他几个搪瓷杯中的试样,用同样的方法进行试验,并记录各自 EDTA 二钠的消耗量。

(7)以同一水泥或石灰剂量混合料消耗 EDTA 二钠毫升数的平均值为纵坐标,以水泥或石灰剂量为横坐标。该曲线应是顺滑的直线或曲线,如图 9-7 所示。

4. 现场测试步骤

(1)选取有代表性的水泥土或石灰土混合料,过 2mm 或 2.5mm 筛;称 300g 过筛后的混合料放在搪瓷杯中,用搅拌棒将结块搅散,加 600mL 的氯化铵溶液,然后按前述步骤进行检测。

(2)利用所绘制的标准曲线,根据所消耗的 EDTA 二钠毫升数,确定混合料中的水泥或石灰剂量。

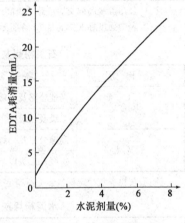

图 9-7 标准曲线示意图

5. 注意事项

(1)当为细粒土时,每份混合料的质量可以减为 100g,加 200mL 的氯化铵。

(2)每个样品搅拌的时间、速度和方式应力求相同,以增加试验的精度。

(3)绘制标准曲线时,若工地实际水泥剂量较大,素集料和低剂量水泥试验可以不做,而直接用较高的剂量做试验,但应有两种剂量大于实用剂量,以及两种剂量小于实用剂量。

(4)配制的氯化铵溶液最好当天用完,不要放置过久,以免影响试验精确度。

单元四 无机结合料稳定材料的无侧限抗压强度检测

任务描述

某二级公路,水泥稳定砂砾基层设计强度为 3.0MPa,最佳含水率为 6.5%,请按《公路工程无机结合料稳定材料试验规程》(JTG E51—2009)规定的频率对该基层无侧限抗压强度进行检查。

 **相关知识**

无机结合料稳定土材料,又称半刚性材料,它包括水泥稳定土、石灰稳定土、水泥石灰综合稳定土、石灰粉煤灰稳定土、水泥粉煤灰稳定土和水泥石灰稳定土等无机结合料稳定材料。其结构层的强度是以规定温度下保湿养护6d、浸水1d后的7d无侧限抗压强度为准。我国《公路路面基层施工技术细则》(JTG/T F20—2015)规定各种混合料的强度标准(7d)建议值见表9-5~表9-8。

水泥稳定材料的7d无侧限抗压强度标准 R_d (MPa)　　　　表9-5

结构层	公路等级	极重、特重交通	重交通	中、轻交通
基层	高速公路及一级公路	5.0~7.0	4.0~6.0	3.0~5.0
	二级及二级以下公路	4.0~6.0	3.0~5.0	2.0~4.0
底基层	高速公路及一级公路	3.0~5.0	2.5~4.5	2.0~4.0
	二级及二级以下公路	2.5~4.5	2.0~4.0	1.0~3.0

注:1. 公路等级高或交通荷载等级高或结构安全性要求高时,推荐取上限强度标准。
2. 表中强度标准指的是7d龄期无侧限抗压强度的代表值,本节以下各表同。

石灰粉煤灰稳定材料的7d无侧限抗压强度标准 R_d (MPa)　　　　表9-6

结构层	公路等级	极重、特重交通	重交通	中、轻交通
基层	高速公路及一级公路	≥1.1	≥1.0	≥0.9
	二级及二级以下公路	≥0.9	≥0.8	≥0.7
底基层	高速公路及一级公路	≥0.8	≥0.7	≥0.6
	二级及二级以下公路	≥0.7	≥0.6	≥0.5

注:石灰粉煤灰稳定材料强度不满足表9-6的要求时,可外加混合料质量1%~2%的水泥。

水泥粉煤灰稳定材料的7d无侧限抗压强度标准 R_d (MPa)　　　　表9-7

结构层	公路等级	极重、特重交通	重交通	中、轻交通
基层	高速公路及一级公路	4.0~5.0	3.5~4.5	3.0~4.0
	二级及二级以下公路	3.5~4.5	3.0~4.0	2.5~3.5
底基层	高速公路及一级公路	2.5~3.5	2.0~3.0	1.5~2.5
	二级及二级以下公路	2.0~3.0	1.5~2.5	1.0~2.0

石灰稳定材料的7d无侧限抗压强度标准 R_d (MPa)　　　　表9-8

结构层	高速公路和一级公路	二级及二级以下公路
基层	—	≥0.8[a]
底基层	≥0.8	0.5~0.7[b]

注:石灰土强度达不到表9-8规定的抗压强度标准时,可添加部分水泥,或改用另一种土。塑性指数过小的土,不宜用石灰稳定,宜改用水泥稳定。
a. 在低塑性材料(塑性指数小于7)地区,石灰稳定砾石土和碎石土的7d龄期无侧限抗压强度应大于0.5MPa(100g平衡锥测液限)。
b. 低限用于塑性指数小于7的黏性土,且低限值宜仅用于二级以下公路;高限用于塑性指数大于7的黏性土。

无机结合料稳定土(包括稳定细粒土、中粒土和粗粒土)试件的无侧限抗压强度,有室内配合比设计试验及现场检测。室内配合比设计试验和现场检测两者在试料准备上是不同的,前者根据设计配合比称取试料并拌和,按要求制备试件;后者则在工地现场取拌和的混合料作试料,并按要求制备试件。试件制备可以采用按照预定干密度用静力压实法和锤击法两种方法,试件都是圆柱体(高度:直径=1:1),不过应尽可能地用静力压实法制备等干密度的试件。

现场检测时,按规定频率取样,并按工地预定达到的压实度制备试件。试件数量每 2000㎡或每工作班如下:稳定细粒土、中粒土或粗粒土,当多次试验结果的偏差系数$C_v \leq$ 10%时,可为6个试件;当C_v=10%~15%时,可为9个试件;当C_v>15%时,则需13个试件。

任务实施

1. 仪具选择

(1)圆孔筛。孔径为40mm、25mm(或20mm)及5mm的筛各一个。
(2)试模。适用于下列不同土的试模尺寸:
①细粒土(最大粒径不超过10mm):试模的直径×高=50mm×50mm。
②中粒土(最大粒径不超过25mm):试模的直径×高=100mm×100mm。
③粗粒土(最大粒径不超过40mm):试模的直径×高度=150mm×150mm。
(3)脱模器。
(4)反力框架。规格为400kN以上。
(5)液压千斤顶。200kN~1000kN。
(6)密封湿气箱或湿气池,设在能保持恒温的小房间内。
(7)水槽。其深度应大于试件高度50mm。
(8)路面材料强度试验仪或其他合适的压力机(不大于200kN),如图9-8所示。
(9)天平。感量0.01g。
(10)台秤。称量10kg,感量5g。
(11)其他。如量筒、拌和工具、漏斗、大小铝盒、烘箱等。

图9-8 万能材料试验机

2. 试件制作

(1)试样准备。将有代表性的风干试样(必要时,可在50℃烘箱内烘干),用木锤或木碾捣散,但应避免破碎粒料的原粒径。将土过筛并进行分类。若试样为粗粒土,则除去大于40mm的颗粒备用;若试样为中粒土,则除去大于25mm或20mm的颗粒备用;若试样为细粒土,则除去大于10mm的颗粒备用。

在预定做试验的前一天,取有代表性的试样测定其风干含水率。对于细粒土,试样应不少于100g;对于粒径小于25mm的中粒土,试样应不少于1000g;对于粒径小于40mm的粗粒土,试样的质量应不少于2000g。

(2)用击实试验法确定无机结合料混合料的最佳含水率和最大干密度。
(3)配制混合料。
①称取一定数量的风干土并计算土的干质量,其数量随试件大小而变化。对于50mm×50mm的试件,1个试件需干土180~210g;对于100mm×100mm的试件,1个试件需干土1700~1900g;对于150mm×150mm的试件,1个试件需干土5700~6000g。细粒土一次可称取6个试件的土;中粒土一次可称取3个试件的土;粗粒土一次只称取1个试件的土。

同一无机结合料剂量的混合料,需要制备相同状态的试件数量(平行试验的数量)与土类及操作的仔细程度有关。无机结合料稳定细粒土、中粒土和粗粒土至少制作试件数量分别为6个、9个和13个。

②将称好的土放在长方盘(约400mm×600mm×70mm)内。向土中加水,对于细粒土(特别是黏性土)使其含水率较最佳含水率小3%,对于中粒土和粗粒土可按最佳含水率加水。将土和水拌和均匀后放在密闭容器内浸润备用。若为石灰稳定土和水泥、石灰综合稳定土,可将石灰与土一起拌匀后进行浸润。

浸润时间:黏性土12~24h,粉性土6~8h,砂性土、砂砾土、红土砂砾、级配砂砾等可缩短为4h左右,含土很少的未筛分碎石、砂砾及砂可以缩短为2h。

③在浸润过的试样中,加入预定数量的水泥或石灰并拌和均匀。在拌和过程中,应将预留的3%的水(对于细粒土)加入土中,使混合料的含水率达到最佳含水率。拌和均匀的加水泥的混合料应在1h内按下述方法制成试件,超过1h的混合料应作废。其他结合料稳定土,混合料虽不受限制,但也应尽快制成试件。

(4)按预定的干密度制件。

用反力框架和液压千斤顶制件(图9-9)。制备一个预定干密度的试件,需要的稳定土混合料数量m_1(g)随试模的尺寸而变。

$$m_1 = \rho_d V(1 + w) \tag{9-5}$$

式中:V——试模的体积;

w——稳定土混合料的含水率,%;事先在试模的内壁及上下压柱的底面涂一薄层机油。

ρ_d——稳定土试件的干密度,g/cm³。

将试模的下压柱放入试模的下部,外露2cm左右。将称量的规定数量m_1(g)的稳定土混合料分2~3次灌入试模中(利用漏斗),每次灌入后用夯棒轻轻均匀插实。若制作的是50mm×50mm小试件,则可将混合料一次倒入试模中;然后将上压柱放入试模内,使其外露2cm左右(上下压柱露出试模外的部分应该相等)。

图9-9 静压法成型试件

将整个试模(连同上下压柱)放到反力框架内的液压千斤顶上(液压千斤顶下应放一扁球座),加压直到上下压柱都压入试模为止;维持压力1min;解除压力后,拿去上压柱,并放到脱模器上将试件顶出(利用千斤顶和下压柱);称出试件的质量m_2,小试件准确到1g,中试件准确到2g,大试件准确到5g;然后用游标卡尺量出试件的高度,准确到0.1mm。

3. 养护

试件从试模内脱出并称量后,应立即放到密封湿气箱(图9-10)和恒温室内进行保温保湿养护;中试件和大试件应先用塑料薄膜包裹。有条件时,可采用蜡封保湿养护。养护时间根据需要而定,通常取7d。整个养护期间的温度,在我国北方地区应保持在20℃±2℃,在我国南方地区应保持在25℃±2℃。

养护期的最后一天,应将试件浸泡在水中,水深应使水面在试件顶上约2.5cm。浸泡在水中之前,应再次称试件的质量 m_3。在养护期间,试件的质量损失应该符合下列规定:小试件不超过1g,中试件不超过4g,大试件不超过10g。质量损失超过此规定的试件,应作废。

4. 无侧限抗压强度试验

(1)将已浸泡水一昼夜的试件从水中取出,用软的旧布吸去试件表面的可见自由水,并称试件的质量 m_4。

(2)用游标卡尺量试件的高度,准确至0.1mm。

(3)将试件放在路面材料强度试验仪的升降台上(台上先放一个扁球座),进行抗压试验。试验过程中,应使试件的形变等速增加,并保持形变速率约为1mm/min。记录试件破坏时的最大压力 P(单位为N)。

(4)从试件内部取有代表性的样品(经过打破),测定其含水率 w_1。

图9-10　密封湿气箱

5. 强度计算与评定

1)强度计算

试件的无侧限抗压强度 R_c,用下列相应公式计算:

对于小试件:

$$R_c = \frac{P}{A} = 0.00051P \quad (\text{MPa}) \tag{9-6}$$

对于中试件:

$$R_c = \frac{P}{A} = 0.000127P \quad (\text{MPa}) \tag{9-7}$$

对于大试件:

$$R_c = \frac{P}{A} = 0.00057P \quad (\text{MPa}) \tag{9-8}$$

式中:P——试件破坏时的最大压力,N;

　　　A——试件的截面积($A = \pi \times D^2/4$,D 为试件直径,mm)。

2)精密度或允许差

若干次平行试验的偏差系数 $C_v(\%)$ 应符合下列规定:

小试件:不大于10%。

中试件:不大于15%。

大试件:不大于20%。

3)强度评定

试件的平均强度应满足式(9-9)的要求:

$$\bar{R} \geq \frac{R_d}{1 - Z_a C_v} \tag{9-9}$$

式中:R_d——设计抗压强度,MPa;

　　　C_v——试验结果的偏差系数(以小数计);

　　　Z_a——标准正态分布表中随保证率而变的系数,高速公路及一级公路,保证率95%,$Z_a = 1.645$;其他公路,保证率90%,$Z_a = 1.282$。

6. 报告编制

报告应包括下列内容：

(1) 材料的颗粒组成。

(2) 水泥的种类和标号或石灰的等级。

(3) 确定最佳含水率时的结合料用量、最佳含水率和最大干密度。

(4) 水泥或石灰剂量或石灰（或水泥）、粉煤灰和集料的比例。

(5) 试件干密度（精确至 $0.01g/cm^3$）或压实度。

(6) 吸水量以及测抗压强度时的含水率。

(7) 抗压强度：小于 2.0MPa 时，精确到两位小数，并用偶数表示；大于 2.0MPa 时，精确到一位小数。

(8) 若干个试验结果的最小值和最大值、平均值、标准差、变异系数和代表值。

单元五 沥青混合料稳定度检测

**任务描述**

某高速公路的沥青面层结构为 4cm 中粒式沥青混凝土上面层 + 6cm 粗粒式沥青混凝土中面层 + 7cm 粗粒式沥青混凝土下面层，请按《公路工程沥青及沥青混合料试验规程》（JTG E20—2011）规定的频率对各层沥青混合料高温稳定性进行检验。

**相关知识**

沥青混合料稳定度是评价沥青混合料高温抗车辙变形能力和抵抗水损破坏能力的指标，主要用于沥青混合料配合比设计和沥青路面施工质量检验。本任务要求学生熟悉沥青混合料稳定性的测试方法，并且在实际施工时可以根据规范要求进行沥青混合料稳定性检测。

马歇尔稳定度试验是目前沥青混合料中最重要的试验方法之一，根据不同的试验条件，可分为标准马歇尔稳定度试验、浸水马歇尔稳定度试验和真空饱水马歇尔稳定度试验。标准马歇尔稳定度试验目前主要用于检测沥青混合料的高温性能，所测定的指标有马歇尔稳定度、流值和马歇尔模数，并以这些指标来表征其高温时的稳定性和抗变形能力。稳定度是指在规定的温度和加荷速率下，标准试件的最大破坏荷载；流值是指最大破坏荷载时，试件的垂直变形；马歇尔模数为稳定度除以流值的商。浸水马歇尔稳定度试验主要用于检验沥青混合料受水损害时抵抗剥落的能力，表征指标为残留稳定度，即沥青混合料试件浸水 48h 后的稳定度与标准马歇尔稳定度的比值，以百分数表示。

动稳定度既是评价沥青混凝土路面高温稳定性的一项指标，也是沥青混合料配合比设计时的一项辅助性检验指标，沥青混合料的动稳定度可通过车辙试验来测定。车辙试验最初是由英国道路研究所开发的，由于试验方法比较简单直观，而且与实际路面车辙的相关性好，因此在日本、欧洲、北美等国家和地区得到了广泛的应用。目前，我国也将车辙试验用于测定沥青混合料的高温抗车辙能力。车辙试验是用碾压成型钢板试件（通常尺寸为 300mm ×

300mm×50mm),在规定的温度条件(通常为60℃)下,以一个轮压为0.7MPa的实心橡胶轮胎在其上沿同一轨迹作一定时间的反复行走,测量试件变形稳定期时,每增加1mm变形所需车轮行走的次数,即动稳定度(以次/mm表示)。高速公路和一级公路的动稳定度不小于800次/mm,一级公路、城市主干道不小于600次/mm。

一、沥青混合料马歇尔稳定度测定

1. 仪具选择

(1)沥青混合料马歇尔试验仪(图9-11)所示。它可以分为自动式和手动式。自动马歇尔试验仪应具有控制装置、记录荷载—位移曲线、自动测定荷载与试件垂直变、自动显示和存储或打印试验结果等功能。手动式马歇尔试验仪由人工操作,试验数据通过操作者目测后读取数据。对用于高速公路及一级公路的沥青混合料宜采用自动马歇尔试验仪。

(2)恒温水槽。控温准确度为1℃,深度不小于150mm。

(3)真空饱水容器。包括真空泵及真空干燥器。

(4)烘箱。

(5)天平。感量不大于0.1g。

图9-11 马歇尔稳定度仪

(6)温度计。分度为1℃。

(7)卡尺。

(8)其他。例如,棉纱、黄油。

2. 试验准备

(1)按标准击实法成型马歇尔试件,标准马歇尔试件的尺寸应符合直径为(101.6±0.2)mm、高为(63.5±1.3)mm的要求。对于大型马歇尔试件,尺寸应符合直径为(152.4±0.2)mm,高为(95.3±2.5mm)的要求。一组试件的数量不得少于4个,并符合规定。

(2)测量试件的直径及高度。用卡尺测量试件中部的直径,用马歇尔试件高度测定器或用卡尺在十字对称的4个方向量测离试件边缘10mm处的高度,准确至0.1mm,并以其平均值作为试件的高度。如果试件高度不符合(63.5±1.3)mm或(95.3±2.5)mm的要求或两侧高度差大于2mm时,该试件应作废。

(3)按《公路工程沥青及沥青混合料试验规程》(JTG E20—2011)规定的方法测定试件的密度、空隙率、沥青体积百分率、沥青饱和度、矿料间隙率等物理指标。

(4)将恒温水槽调节至要求的试验温度,对黏稠石油沥青或烘箱养护过的乳化沥青混合料为(60±1)℃,对煤沥青混合料为(33.8±1)℃,对空气养护的乳化沥青或液体沥青混合料为(25±1)℃。

3. 标准马歇尔稳定度试验步骤

(1)将试件置于已达规定温度的恒温水槽中保温,保温时间对于标准马歇尔试件需30~40min,对于大型马歇尔试件需45~60min。试件之间应有间隔,底下应垫起,离容器底部不小于 5cm。

(2)将马歇尔试验仪的上下压头放入水槽或烘箱中达到同样温度;将上下压头从水槽或烘箱中取出并擦拭干净内面;为使上下压头滑动自如,可在下压头的导棒上涂抹少量黄油;再将试件取出置于下压头上,盖上上压头,然后装在加载设备上。

(3)在上压头上的球座上放妥钢球,并对准荷载测定装置的压头。

(4)当采用自动马歇尔试验仪时,将计算机采集的数据绘制成压力和试件变形曲线,或由 X-Y 记录仪自动记录的荷载—变形曲线,在切线方向延长曲线与横坐标相交于 O_1,将 O_1 作为修正原点,从 O_1 起量取相应于荷载最大值时的变形作为流值(FL),以 mm 计,准确至 0.1mm。最大荷载即为稳定度(MS),以 kN 计,准确至 0.01kN。

(5)当采用压力环和流值计时,将流值计安装在导棒上,使导向套管轻轻地压在上压头,同时将流值计读数调零。调整压力环中百分表,对准零位。

(6)启动加载设备,使试件承受荷载,加载速度为 (50 ± 5) mm/min。计算机或 X-Y 记录仪自动记录传感器压力和试件变形曲线并将数据自动存入计算机。

(7)当试验荷载达到最大值的瞬间,取下流值计,同时读取压力环中百分表读数及流值计的流值读数。

(8)从恒温水槽中取出试件到测出最大荷载值的时间,不得超过 30s。

4. 浸水马歇尔稳定度试验步骤

浸水马歇尔试验方法与标准马歇尔试验方法的不同之处在于,试件在已达规定温度恒温水槽中的保温时间为 48h,其余步骤均与标准马歇尔试验方法相同。

5. 真空饱水马歇尔稳定度试验步骤

试件先放入真空干燥器中,关闭进水胶管,开动真空泵,使干燥器的真空度达到 97.3kPa(730mmHg)以上,维持 15min;然后打开进水胶管靠负压进入冷水流,使试件全部浸入水中;浸水 15min 后,恢复常压,取出试件再放入已达规定温度的恒温水槽中保温 48h。其余均与马歇尔试验方法相同。

6. 结果整理

(1)试件的稳定度及流值:

①当采用自动马歇尔试验仪时,将计算机采集的数据绘制成压力和试件变形曲线或由 X-Y 记录仪自动记录的荷载—变形曲线;取相应于荷载最大值时的变形作为流值(FL),以 mm 计,准确至 0.1mm,曲线上最大荷载为稳定度(MS),以 kN 计,准确至 0.01kN。

②当采用压力环和流值计测定时,根据压力环标定曲线,将压力环中百分表的读数换算为荷载值,或者由荷载测定装置读取的最大值即为试样的稳定度(MS),以 kN 计,准确至 0.01kN。由流值计及位移传感器测定装置读取的试件垂直变形,即为试件的流值(FL),以 mm 计,准确至 0.1mm。

(2)试件的马歇尔模数按式(9-10)计算:

$$T = \frac{\text{MS}}{\text{FL}} \tag{9-10}$$

式中:T——试件的马歇尔模数,kN/mm;

MS——试样的稳定度,kN;

FL——试件的流值,mm。

(3)试件的浸水残留稳定度按式(9-11)计算。

$$MS_0 = \frac{MS_1}{MS} \times 100 \tag{9-11}$$

式中:MS_0——试件的浸水残留稳定度,%;

　　MS_1——试件浸水 48h 后的稳定度,kN。

7. 报告编制

(1)当一组测定值中某个测定值与平均值之差大于标准差的 k 倍时,该测定值应予舍去,并以其余测定值的平均值作为试验结果。当试件数目 n 为 3、4、5、6 个时,k 值分别为 1.15、1.46、1.67、1.82。

(2)报告中须列出马歇尔稳定度、流值、马歇尔模数,以及试件尺寸、试件密度、空隙率、沥青用量、沥青体积百分率、沥青饱和度、矿料间隙率等各项物理指标。采用自动马歇尔试验时,试验结果应附上荷载—变形曲线原件或自动打印结果。

二、沥青混合料动稳定测定

1. 仪具选择

(1)轮碾成型机。如图 9-12 所示,轮碾成型机具有圆弧形碾压轮,轮宽 300mm,压实线荷载为 300N/cm,碾压行程等于试件长度,碾压后试件可达到马歇尔试验标准击实密度的 $(100 \pm 1)\%$。当无轮碾成型机时,可用手动碾代替,手动碾轮宽与试件同宽,备有 10kg 砝码 5 个,以调整载重。

(2)实验室用沥青混合料拌和机。能保证拌和温度并充分拌和均匀,可控制拌和时间,宜采用容量大于 30L 的大型沥青混合料拌和机,也可采用容量大于 10L 的小型拌和机。

(3)车辙试验机。如图 9-13 所示,车辙试验机主要由下列部分组成。

图 9-12　轮碾成型机

图 9-13　车辙试验机

①试件台:可牢固地安装两种宽度(300mm 和 150mm)的规定尺寸试件的试模。

②试验轮:橡胶制的实心轮胎。外径为 200mm,轮宽为 50mm,橡胶层厚为 15mm。橡胶硬度(国际标准硬度)在 20℃ 时为 (84 ± 4)mm;在 60℃ 时为 (78 ± 2)mm。试验轮行走距离为 (230 ± 10)mm,往返碾压速度为 (42 ± 1)次/min(往返 21 次/min),允许采用曲柄连杆驱动试

验台运动(试验轮不动)的任一种方式。

③加载装置:使试验轮与试件的接触压强在60℃时为(0.7±0.05)MPa,施加的总荷载为780kN左右,根据需要可以调整。

④变形测量装置:自动检测车辙变形并记录曲线的装置,通常用LVDT、电测百分表或非接触位移计。

⑤温度检测装置:自动检测并记录试件表面及恒温室内温度的温度传感器、温度计(精度0.5℃)。

(4)恒温室。车辙试验机必须整机安放在恒温室内,装有加热器、气流循环装置及装有自动温度控制设备,能保持恒温室温度(60±1)℃[试件内部温度(60±0.5)℃],根据需要亦可为其他需要的温度。用于保温试件并进行检验,应能自动连续记录温度。

(5)试模。由高碳钢或工具钢制成,由底板及侧板组成,试模内部平面尺寸为300mm×300mm,高为50mm。根据需要,试模深度及平面尺寸可以调节,以制备不同尺寸的板块状试件。

(6)手动碾压成型车辙试件的试模框架。钢板制,内部尺寸为300mm×300mm×50mm,平面与试模边缘平齐。

(7)烘箱。大、中型烘箱各一台,装有温度调节器。

(8)台秤。天平或电子秤,称量5kg以上时,感量不大于1g;称量5kg以下时,用于称量矿料的感量不大于0.5g,用于称量沥青的感量不大于0.1g。

(9)小型击实锤。钢制端部断面尺寸为80mm×80mm,厚10mm,带手柄,总质量0.5kg左右。

(10)温度计。分度值不大于1℃。

(11)其他。例如,电炉或煤气炉、沥青熔化锅、拌和铲、标准筛、滤纸、胶布、卡尺、秒表、粉笔、垫木、棉纱等。

2. 试件制作

(1)按马歇尔稳定度试件成型方法,确定沥青混合料的拌和温度和压实温度。

(2)将金属试模及小型击实锤等置于约100℃的烘箱中加热1h备用。常温沥青混合料用试模不加热。

(3)称出制作一个试件所需要的混合料用量。先按一个试件体积(V)乘以马歇尔标准击实密度(ρ_0)再乘以系数1.03,即得材料总用量($m = V\rho_0 \times 1.03$),再按配合比计算出各种材料用量,分别将各种材料放入烘箱中预热,采用沥青拌和机进行拌和。

(4)将预热的试模从烘箱中取出,装上试模框架,在试模中铺一张裁好的普通纸(可用报纸),使底面及侧面均被纸隔离,将拌和好的全部沥青混合料,用小铲稍加拌和后均匀地沿试模从边缘向中心按顺序装入试模,中部要略高于四周。

(5)取下试模框架,用预热的小型击实锤由边至中转周夯实一遍,整平成凸圆弧形。

(6)插入温度计,待混合料冷却至规定的压实温度(为使冷却均匀,试模底下可用垫木支起)时,在表面铺一张裁好尺寸的普通纸。

(7)当用轮碾机碾压时,宜先将碾压轮预热至100℃左右(若不加热,应铺牛皮纸);然后,将盛有沥青混合料的试模置于轮碾机的平台上,轻轻放下碾压轮,调整总荷载为9kN(线荷载300N/cm)。

(8)启动轮碾机,先在一个方向碾压两个往返(4次),卸荷;再抬起碾压轮,将试件掉转方向,再加相同荷载碾压至马歇尔标准密实度(100±1)%为止。试件正式压实前,应经试压,决定碾压次数,一般12个往返(24次)左右可达要求。如果试件厚度为100mm时,宜按先轻后重的原则分两层碾压。

(9)当用手动碾压时,先用空碾碾压,然后逐渐增加砝码荷载,直至将5个砝码全部加上,压实至马歇尔标准密实度(100±1)%为止。碾压方法及次数亦应由试压决定,并压至无轮迹为止。

(10)压实成型后,揭去表面的纸,用粉笔在试件表面上标明碾压方向,将盛有压实试件的试模置室温下冷却,放置至少12h后可脱模。

3. 车辙试验

(1)测定试验轮接地压强。测定在60℃时进行,在试验台上放置一块50mm厚的钢板,其上铺一张毫米方格纸,上铺一张新的复写纸,以规定加载700N荷载后试验轮静压复写纸,即可在方格纸上得出轮压面积,由此求出接地压强,应符合(0.7±0.05)MPa;如不符合,应适当调整荷载。

(2)将试件连同试模,置于达到试验温度(60±1)℃的恒温室中,保温不少于5h,但不多于12h。在试件的试验轮不行走的部位上,粘贴一个热电偶温度计,控制试件温度稳定在(60±0.5)℃。

(3)将试件连同试模移置于车辙试验机的试验台上,试验轮在试件的中央部位,其行走方向须与试件碾压方向一致。开动车辙变形自动记录仪,然后启动试验机,使试验轮往返行走,时间约1h,或最大变形达到25mm为止。试验时,记录仪自动记录车辙变形曲线(图9-14)及试件温度。

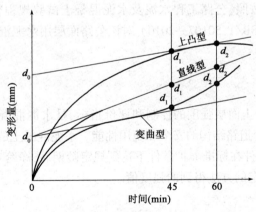

图9-14 车辙试验变形曲线

4. 结果计算

从图9-14中读取45min(t_1)及60min(t_2)时的车辙变形d_1及d_2,精确至0.01mm。如果变形过大,在未到60min变形已达到25mm时,则以达到25mm(d_2)时的时间为t_2,将其前15min为t_1,此时的变形量为d_1。

沥青混合料试件的动稳定度按式(9-12)计算。

$$DS = \frac{(t_1 - t_2) \times 42}{d_1 - d_2} \times C_1 \times C_2 \tag{9-12}$$

式中:DS——沥青混合料的动稳定度,次/mm;

d_1——对应于时间 t_1(一般为 45min)的变形量,mm;

d_2——对应于时间 t_2(一般为 60min)的变形量,mm;

42——试验轮每分钟行走次数,次/mm;

C_1——试验机类型修正系数,曲柄连杆驱动试件的变速行走方式为 1.0;

C_2——试件系数,实验室制备的宽 300mm 的试件为 1.0。

5. 报告编制

(1)同一沥青混合料或同一路段的路面,至少应做 3 个试件的平行试验,当 3 个试件动稳定度变异系数小于 20% 时,取其平均值作为试验结果。如果变异系数大于 20% 时,应分析原因,并追加试验。如果计算动稳定度值大于 6000 次/mm 时,记作">6000 次/mm"。重复性试验动稳定度变异系数的允许值为 20%。

(2)试验报告应注明试验温度、试验轮接地压强、试件密度、空隙率及试件制作方法等。

单元六　水泥混凝土抗折强度检测

某平原区双向两车道二级公路,设计车速为 80km/h,路面宽度为 12m,路基宽度为 12m,两侧各为 30cm 现浇路缘石。路面结构为:25cm 水泥混凝土面层、18cm 二灰稳定碎石基层和 20cm 石灰土底基层。请按照《公路工程水泥及水泥混凝土试验规程》(JTG E30—2005)和混凝土强度检验评定标准(GB/T 50107—2010)对该公路面层用水泥混凝土的抗折强度进行检验与评定。

抗折强度是水泥混凝土面层强度的控制和评价指标,是水泥混凝土面层竣工验收实测项目中的关键项目,涉及整个道路结构的安全和使用性能。水泥混凝土的抗折强度是以 150mm×150mm×550mm 的梁式试件在标准养护条件下达到规定龄期后,净跨 450mm,在双支点荷载作用下受到弯拉破坏,按规定的方法得到的强度值。

1. 仪器选择

(1)试模。为铸铁或钢制成,内表面光滑、平整,尺寸为 150mm×150mm×550mm。

(2)振动台。标准振动台,频率每分钟(3000±200)次,负荷下的振幅为 0.35mm,空载时的振幅应为 0.5mm。

(3)试验机。抗折试验机或万能试验机(50~300kN)及抗折试验装置,即三分点处双点加荷和三点自由支撑式混凝土抗折强度与抗折弹性模量试验装置,如图 9-15 所示。

(4)其他。例如,料斗、拌板、平头铲、台秤、直尺、捣棒等。

 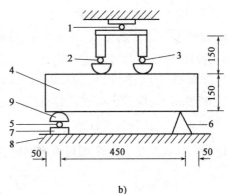

a)   b)

图 9-15 　混凝土抗折强度试验装置(尺寸单位:mm)

a)水泥混凝土抗折夹具;b)抗折试验装置

1,2—一个钢球;3,5—两个钢球;4-试件;6-固定支座;7-活动支座;8-机台;9-活动船形垫块共4块

2. 水泥混凝土试件制作

(1)将试模装配好,检查试模尺寸,避免使用变形试模。

(2)试模内表面应涂抹一薄层矿物油或其他不与混凝土发生反应的脱模剂,试模接缝处用硬黄油涂抹,避免漏浆。

(3)根据混凝土拌和物的稠度确定混凝土成型方法,坍落度不大于 70mm 时,用标准振动台成型;当坍落度大于 70mm 时,用捣棒人工捣实。

①振动台振实法:取样或拌制好的混凝土拌和物应至少用铁锨再来回拌和 3 次;将混凝土拌和物一次装入试模,装料时应用抹刀沿各试模壁插捣,并使混凝土拌和物高出试模口;试模应附着或固定在振动台上,振动时试模不得有任何跳动,振动应持续到表面出浆为止,振动过程中随时添加混凝土使试模常满,并记录振动时间(一般不超过 90s)。

②人工插捣法:混凝土拌和物应分两层装入模内,每层的装料厚度大致相等。插捣应按螺旋方向从边缘向中心均匀进行,每层插捣 100 次。在插捣底层混凝土时,捣棒应达到试模底部;插捣上层时,捣棒应贯穿上层后插入下层 2~3cm 处。插捣时捣棒应保持垂直,不得倾斜。最后应用抹刀沿试模内壁插拔数次。

振动或捣实后,用金属直尺沿试模边缘刮除试模上口多余的混凝土,用镘刀将表面初次抹平,2~4h 后,待混凝土临近初凝时,再用镘刀将试件仔细抹平,表面与试模边缘的高低差不得超过 0.5mm。

3. 水泥混凝土试件养护

(1)试件成型后应立即用湿布覆盖表面,或用不透水的薄膜覆盖表面。在室温(20±5)℃、相对湿度大于 50% 的环境下,静置 1~2d,然后拆模并做第一次外观检查、编号,对有缺陷的试件应除去或加工补平。

(2)拆模后应立即放入温度为(20±5)℃、相对湿度大于 95% 的标准养护室或水槽中养护,直至试压龄期为止。标准养护室内的试件应放在支架上,彼此间隔至少 3~5cm。

(3)至试验龄期时,将试块从养生室取出,检查其规格、形状和相对两表面是否相互平行,表面倾斜偏差不应超过 0.5mm,且无蜂窝和缺角情况,否则应在试验前 3d 用浓水泥浆填补平整。

(4)试验前将试件表面擦干净,并在试件中部精确量其各边尺寸(准确至 1mm)。

4. 水泥混凝土抗折强度试验

(1)调整两个可移动支座,使其与试验机下压头中心距离为225mm,并旋紧两支座,按图9-15装置试件,安装尺寸偏差不得大于1mm。试件的承压面应为试件成型时的侧面。

(2)缓缓加初荷载约1kN,而后以0.5~0.7MPa/s连续而均匀地加荷。当试件接近破坏而开始迅速变形时,应停止调整试验机油门,直至试件破坏,记下最大荷载。

5. 水泥混凝土抗折强度计算

(1)当断裂面发生在两个加荷点之间时,抗折强度f_{cu}按式(9-13)计算:

$$f_{cu} = \frac{PL}{Bh^2} \tag{9-13}$$

式中:f_{cu}——抗折强度,MPa,精确至0.01MPa;
  P——极限荷载,N;
  L——支座间距离(450mm);
  B——试件宽度,mm;
  h——试件高度,mm。

(2)如果断裂面位于加荷点外侧,则试验结果无效;若两块试件结果无效,则该组结果作废。

(3)采用100mm×100mm×400mm非标准试件时,所取得的抗折强度值应乘以尺寸换算系数0.85。

6. 水泥混凝土抗折强度评定

(1)若三个测值中最大值或最小值与中值的差超过15%时,则取中值为测定值,若最大值和中值的差值均超过15%,则该组试验结果无效。计算结果精确到0.01MPa,并应在报告中注明。

(2)混凝土抗折强度评定。当试件组数$n>10$时,应用数理统计方法评定。

$$f_{cs} = f_r + KS \tag{9-14}$$

式中:f_{cs}——同批n组试件强度的平均值;
  f_r——混凝土设计抗折强度,MPa;
  K——合格判定系数,见表9-9。
  S——同批n组试件强度的标准差,MPa。

合格判定系数 K 值   表9-9

n	11~14	15~19	≥20
K	0.75	0.70	0.65

注:1. 当试验组数为$11<n<20$时,允许有一组最小抗折强度小于$0.85f_r$,但不得小于$0.80f_r$。

2. 当试验组数为$n>20$时,允许有一组强度小于$0.85f_r$,但不得小于$0.75f_r$;高速公路及一级公路均不得小于$0.85f_r$。

3. 当试件组数$n≤10$时,试件平均强度不得小于$1.10f_r$,任意一组强度均不得小于$0.85f_r$。

当标准小梁合格判定平均抗折强度f_{cs}和最小抗折强度f_{min}中有一个不符合上述要求时,应在不合格路段每千米每车道钻取3个直径为150mm以上的芯样,实测劈裂强度,通过各自工程的经验统计公式换算抗折强度,其合格判定平均抗折强度f_{cs}和最小抗折强度f_{min}必须合格,否则应返工重铺。

实测项目中,若水泥混凝土抗折强度评为不合格时,相应分项工程为不合格。

 思考与练习

1. 已知盒的质量为124g,湿土与盒的质量为165g,烘干后土与盒的质量为162g,试计算该土的含水率。

2. 击实试验测得某路基土的密度和含水率见表9-10,试求其最佳含水率和最大干密度。

某路基土的密度和含水率击实试验结果　　　　　　　　　表9-10

$w(\%)$	17.2	15.2	12.2	10.0	8.8	7.4
$\rho(g/cm^3)$	2.06	2.10	2.16	2.13	2.03	1.89

3. 水泥或石灰稳定土中结合料剂量测定时为什么要做标准曲线,其中结合料剂量的选择有什么要求?

4. 在工程施工质量检验和评定时,半刚性基层的实测项目强度的评价指标是什么?其试验条件是什么?

5. 沥青混合料的稳定度、动稳定度和残留稳定度各指标分别反映了沥青混合料的哪些性质?分别通过什么方法来测定?各测试方法有何不同?

附录一 正态分布概率系数表

正态分布概率系数表 $\left(\int_{K_q}^{\infty} \frac{1}{\sqrt{2\pi}} e^{-\frac{x^2}{2}} dx = \beta \right)$

K_q	0.00	0.01	0.02	0.03	0.04	0.05	0.06	0.07	0.08	0.09
0.0	0.5000	0.4960	0.4920	0.4880	0.4840	0.4801	0.4761	0.4721	0.4681	0.4641
0.1	0.4602	0.4562	0.4522	0.4483	0.4443	0.4404	0.4364	0.4325	0.4286	0.4247
0.2	0.4207	0.4168	0.4129	0.4090	0.4052	0.4013	0.3974	0.3936	0.3897	0.3859
0.3	0.3821	0.3783	0.3745	0.3707	0.3669	0.3632	0.3594	0.3557	0.3520	0.3483
0.4	0.3446	0.3409	0.3372	0.3336	0.3300	0.3264	0.3228	0.3192	0.3156	0.3121
0.5	0.3085	0.3050	0.3015	0.2981	0.2946	0.2912	0.2877	0.2843	0.2810	0.2776
0.6	0.2743	0.2709	0.2676	0.2643	0.2611	0.2578	0.2546	0.2514	0.2483	0.2451
0.7	0.2420	0.2389	0.2358	0.2327	0.2296	0.2266	0.2236	0.2206	0.2177	0.2148
0.8	0.2119	0.2090	0.2061	0.2033	0.2005	0.1977	0.1949	0.1922	0.1894	0.1867
0.9	0.1841	0.1814	0.1788	0.1762	0.1736	0.1711	0.1685	0.1660	0.1635	0.1611
1.0	0.1587	0.1562	0.1539	0.1515	0.1492	0.1469	0.1446	0.1423	0.1401	0.1379
1.1	0.1357	0.1335	0.1314	0.1292	0.1271	0.1251	0.1230	0.1210	0.1190	0.1170
1.2	0.1151	0.1131	0.1112	0.1093	0.1075	0.1056	0.1038	0.1020	0.1003	0.0985
1.3	0.0968	0.0951	0.0934	0.0918	0.0901	0.0885	0.0869	0.0853	0.0838	0.0823
1.4	0.0808	0.0793	0.0778	0.0764	0.0749	0.0735	0.0721	0.0708	0.0694	0.0681
1.5	0.0668	0.0655	0.0643	0.0630	0.0618	0.0606	0.0594	0.0582	0.0571	0.0559
1.6	0.0548	0.0537	0.0526	0.0516	0.0505	0.0495	0.0485	0.0475	0.0465	0.0455
1.7	0.0446	0.0436	0.0427	0.0418	0.0409	0.0401	0.0392	0.0384	0.0375	0.0367
1.8	0.0359	0.0351	0.0344	0.0336	0.0329	0.0322	0.0314	0.0307	0.0301	0.0294
1.9	0.0287	0.0281	0.0274	0.0268	0.0262	0.0256	0.0250	0.0244	0.0239	0.0233
2.0	0.0228	0.0222	0.0217	0.0212	0.0207	0.0202	0.0197	0.0192	0.0188	0.0183
2.1	0.0179	0.0174	0.0170	0.0166	0.0162	0.0158	0.0154	0.0150	0.0146	0.0143
2.2	0.0139	0.0136	0.0132	0.0129	0.0125	0.0122	0.0119	0.0116	0.0113	0.0110
2.3	0.0107	0.0104	0.0102	0.00990	0.00964	0.00939	0.00914	0.00889	0.00866	0.00842
2.4	0.00820	0.00798	0.00776	0.00755	0.00734	0.00714	0.00695	0.00676	0.00657	0.00639
2.5	0.00621	0.00604	0.00587	0.00570	0.00554	0.00539	0.00523	0.00508	0.00494	0.00480
2.6	0.00466	0.00453	0.00440	0.00427	0.00415	0.00402	0.00391	0.00379	0.00368	0.00357
2.7	0.00347	0.00336	0.00326	0.00317	0.00307	0.00298	0.00289	0.00280	0.00272	0.00264
2.8	0.00256	0.00248	0.00240	0.00233	0.00226	0.00219	0.00212	0.00205	0.00199	0.00193
2.9	0.00187	0.00181	0.00175	0.00169	0.00164	0.00159	0.00154	0.00149	0.00144	0.00139

续上表

K_q	0.00	0.01	0.02	0.03	0.04	0.05	0.06	0.07	0.08	0.09
3	0.00135	0.0^3958	0.0^3687	0.0^3483	0.0^3337	0.0^3233	0.0^3159	0.0^3108	0.0^3723	0.0^3481
4	0.0^4317	0.0^4207	0.0^4133	0.0^5854	0.0^5541	0.0^5340	0.0^5211	0.0^5130	0.0^6793	0.0^6479
5	0.0^6287	0.0^6170	0.0^7996	0.0^7579	0.0^7333	0.0^7190	0.0^7107	0.0^8599	0.0^8332	0.0^8182
6	0.0^9987	0.0^9530	0.0^9282	0.0^9149	$0.0^{10}777$	$0.0^{10}402$	$0.0^{10}206$	$0.0^{10}104$	$0.0^{11}523$	$0.0^{11}260$

注：1. 表中数字为 β 值。
　　2. 0.0^3968 即 0.000968。

附录二　t 分布概率系数表

t 分布概率系数表

n	双边置信水平			单边置信水平		
	99%	95%	90%	99%	95%	90%
	$t_{0.995}/\sqrt{n}$	$t_{0.975}/\sqrt{n}$	$t_{0.95}/\sqrt{n}$	$t_{0.99}/\sqrt{n}$	$t_{0.95}/\sqrt{n}$	$t_{0.90}/\sqrt{n}$
2	45.012	8.985	4.465	22.501	4.465	2.176
3	5.730	2.484	1.686	4.201	1.686	1.089
4	2.921	1.591	1.177	2.270	1.177	0.819
5	2.059	1.242	0.953	1.676	0.953	0.686
6	1.646	1.049	0.823	1.374	0.823	0.603
7	1.401	0.925	0.734	1.188	0.734	0.544
8	1.237	0.836	0.670	1.060	0.670	0.500
9	1.118	0.769	0.620	0.966	0.620	0.466
10	1.028	0.715	0.580	0.892	0.580	0.437
11	0.955	0.672	0.546	0.833	0.546	0.414
12	0.897	0.635	0.518	0.785	0.518	0.393
13	0.847	0.604	0.494	0.744	0.494	0.376
14	0.805	0.577	0.473	0.708	0.473	0.361
15	0.769	0.554	0.455	0.678	0.455	0.347
16	0.737	0.533	0.438	0.651	0.438	0.335
17	0.708	0.514	0.423	0.626	0.423	0.324
18	0.683	0.497	0.410	0.605	0.410	0.314
19	0.660	0.482	0.398	0.586	0.398	0.305
20	0.640	0.468	0.387	0.568	0.387	0.297
21	0.621	0.455	0.376	0.552	0.376	0.289
22	0.604	0.443	0.367	0.537	0.367	0.282
23	0.588	0.432	0.358	0.523	0.358	0.275
24	0.573	0.422	0.350	0.510	0.350	0.269
25	0.559	0.413	0.342	0.498	0.342	0.264
26	0.547	0.404	0.335	0.487	0.335	0.258
27	0.535	0.396	0.328	0.477	0.328	0.253
28	0.524	0.388	0.322	0.467	0.322	0.248
29	0.513	0.380	0.316	0.458	0.316	0.244
30	0.503	0.373	0.310	0.449	0.310	0.239

续上表

n	双边置信水平			单边置信水平		
	99%	95%	90%	99%	95%	90%
	$t_{0.995}/\sqrt{n}$	$t_{0.975}/\sqrt{n}$	$t_{0.95}/\sqrt{n}$	$t_{0.99}/\sqrt{n}$	$t_{0.95}/\sqrt{n}$	$t_{0.90}/\sqrt{n}$
40	0.428	0.320	0.266	0.383	0.266	0.206
50	0.380	0.284	0.237	0.340	0.237	0.184
60	0.344	0.258	0.216	0.308	0.216	0.167
70	0.318	0.238	0.199	0.285	0.199	0.155
80	0.297	0.223	0.186	0.266	0.186	0.145
90	0.278	0.209	0.175	0.249	0.175	0.136
100	0.263	0.198	0.166	0.236	0.166	0.129

附录三　相关系数检验表

相关系数检验表（γ_β）

$n-2$	显著性水平 β		$n-2$	显著性水平 β		$n-2$	显著性水平 β	
	0.01	0.05		0.01	0.05		0.01	0.05
1	1.00	0.997	15	0.606	0.482	29	0.456	0.355
2	0.990	0.950	16	0.590	0.468	30	0.449	0.349
3	0.959	0.878	17	0.575	0.456	35	0.418	0.325
4	0.917	0.811	18	0.561	0.444	40	0.393	0.304
5	0.874	0.754	19	0.549	0.433	45	0.372	0.288
6	0.834	0.707	20	0.537	0.423	50	0.354	0.273
7	0.798	0.666	21	0.526	0.413	60	0.325	0.250
8	0.765	0.632	22	0.515	0.404	70	0.302	0.232
9	0.735	0.602	23	0.505	0.396	80	0.283	0.217
10	0.708	0.576	24	0.496	0.388	90	0.267	0.205
11	0.684	0.553	25	0.487	0.381	100	0.254	0.195
12	0.661	0.532	26	0.478	0.374	200	0.181	0.138
13	0.641	0.514	27	0.470	0.367	300	0.148	0.113
14	0.623	0.497	28	0.463	0.361	400	0.128	0.098

参 考 文 献

[1] 杨永波.地基基础工程检测技术[M].中国建筑工业出版社,2019.
[2] 金桃,张美珍.公路工程检测技术[M].人民交通出版社股份有限公司,2015.
[3] 周德军.公路与桥梁检测技术[M].人民交通出版社,2005.
[4] 赵一飞,许娅娅.公路几何线形检测技术[M].人民交通出版社,2004.
[5] 中华人民共和国行业标准.公路工程技术标准:JTG B01—2014[S].北京:人民交通出版社股份有限公司,2015.
[6] 中华人民共和国行业标准.公路工程质量检验评定标准 第一册 土建工程:JTG F80/1—2017[S]:北京.人民交通出版社股份有限公司,2018.
[7] 中华人民共和国行业标准.公路技术状况评定标准:JTG 5210—2018[S].北京:人民交通出版社股份有限公司,2019.
[8] 中华人民共和国行业标准.公路路基路面现场测试规程:JTG 3450—2019[S].北京:人民交通出版社股份有限公司,2019.
[9] 中华人民共和国行业标准.公路土工试验规程:JTG E40—2007[S].北京:人民交通出版社,2007.
[10] 中华人民共和国行业标准.公路工程沥青及沥青混合料试验规程:JTG E20—2011[S].北京:人民交通出版社,2011.
[11] 中华人民共和国行业标准.公路工程水泥及水泥混凝土试验规程:JTG E30—2005[S].北京:人民交通出版社,2005.
[12] 中华人民共和国行业标准.公路工程无机结合料稳定材料试验规程:JTG E51—2009[S].北京:人民交通出版社,2009.
[13] 中华人民共和国行业标准.公路工程岩石试验规程:JTG E41—2005[S].北京:人民交通出版社,2005.
[14] 中华人民共和国行业标准.公路工程集料试验规程:JTG E42—2005[S].北京:人民交通出版社,2005.
[15] 中华人民共和国交通运输部.公路工程竣(交)工验收办法与实施细则[S].北京:人民交通出版社,2010.